आत्मकथा (पार्ट-I)

AUTOBIOGRAPHY

एड० डॉ० रणधीर सिंह रुहल पीएमजी

पुस्तक आत्मकथा (पार्ट-1) बडे भाई श्री ओंकार सिंह पूर्व अधिकारी उत्तर प्रदेश बिजली विभाग को समर्पित

PROF. K.M.CHANDI GOVERNOR M.P. GIVING PMG TO WRITER

क्रम-सूची

प्रस्तावना

मैं डॉ0 रणधीर सिंह रूहल को सन् 1964 से व्यक्तिगत जानता हूॅ। वह गॉव रौण्डा जिला बुलन्दशहर उत्तर प्रदेश में स्व0 चौधरी होराम सिंह के यहॉ दिनांक 10 जून 1957 को जन्म हुआ। प्रारंभिक शिक्षा गॉव में हुई। किसान आदर्श इण्टर कालेज रौण्डा जिला बुलन्दशहर से इण्टर की परीक्षा उत्तीर्ण की तथा जिला हैडक्वाटर बुलन्दशहर से डी0ए0वी0 स्नातकोत्तर महाविद्यालय से कला स्नातक होकर ग्वालियर में लक्ष्मीबाई नेशनल कॉलेज ऑफ फिजीकल एजूकेशन ग्वालियर में बी0पी0ई0 की शिक्षा लेना प्रारंभ कर दिया। इस शिक्षा के साथ साथ पुलिस उप-निरीक्षक की भर्ती निकली और उसका टैस्ट दे दिया। वर्ष 1978 में एन0एस0 नेशनल इंस्टीट्यूट आफ स्पोर्ट पटियाला (पंजाब) में सर्टीफिकेट इन स्पोर्ट इन "जूडो" का डिप्लोमा पूर्ण किया, साथ ही स्नातक होंने से एन0आई0एस0 पटियाला में रैग्यूलर "जूडो" में प्रवेश लेने हेतु फार्म डाला तो उसमें लाइन क्लीयर हो गयी। उधर पुलिस उप-निरीक्षक में सलैक्सन हो गया। फिर सोचने की घडी आई तो पढाई बीच में ही छोडकर पुलिस एकेडमी सागर में प्रशिक्षण में शामिल हो गया। सेवा निवृति के बाद मध्य प्रदेश उच्च न्यायालय ग्वालियर खण्डपीठ में एडवोकेट होकर प्रेक्टिस कर रहे हैं।

अध्ययन काल में एल0एन0सी0पी0ई0 ग्वालियर के सचिव, स्टूडैंट वैलफेयर संघ रहे। सामाजिक जाट संस्थाओं में संरक्षक जाट समाज कल्याण परिषद ग्वालियर, संरक्षक जाट महासभा मुरार, संरक्षक महाराजा कीर्ति सिंह जाट छात्रावास हैं। जाट छात्रावास की एक्जीक्यूटिव कौन्सिल के सदस्य रहे हैं। वर्तमान मे प्रभारी, ग्वालियर-चम्बल संभाग, अखिल भारतीय जाट महासभा, मध्य प्रदेश हैं। महासचिव, मध्य प्रदेश, राष्ट्र निर्माण पार्टी के होकर होकर वर्ष 2019 में चुनाव में पार्टी बैनर पर लोक सभा क्रमांक 01 मुरैना जिसमे दो जिले मुरैना व श्यौपुर आते हैं, से चुनाव लड चुके हैं। चुनाव प्रचार में हम साथ रहे। इस चुनाव में बी0जे0पी0 से भारत सरकार के मंत्री नरेन्द सिंह तोमर तथा कॉग्रेस से रामनिवास रावत लडे थे। इसके अलावा उपाध्यक्ष, मध्य भारत प्रान्त, भारत तिब्बत सहयोग मंच हैं। नन्द केशरी न्यूज चैनल के विधि सलाहकार, एक्साइड जीवन वीमा के एडवाइजर होकर, सदस्य रिटायर्ड राजपत्रित संघ ग्वालियर चम्बल संभाग हैं। वर्तमान में सी-180, पटेल नगर सिटी सैन्टर ग्वालियर में निवास करते हैं।

डॉ0 रणधीर सिंह रुहल द्वारा संपादित "आत्मकथा (पार्ट-1)" पुस्तक की सामग्री को पढने का अवसर प्राप्त हुआ। लेखक ने पुलिस सेवा में रहते हुए जो जोखिम पूर्ण कार्य किये, पदोन्नति प्राप्त की, प्रशस्ति और मैडल प्राप्त किये उनके लिए विधि द्वारा निर्धारित प्रक्रिया को पूर्ण करने में किस किस स्तर पर बाधाओं का सामना करना पडा, के अनुभवों को अपनी पुस्तक "विधि का शासन एवं पदोन्नति" में साझा किया है। शासकीय सेवा में यह बाधाऐं कमोवेश सभी के सामने आती हैं जिनके कारण व्यक्ति अपने वॉछित लाभों को प्राप्त करने के लिए संघर्ष करता रहता है और उसकी जिन क्षमताओं का उपयोग विभाग के

हित में होना चाहिए, वह वहॉ न होकर अपने हक प्राप्त करने में होने लगता है। इससे उस व्यक्ति का उत्साह, समर्पण, निष्ठा और उत्कंठाऐं कुंठित होने लगती हैं। यद्यपि इस दिशा में अनेक प्रयास शासन एवं प्रशासनिक स्तर पर समय-समय पर किये हैं तथापि प्रचलित व्यवस्था में जो न्यूनताऐं हैं उनको समाप्त नहीं किया जा सका है।

लेखक ने पुलिस विभाग में सब-इंस्पैक्टर के रुप में अपनी सेवाऐं जिला मरैना में तत्समय प्रारम्भ की जब यह क्षेत्र डाकू ग्रस्त होकर लूट, अपहरण, डकैती और हत्याओं जैसे अपराधों की चुनौतियों का सामना कर रहा था। अपने पारिवारिक संस्कार तथा शिक्षा के अनुरुप अन्याय के विरुद्ध विधि के शासन से आम नागरिकों के हितों का संरक्षण करने और उन्हें न्याय दिलाने की प्रबल इच्छा शक्ति डॉ0 रणधीर सिंह रुहल में सदैव चुनौतियों का सामना करने के लिए प्रेरित करती रही है।

व्यक्ति के जीवन में वह क्षण बहुत सुखद और आनन्द की अनुभूति कराने वाले होते हैं जब उसकी सेवाओं के लिए उसे पदोन्नत व सम्मानित किया जाता है। तब व्यक्ति मात्र पदोन्नत एवं सम्मानित ही नहीं होता बल्कि वह वैचारिक, भावनात्मक और मानसिक रुप से संपोषित भी होता है। उसका अतीत उसके वर्तमान के साथ जुडकर उसे गौरवान्वित करता है। यह गौरव की भावना से जीवन का लम्बा सफर तय करते-करते जीवन के प्रति उपजी कुंठाओं, निराशाओं और वर्जनाओं के बोझ से मुक्ति दिलाती है और अधिक निष्ठा से सेवा करने की प्रेरणा देती है।

डॉ0 रुहल के जीवन में ऐसा अवसर तब आया जब वह डाकू रमेश सिंह सिकरवार गैंग से आमने-सामने मुटभेड में सिर में गोली लगने से घायल हो गये और जीवन व मृत्यु के बीच फासला बहुत कम रह गया। उनके इस साहसिक कार्य के लिए उन्हें भारत के राष्ट्रपति पदक से नवाजा गया। यह पदक उनके जीवन की जहॉ एक दुर्लभ उपलब्धि है वहीं आत्मबल और आत्मसंतुष्टि का आधार भी। ग्वालियर चंबल संभागों के अलावा जिला रीवा, टीकमगढ तथा पुलिस मुख्यालय में पदस्थ रहे है। श्री रूहल ख्यात नाम एन0आई0ए0 नई दिल्ली, गृह मंत्रालय भारत सकार में भी तीन साल प्रतिनियुक्ति पर केन्द्र सरकार की सेवा की है।

"विधि का शासन एवं पदोन्नति" शीर्षक से लिखी पुस्तक के सात अध्याय हैं। लेखक ने स्वयं को विषय वस्तु का मुख्य पात्र बनाते हुए अपनी पदोन्नति को लेकर लेखन को आगे बढाया है। बरिष्ठ अधिकारी एक लोक सेवक की पदोन्नति में किस तरह बाधा खडी करते हैं तथा किस प्रकार व्यवस्था में बैठा हर व्यक्ति उन्हें अनावश्यक रुप से अवरोध पैदा कर अपने महत्व का अहसास कराते हैं, स्पष्ट रुप से समझ में आता है। जिस संविधान के तहत हम कार्य करते हैं, व्यवहार में उसकी मूल भावना का प्रकटीकरण प्रायः नहीं हो पाता। विधि के शासन की इसी न्यूनता पर लेखक ने अपनी सृजनशीलता का परिचय दिया है। पुस्तक की उपादेयता इस अन्तःप्रेरणा से अभिप्रेरित है कि पदासीन अधिकारियों को सदैव विहित कानून और नियमों का अक्षरशः पालन कर अपने कनिष्ठों की प्रगति का मार्ग प्रशस्त करना चाहिए।

डॉ0 रुहल एक अध्ययनशील एवं अनुसंधानपरक प्रवृति के व्यक्ति हैं, नियमों तथा संविधान की गहन जानकारी होने के कारण जब भी उन्हें इनके परिपालन में न्यूनता दिखाई दी उन्होंने उसके विरुद्ध दृढता से अपनी भावनाओं को वरिष्ठ अधिकारियों तक पहुँचाने में संकोच नहीं किया। यही कारण है कि सेवा निवृत्ति के बाद उन्होने अपने व्यक्तिगत अनुभव अर्थात आप बीती को एक पुस्तक का रुप देकर लोक सेवकों को मार्गदर्शन देने का महत्वपूर्ण कार्य किया है।

डॉ0 रुहल ने म0प्र0पुलिस के साथ-साथ एन0आई0ए0 जैसे राष्ट्रीय स्तर के संगठन में सफलता पूर्वक कार्य किया है। सब इंस्पैक्टर से लेकर ए0आई0जी0 पुलिस पद तक कार्य करते हुए राष्ट्रपति पदक से सम्मानित होने का गौरव प्राप्त किया। पुलिस विभाग में सेवा करने का एक लम्बा अनुभव है। अपने अनुभवों को मूर्तरुप देने हेतु "विधि का शासन एवं पदोन्नति" नामक पुस्तक का सृजन कर अपनी उपलब्धियों के क्रम को आगे बढाया है।

उपरोक्त पुस्तक के प्रकाशन के बाद डॉ0 रूहल ने कोरोना का फायदा उठाते हुए ताबड तोड छः पुस्तकें सेल्फ पब्लिसिंग मोड से नोशन प्रेस के माध्यम से प्रकाशित कर दी। प्रकाशित पुस्तकें निम्न है-

1."चम्बल घाटी, डकैत व पुलिस" प्रकाशित दिनॉक 09 जुलाई 2021

2."राष्ट्र हित हम करेंगे" प्रकाशित दिनॉक 20 अगस्त 2021

3."चम्बल के बागी व आत्मसमर्पण" 13 सितम्बर 2021

4."05 कहानियॉ" प्रकाशित दिनॉक 28 सितम्बर 2021

5."05 स्टोरीज" इंग्लिश में प्रकाशित दिनॉक 04 अक्टूबर 2021

6. "जाट इतिहास की झलक" प्रकाशित दिनांक 27 अक्टूबर 2021

उपरोक्त के बाद श्री रूहल के द्वारा अपनी आत्मकथा लिखते हुए अपनी आठवीं पुस्तक "आत्मकथा (पार्ट-1)" लिखी है जो एक दुरूह कार्य है। पुस्तक में लेखक ने अपने जीवन की घटनाओं का जिक्र क्रमिक किया है। पुलिस जीवन में ताबड तोड़ घटना क्रम चला और उम्र बढती चली गई। पुस्तक में लेखक ने अपने जन्म से दिनांक 31.12.1988 तक का विवरण ही संदर्भित पुस्तक में लिखा है शेष को अन्य पुस्तकों के माध्यम से लेखक सुधी पाठको के सम्मुख प्रस्तुत करेंगे ऐसा लेखक का कहना है।

डॉ0 रुहल के प्रयासों की मैं ह्रदय से सराहना करता हूॅ और उन्हें अपनी शुभकामनाऐं देता हूँ कि वह उत्तरोत्तर प्रगति करते रहें।

सूबेदार सत्यपाल सिंह (से.नि.)

इंडियन आर्मी एजूकेशन कोर

783, शान्ति निकेतन कालोनी

खालसा स्कूल के पास

बुलन्दशहर (उत्तरप्रदेश)

ALEX-ROBIN

भूमिका

डॉ0 रणधीर सिंह रुहल

ठिकाना गॉव रौण्डा जिला बुलन्दशहर उत्तर प्रदेश में स्व0 चौधरी होराम सिंह के यहॉ दिनांक 10 जून 1957 को जन्म हुआ। प्रारंभिक शिक्षा गॉव में हुई। किसान आदर्श इण्टर कालेज रौण्डा जिला बुलन्दशहर से इण्टर की परीक्षा उत्तीर्ण की तथा जिला हैडक्वाटर बुलन्दशहर से डी0ए0वी0 स्नातकोत्तर महाविद्यालय से कला स्नातक होकर ग्वालियर में लक्ष्मीबाई नेशनल कॉलेज ऑफ फिजीकल एजूकेशन ग्वालियर में बी0पी0ई0 की शिक्षा लेना प्रारंभ कर दिया। इस शिक्षा के साथ साथ पुलिस उप-निरीक्षक की भर्ती निकली और उसका टैस्ट दे दिया। वर्ष 1978 में एन0एस0 नेशनल इंस्टीट्यूट आफ स्पोर्ट पटियाला (पंजाब) में सर्टीफिकेट इन स्पोर्ट इन "जूडो" का डिप्लोमा पूर्ण किया, साथ ही स्नातक होंने से एन0आई0एस0 पटियाला में रैग्यूलर "जूडो" में प्रवेश लेने हेतु फार्म डाला तो उसमें लाइन क्लीयर हो गयी। उधर पुलिस उप-निरीक्षक में सलैक्सन हो गया। फिर सोचने की घडी आई तो पढाई बीच में ही छोडकर पुलिस एकेडमी सागर में प्रशिक्षण में शामिल हो गया। सेवा निवृति के बाद मध्य प्रदेश उच्च न्यायालय ग्वालियर खण्डपीठ में एडवोकेट होकर प्रेक्टिस कर रहे हैं। अध्ययन काल में एल0एन0सी0पी0ई0 ग्वालियर के सचिव, स्टूडैंट वैलफेयर संघ रहे। सामाजिक जाट संस्थाओं में संरक्षक जाट समाज कल्याण परिषद ग्वालियर, संरक्षक जाट महासभा मुरार, संरक्षक महाराजा कीर्ति सिंह जाट छात्रावास हैं। जाट छात्रावास की एक्जीक्यूटिव कौन्सिल के सदस्य रहे हैं। वर्तमान मे प्रभारी, ग्वालियर-चम्बल संभाग, अखिल भारतीय जाट महासभा, मध्य प्रदेश हैं। महासचिव, मध्य प्रदेश, राष्ट्र निर्माण पार्टी के होकर होकर वर्ष 2019 में चुनाव में पार्टी बैनर पर लोक सभा क्रमांक 01 मुरैना जिसमे दो जिले मुरैना व श्यौपुर आते हैं, से चुनाव लड चुके हैं। इस चुनाव में बी0जे0पी0 से भारत सरकार के मंत्री नरेन्द सिंह तोमर तथा कॉग्रेस से रामनिवास रावत लडे थे। इसके अलावा उपाध्यक्ष, मध्य भारत प्रान्त, भारत तिब्बत सहयोग मंच हैं। नन्द केशरी न्यूज चैनल के विधि सलाहकार, एक्साइड जीवन वीमा के एडवाइजर होकर, सदस्य रिटायर्ड राजपत्रित संघ ग्वालियर चम्बल संभाग हैं। वर्तमान में सी-180, पटेल नगर सिटी सैन्टर ग्वालियर में निवास करते हैं।

हमारे जीवन में तथ्यपरक, प्रमाणिक और कटु सत्यों से ओतप्रोत अनेक प्रसंग आए तथा एक पुलिस अधिकारी के रुप में हमें अनेक ऐसे अनुभव हुए जो साहस, शौर्यपूर्ण तथा रोमांचक थे। पुलिस में अपनी डियूटी के उच्चतम आयाम स्थापित कर महामहिम राष्ट्रपति से स्वीकृत "वीरता के लिए पुलिस पदक" प्राप्त किया। पहला प्रमोशन "आउट ऑफ टर्न" प्राप्त किया और पुलिस विभाग में वीरता दिखाने वालों के लिए एक नया उत्साही आयाम का मार्ग प्रशस्त कर दिया। निरीक्षक स्तर पर भी बडे-बडे थानों के प्रभारी बनाया गया और करीब 36 थानों का सफल संचालन करते हुए दस्यु उन्मूलन में विशेष महारथ हासिल की। डी0एस0पी0 बनकर मुख्यालय की की-पोस्ट डी0एस0पी0 पर्सनल, विधि तथा डी0ई0 एण्ड अपील तथा एस0एस0आर0 पर बेहतरीन कार्य का सम्पादन कर प्रशंसा बटोरी। अच्छे

कार्यों की वजय से जिला भिण्ड में एस0डी0ओ0पी0 मेंहगॉव बनाया। मेंहगॉव में उक्त पद पर अभी तक की नियुंक्ति व अच्छे कार्यों के सभी रिकॉर्ड ध्वस्त करते हुए, यहीं से एन0आई0ए0, ग्रह मंत्रालय, भारत सरकार, नई दिल्ली अतिरिक्त पुलिस अधीक्षक पद पर प्रतिनियुक्ति पर पुलिस महानिदेशक मध्य प्रदेश की सम्मति से चला गया। तीन साल का प्रतिनियुक्ति समय सफलता पूर्वक पूर्ण कर पैतृक विभाग में वापस लौटने पर इन्टेलीजेंस विंग विशेष शाखा में सहायक पुलिस महानिरीक्षक में पदस्थ किया गया और जिला विशेष शाखा ग्वालियर से ट्रेनिंग सहित 39 साल की सेवा पूर्ण कर अधिवार्षिकी पर 30 जून 2017 को सेवा निवृत होकर वर्तमान में एडवोकेट मध्य प्रदेश उच्च न्यायालय ग्वालियर खण्डपीठ होकर प्रेक्टिस कर रहे है। सर्विस में गैलेन्ट्री मैडल, जर्मन मेड 12 बोर गन के अलावा डाकू मारने व पुलिस की अन्य विधाओं में पारंगतता पर 500 इनाम मध्य प्रदेश पुलिस, उत्तर प्रदेश पुलिस, दिल्ली पुलिस तथा एन0आई0ए0 नई दिल्ली से प्राप्त किए है।

नौकरी में, खास तौर से पुलिस में रहते हुए शिक्षा ग्रहण करना दुरुह कार्य है फिर भी हमने एम0ए0 (राजनीति विज्ञान), एलएल0बी0 तथा पीएच0डी0 की उपाधि जीवाजी विश्वविद्यालय ग्वालियर से नौकरी में प्राप्त की। स्नातकोत्तर कोर्स में वर्ष 1981 में "मुरैना जिला में पुलिस प्रशासन एवं संगठन" विषय पर लघु प्रबन्ध लिखने का अवसर प्राप्त हुआ और डॉ0जी0पी0शर्मा क ख्यात नाम शिक्षाविद के मार्गदर्शन में उसे पूर्ण कर जीवाजी विश्विद्यालय ग्वालियर में प्रस्तुत किया और 84 प्रतिशत अंक प्राप्त कर वि0वि0 टॉप किया। इस शिक्षा को पूर्ण करने में हमारे भाइयों, पुलिस के वरिष्ठ व कनिष्ठ अधिकारियों का योगदान रहा है। शोध प्रबन्ध का शीर्षक ''ग्वालियर-चम्बल संभाग में दस्यु समस्या-पुलिस संगठन के परिपेक्ष्य में एक विश्लेषणात्मक अध्ययन'' रहा जिस पर पूर्व में कोई शोध नहीं किया गया फिर भी अन्यान्य श्रोतों से डाटा व सामग्री संकलित कर शोध पूर्ण किया। इसी क्रम में हमारे पुलिस विभाग के साथियों व भाइयों ने रमेश सिंह सिकरवार, मलखान सिंह, फूलन देवी आदि डकैतों ने जिन्होंने अनगिनत नृशंस हत्यायें व अपहरण के भयंकर अपराध किए और इनके संबंध कई टी0वी0 सीरियल व फिल्में बनी, इनके कारनामों को पठने व सुनने के लिए लालायित रहे हैं। पुलिस ने इनके कई साथियों को पुलिस ने मार फेंका व पुलिस के भारी दबाब होने के कारण उनको आत्मसमर्पण करना पडा। लोग कहते है कि उनका हृदय परिवर्तन हो गया था। हृदय-परिवर्तन तो ऋषि मुनियों का भी मुश्किल से होता है, डकैत, लुटेरों का क्या हृदय-परिवर्तन होंगे? पुलिस के साथियों यहॉ तक कह डाला कि आपने हत्याएं नहीं की पर दर्जनों डकैतों को मार के फेंक दिया। पुलिस विभाग में आपको भारतवर्ष की सर्वोच्च हस्ती महामहिम राष्ट्रपति ने आपकी वीरता के लिए पुलिस पदक से नवाजा। पुलिस की भावी पीढी के लिए व पुलिस की प्रतिष्ठा कायम करने लिए और आपने जो डकैती समस्या के संबंध में शोध किया जिससे आपको पीएच0डी0 की उपाधि मिली है तो उसके संबंध में जनता का पुलिस के प्रति आदर भाव क्यों नहीं स्थापित करते हो , पुस्तक लिखो। कुछ अधिकारियों ने तो यहॉ तक कह दिया कि यदि आपके पास धन का अभाव है तो

वे लोग चंदा करके पुस्तक छपवाने का खर्चा दे देंगे। ये बात खटकने वाली थी फिर इतनी भी खाट नहीं कट रही थी कि पुस्तक न छपवा सके।

हमने दृढ निश्चित किया कि शोध प्रबन्ध में ही हमारी पुस्तक छिपी है उसी के आधार पर पुस्तक तैयार की जाय व प्रकाशित कराया जाय। हालॉकि हमारी पीएच0डी0 2003 में एवार्ड हो गयी थी कुछ संदर्भ भी चलन से बाहर हो चुके थे फिर भी हमने शहर के अनुभवी मूर्धन्य विद्वानों के चर्चा की और उनकी राय ली और राय अच्छी लगी और हमने एक पुस्तक शीर्षक "विधि का शासन एवं पदोन्नति" तैयार की और प्रखर अर्थशास्त्री डॉ0 जयपाल सिंह पूर्व प्राचार्य अम्बाह कालेज जिला मुरैना को प्रस्तावना लिखने को सुपुर्द कर की और वह पुस्तक प्रकाशित होकर पाठकों के हाथों में है। उसके बाद एक पुस्तक "चम्बल घाटी, डकैत व पुलिस" शीर्षक पर संपादित कर तैयार कर दी। पुस्तक की एक प्रति प्रदाय कर प्रस्तावना लिखने हेतु विख्यात व अनुभवी वरिष्ठ स्वतंत्र जनर्लिस्ट श्री राकेश अचल से याचना की है। प्रस्तावना लिखी जाने के बाद पुस्तक को इंग्लिश मिक्स हिन्दी में प्रकाशित कर दी है जो पाठकों के हाथ में है। पाठकों से अनुरोध है कि उक्त पुस्तक के प्रथम संस्करण में चम्बल घाटी में डकैत व पुलिस की सामग्री समाहित की है। उक्त पुस्तक "चम्बल घाटी, डकैत व पुलिस" पाठकों के हाथों में है तथा पाठकों की अच्छी रिपोर्ट दूर संचार माध्यम तथा सोशियल नेटवर्क से मिल रही है, यह अच्छा लगता है। इसके बाद एक पुस्तक उपन्यास के रूप में देश की फैली अव्यवस्था को ठीक करने के लिए एक रिफौर्मिक सिस्टम के साथ शीर्षक "राष्ट्र हित हम करेंगे" तैयार की जो प्रकाशित होकर पाठकों के हाथों में है।

भविष्य में शीघ्र चम्बल घाटी में डकैतों व पुलिस द्वारा क्या-क्या किया जाता है किस प्रकार पुलिस दस्यु-उन्मूलन करती है और राजनेताओं का क्या रोल रहता, हमारे शोध प्रबन्ध की रिकमन्डेशनस से पुंलिस को कितना फायदा हुआ है और दस्यु समस्या को समाप्त कराने में कितना सहयोग मिला? चम्बल भूमि वीर प्रसूता है और खाली नहीं रहती पर अभी चम्बल धाटी में कोई लिस्टिड गैंग नहीं हैं? फिर भी पुलिस व समाज को इस पर पैनी नजर रखना होगी क्योंकि यह फसल हर चार साल में लहलहाती खडी हो जाती है, 2006 से चार हो रहे हैं। इस संबंध में एक पुस्तक "चम्बल के बागी व आत्मसमर्पण" शीर्षक के साथ सम्मुख हो रहे हैं। पाठकों को इस पुस्तक में चम्बल घाटी उसके बागी तथा आत्मसमर्पण का विवरण पढने को मिलेगा। पुस्तक "चम्बल के बागी व आत्मसमर्पण" की प्रस्तावना श्रीमती पुष्पा रूहल द्वारा लिखी गयी है। पुस्तक प्रकाशित हो चुकी है और पाठकों में हाथों में है।

उपरोक्त के अलावा एक पुस्तक "05 कहानियॉ" जिसमें कहानी संग्रह है। यह पुस्तक प्रकाशित होकर सुधी पाठकों के हाथों में है। इस पुस्तक के प्रकाशित होने के बाद इस पुस्तक की अग्रेजी में प्रकाशित कराने की मॉग हमारे मित्रों की ओर से हुई। उल्लेखनीय है कि नाचीज की पढाई एल एन आई पी ई ग्वालियर में होने तथा प्रतिनियुक्ति एन आई ए, नई दिल्ली, गृह मंत्रालय भारत सरकार में होने से कुछेक मित्रों की रूचि हिन्दी में कम होने से उनकी इच्छानुसार अंगेजी में अनुवाद कर "05 स्टोरीज" शीर्षक के संपादित कर प्रकाशित की गई।

दोनों पुस्तकों की प्रस्तावना मेघना रूहल द्वारा लिखी गई है। “05 स्टोरीज” को-औथर एलेक्स रूहल हैं। प्रथम पुस्तक इन्स्टा पब्लिसिंग के द्वारा प्रकाशित कराई है, इसके अलावा सभी पुस्तकें सेल्फ पब्लिसिंग मोड से नोशन प्रेस के माध्यम में प्रकाशित की गयीं हैं।

उपरोक्त पुस्तकों के प्रकाशन के बाद समाज की ओर से प्रश्न उठाया गया है कि जाट समाज के इतिहास के बारे में प्रकाशन किया जाय। “मनुष्य एक सामाजिक प्राणी है” प्रारंभिक शिक्षा में ही यह मुहावरा अस्तित्व में आ गया था और सिद्ध हो चुका है। विषद विषय है कि समाज या जाति का इतिहास लिखना और इतिहासकारों ने भी जाट समाज के साथ इतिहास लिखने में छल किया है। बडी हिम्मत के साथ सह-धर्मिणी एलेक्स की दादी श्रीमति रूहल को को-औथर बनाकर शीर्षक “जाट इतिहास की झलक” से एक पुस्तक संपादित की जो सुधी पाठको में हैं।

पुस्तक “जाट इतिहास की झलक” में जाट समाज के उस भाग को समाज व सुधी पाठकों के सामने लाने का प्रयास किया गया है जो देश के इतिहास में उल्लेखित नहीं किया गया। उसका कारण इतिहासकारों के सामने देश काल परिस्थितयों व आकान्ताओं की इच्छा या देश के आजाद होने के बाद शाषित राजनैतिक दलों की मानसिकता के कारण नहीं लिखा गया और बिखर गया और खो गया। पुस्तक में जाट जाति का भोगौलिक विस्तार, जाट जाति की उत्पत्ति और विस्तार, ‘जाट इतिहास एक की अनुभूति, महाराजा भीम सिंह गोहद, आगरा विजय दिवस, कौन थे राजा विक्रमादित्य, अमर वीर गोकुला, चन्देरी के राजा पूरनमल जाट, चौधरी छाजूराम, बाबा गंगादास जी, जाट राजा दिल्लू उर्फ दिलेराम, आंतिल इतिहास, जाट शामिल इतिहास, शहीदे आजम भगत सिंह व शादीपुर गॉव, घटामन के तोमर, बाबा महेद सिंह टिकैत, कौन्तेय बिल्हड देव तंवर, कौन्तेय वीर पाखरिया, वीर हरफूल सिंह, जाट इतिहास को चुराना, राजा महेन्द्र प्रताप सिंह मुरसान, राजा नाहर सिंह तथा महाराजा दशरथ व माता कौशल्या की पूर्व जन्म की कथा शामिल हैं।

पुस्तक की प्रस्तावना मूर्धन्य विद्वान, इडियन आर्मी की आर्मी एजूकेशन कोर से सूबेदार पद सेवा निवृत श्री सत्यपाल सिंह निवासी बरकातपुर जिला बुलन्दशहर हाल निवासी बुलन्दशहर (उत्तर प्रदेश) ने लिखी है। पुस्तक “आत्मकथा (पार्ट-1)” शीघ्र ही पाठकों के हाथों में होगी।

डॉ0 रणधीर सिंह रुहल
प्रेसीडेन्ट अवार्डी।
एडवोकेट।
ए0आई0जी0 (रिटायर्ड)

पावती (स्वीकृति)

चौ0 ओंकार सिंह, डॉ0 रणधीर सिंह रूहल, डॉ0 गुलाब सिंह रूहल, स्व. डॉ0 अजय सिंह रूहल , डॉ0 समय सिंह

चंबल घाटी के सेवा क्षेत्र में संलग्न होने के कारण लेखक ने दस्यु पीडित परिवारों के उत्पीडन के अनेक अनकहे किस्से (UNTOLD STORY) व दृश्य देखे जो कदाचित मन को झकझोरते रहे हैं जिसके फलस्वरूप चंबल घाटी की दस्यु समस्या का अध्ययन करने के लिये विवश भी करते रहे हैं। विषय पर लिखित, प्रकाशित साहित्य बहुत अधिक नहीं है अतः हमें पुस्तक लिखने से पहले अपने शोध कार्य में मुख्य रूप से फील्ड वर्क पर ही निर्भर रहना पडा था। क्षेत्र के आर्थिक, भौगौलिक, सामाजिक और ऐतिहासिक विकासक्रम का अध्ययन करने हमें मुझे राज्य शासन के सांख्यिकी विभाग द्वारा संकलित आंकडों से सहायता तो अवश्य मिली, तथापि इसके बावजूद बहुत कुछ ऐसा था जिसके लिए मुझे स्वयं प्रयन्त करने पडे।

शोध प्रयोजनाएं, महात्मा गांधी सेवाश्रम, जौरा के अभिलेख, चंबल घाटी शांति समिति और चंबल घाटी सेवा संस्थान के रिकार्ड मेरे सहायक रहे। इन सूत्रो से संकलित सामग्री का प्रतिफल प्रस्तुत शोध कार्य किया था। इस शोध समस्या के कठिन कार्य को हाथ में लेने के लिये एक कुशल मार्ग निदेशक की आवश्यक थी इस गुरुतर भार को वहन करने की स्वीकृति श्रद्धेय डा0 हरिशंकर द्विवेदी पूर्व कुलपति गुरु घासीदास विश्वविद्यालय बिलासपुर ने प्रदान कर अनुग्रहीत किया। इस के लिये मैं उनका चिरऋणी रहूँगा। आज डॉ0 द्विवेदी इस दुनियॉ में नहीं है। उनके सफल निर्देशन में राजनीति विज्ञान विषय के शीर्षक “ग्वालियर-चंबल संभाग में दस्यु समस्या-पुलिस संगठन के परिपेक्ष्य में एक विश्लेषणात्मक अध्ययन” पर पीएच0डी0 की उपाधि मिली और उसके आधार पर ही उक्त पुस्तक “चंबल घाटी, डकैत व पुलिस” तैयार की गयी। हमारे भाई चौधरी ओंकार सिंह रिटायर्ड अधिकारी उत्तर प्रदेश इलेक्ट्रिकल डिपार्टमेन्ट, डॉ0 गुलाब सिंह रुहल स्पोर्ट

आफीसर, चौधरी चरन सिंह यूनीवर्सिटी मैरठ, डॉ0 अजय सिंह रुहल भारत सरकार के उपक्रम एन0सी0ई0आर0टी के अधिकारी जो आज हमारे बीच में नहीं है तथा डॉ0 समय सिंह हैड ऑफ़ डिपार्टमैन्ट, फिजीकल एजूकेशन, डी0पी0एस0 गाजियाबाद, मित्र गण, कुछेक पुलिस अधिकारी ही मेरे प्रेरणा श्रोत रहे हैं जिनके असीम सहयोग के कारण ही पहली पुस्तक का संपादन संपन्न हो सका। इसके लिये हम उनके प्रति कृतज्ञता ज्ञापित करते हैं।

आत्मसमर्पित डकैत, पीड़ित परिवारों, पुलिस अधिकारियों, अध्ययन के लिये आंकडे देने वाले, राजनीतिक व्यक्तियों व सामाजिक कार्य से जुडे लोग श्री लोकमन शर्मा उर्फ लुक्के, श्री मौहरसिंह आत्मसमर्पित बागी भूतपूर्व अध्यक्ष नगर पालिका मेंहगांव जिला भिण्ड जो अब अपने बीच नहीं हैं, श्री लौहरे ब्राम्हण निवासी देवगढ़ जिला मुरैना, श्री नत्थीलाल शर्मा से0नि0 निरीक्षक, श्री सुधेश तिवारी निरीक्षक म0प्र0 पुलिस भोपाल, डॉ0 नरोत्तम मिश्रा गृह मंत्री आदि उन्होंने अपने व्यस्त जीवन में से कुछ समय देकर मेरे कार्य को पूर्णता की ओर अग्रसर करने में मेरा मार्ग प्रशस्त किया है उनके प्रति कृतज्ञता ज्ञापित करना मेरा पावन कर्तव्य है। पूर्व पुलिस महानिदेशक मध्य प्रदेश श्री सुरेन्द्रसिंह तथा पूर्व डी0आई0जी0 डॉ0 हरि सिंह यादव, हमे विशेष रुप से आभारी हैं जिन्होंने अत्यन्त कृपावन्त होकर विषय सामग्री प्रदान कर मेरा मार्ग प्रशस्त किया।

लेखक डा0 प्रभुदयाल शर्मा पूर्व प्राचार्य माधव विद्यालय ग्वालियर का अत्यन्त ऋणी है जिनकी अनुकम्पा रही है तथा जिनके सतत प्रयासो से महाविद्यालय में पुस्तक संपादन कार्य पूरा करने में हर संभव सहायता मिली है। महाविद्यालय के लाइब्रेरियन श्रीमती भावना शुक्ला, श्री कल्याणकर क्रीडा अधिकारी तथा प्रो0 जी0 पी0 शर्मा रिटायर्ड प्राचार्य, डा0 जे0 पी0 सिंह पूर्व प्राध्यापक अम्बाह कालेज जिला मुरैना, श्री रमाकान्त तिवारी सेवा-निवृत पुलिस उप-अधीक्षक एवं श्री बाल रवि द्विवेदी से.नि. निरीक्षक म0प्र0 पुलिस ने हर संभव सहायता हमें दी। डॉ0 जे0पी0 सिंह जी ने एक महत्वपूर्ण पुस्तक "CHAMBAL THE VALLY OF TERROR" खोज कर दी जिससे हमें शोध प्रबन्ध पूर्ण करने में व पुस्तक तैयार करने में बहुत सहायता मिली, इस पुस्तक को अभिशप्त चंबल (ABHISAPTO CHAMBAL) भी कहा गया है। । यहॉ यह भी बताना मुनासिव होगा कि इस पुस्तक के लेखक सेलीब्रिटी अमिताभ बच्चन के श्वसुर तथा श्रीमति जया भादुरी के पिता श्री तरुण कुमार भादुरी जो प्रख्यात पत्रकार रहे हैं।

हम आभारी है डॉ जी0 आर0 मीना, डा0 राजेन्द्र प्रसाद , श्री पी0 के0 दीक्षित का जिन्होंने हर संभव सहायता दी है। इसके अलावा श्रीमती पुष्पा रूहल एम0 ए0 (हिन्दी) बी0 एड0, पूर्व प्रवक्ता ने हमारी पाण्डुलिपि तैयार करने में जो सहायता प्रदान की है उसके लिये हृदय से आभारी हैं।

लेखक उन सभी महानुभावों के प्रति कृतज्ञता ज्ञापित करता है जिन्होंने प्रत्यक्ष एवं अप्रत्यक्ष रूप से इस शोध कार्य को पूर्ण करने में सहायता प्रदान की है उनमें श्री रामकुमार पाण्डेय, आर0 सी0 पाण्डेय, के0 के0 झा, ललित सिंह, विनोद एवं श्री सतेन्द्र सिंह व श्रीमती निशा

तेवतिया आदि का विशेष आभारी है।। चिरंजीव पुष्पराज, सोनम, सोनू, रौबिन, रोहन व मेघना ने भी अपने स्तर पर अपने ढंग से हमारे मनोबल को बढ़ाया है के प्रति भी हम स्नेहिल होकर मुदित हैं। पुलिस विभाग में सेवा करने का एक लम्बा अनुभव है। अपने अनुभवों को मूर्तरुप देने हेतु अपनी पहली पुस्तक "विधि का शासन एवं पदोन्नति" नामक पुस्तक का सृजन कर अपनी उपलब्धियों के क्रम को आगे बढाया है। यह पुस्तक इंस्टा पब्लिसिंग के माध्यम से दिनॉक 25 जून 2021 को प्रकाशित की गयी।

पुलिस विभाग में सेवा करने का एक लम्बा अनुभव है। अपने अनुभवों को मूर्तरुप देने हेतु "विधि का शासन एवं पदोन्नति" नामक पुस्तक का सृजन कर अपनी उपलब्धियों के क्रम को आगे बढाया है।

उपरोक्त पुस्तक के प्रकाशन के बाद डॉ0 रूहल ने कोरोना का फायदा उठाते हुए ताबड तोड छः पुस्तकें सेल्फ पब्लिसिंग मोड से नोशन प्रेस के माध्यम से प्रकाशित कर दी। प्रकाशित पुस्तकें निम्न है-

1."चम्बल घाटी, डकैत व पुलिस" प्रकाशित दिनॉक 09 जुलाई 2021

2."राष्ट्र हित हम करेंगे" प्रकाशित दिनॉक 20 अगस्त 2021

3."चम्बल के बागी व आत्मसमर्पण" 13 सितम्बर 2021

4."05 कहानियॉ" प्रकाशित दिनॉक 28 सितम्बर 2021

5."05 स्टोरीज" इंग्लिश में प्रकाशित दिनॉक 04 अक्टूबर 2021

7. "जाट इतिहास की झलक" प्रकाशित दिनांक 27 अक्टूबर 2021

उक्त "जाट इतिहास की झलक" लिखने में मुझे गौरव का अनुभव हुआ है। पाठकों से अनुरोध है कि वह पूर्वाग्रह रहित मन से इस रचना में वर्णित जाट समाज के विषय में अपडेट हों व जाट इतिहास की झलक से सीख लेकर सजगता के साथ अपनी आने वाली पीढी को इतिहास की झलक परोसें और उन्हें बतावें कि एक समाज का इतिहास कितना गरिमामयी रहा है। पुस्तक "जाट इतिहास की झलक" में जाट समाज के उस भाग को समाज व सुधी पाठकों के सामने लाने का प्रयास किया गया है जो देश के इतिहास में उल्लेखित नहीं किया गया। उसका कारण इतिहासकारों के सामने देश काल परिस्थितयों व आकान्ताओं की इच्छा या देश के आजाद होने के बाद शाषित राजनैतिक दलों की मानसिकता के कारण नहीं लिखा गया और बिखर गया और खो गया।

पुस्तक में जाट जाति का भोगौलिक विस्तार, जाट जाति की उत्पत्ति और विस्तार, जाट इतिहास एक की अनुभूति, महाराजा भीम सिंह गोहद, आगरा विजय दिवस, कौन थे राजा विक्रमादित्य, अमर वीर गोकुला, चन्देरी के राजा पूरनमल जाट, चैधरी छाजूराम, बाबा गंगादास जी, जाट राजा दिल्लू उर्फ दिलेराम, आंतिल इतिहास, जाट शामिल इतिहास, शहीदे आजम भगत सिंह व शादीपुर गॉव, घटामन के तोमर, बाबा महेदसिंह टिकैत, कौन्तेय बिल्हड देव तंवर, कौन्तेय वीर पाखरिया, वीर हरफूल सिंह, जाट इतिहास को चुराना, राजा महेन्द्र प्रताप सिंह मुरसान, राजा नाहर सिंह तथा महाराजा दशरथ व माता कौशल्या की पूर्व

जन्म की कथा शामिल हैं।

अचल जी ने हमारी दूसरी पुस्तक "विधि का शासन एवं पदोन्नति"की प्रस्तावना लेखन का कार्य उनके द्वारा किया गया और उनके मार्गदर्शन व विचार मिलन से लेखक को एक आशा जगी है कि उक्त पुस्तक के प्रकाशन के बाद कई प्रकाशित करायी जिनका उल्लेख किया गया है। श्री राकेश अचल जी को सम्मान सहित हार्दिक आभार व धन्यवाद।

"जाट इतिहास की झलक" पुस्तक को संपादित करने में उपरोक्त लोगों के साथ-साथ हमारी सह-धर्मिणी श्रीमती पुष्पा रुहल जो इस पुस्तक की सह लेखक भी है, उनके सहयोग के बिना यह पुस्तक पूर्णता की ओर नहीं पहुँच पाती, उन्हें दिली आभार। पुस्तक के संपादन में सबसे पहले हम आभारी हैं श्री लक्ष्मण राम बुरडक आए0 एफ0 एस0 रिटायर्ड के जिन्होंने जाट लैण्ड डॉट कॉम में जाट समाज की जानकारी अंकित की हैं उसके अंश भाग को पुस्तक में समाहित किया है। दूसरे स्थान पर हम आभारी हैं इंजीनियर रनवीर सिंह तंवर के जो अतिरिक्त चीफ इंजीनियर के पद से रिटायर्ड हुए उन्होंने पुस्तक की प्रस्तावना लेखकर हमारा हौसला अफजाई किया है। श्री ओंकार सिंह रौण्डा जिन्होंने हमारे पूर्वजों व उनके निकास की जानकारी दी हम उनके आभारी है।

सोशल नेटवर्क में शामिल कई लोग व्हाट्सएप, ट्वीटर, फेसबुक से जुडे हैं उनके द्वारा भेजी महत्वपूर्ण जानकारी को भी अंकित किया गया है। उनके नाम हैं सर्व श्री नवतेज सिंह मंगत, रोयल अजय सिंह, अहसान बाजवा फेसबुक एवं व्हाट्सएप ग्रुप आर0 ए0 जे0 "रोयल आर्यन जाट", सत्येन्द्र सिंह रुहल, पवन रुहल रोहिलान हिसार, राजपाल रुहल रोहद, वीरेन्द्र सिंह गूहणा, कैथल, वीरेन्द्र कुमार रुहल मन्सरबास, रुहल साहब रुपाणा, के0 के0 रुहिल कागदाना, सूर्यकान्त रुहल जट्टीपुरा, ताउ दिलबाग, डॉ0 संदीप रुहल जट्टीपुरा, शमशेर सिंह चोरमार खेडा, वरुण रुहल मुरादाबाद, राजबीर सिंह भॉपुर, सतबीर रुहल रुपाणा आदि व्हाट्स एप्प गुप "रुहल परिवार" सभी का आभार।

इनके अलावा जसवीर सिंह मलिक, रोहतक, राष्ट्रीय साहित्य शोध संस्थान, डॉ0 प्रद्युम्न कुमार ओझा, रोहित चैधरी, नीरज अत्री, तूफेल, विजय कृष्णा चतुर्वेदी, ईश्वर सिंह मंढाणीया, मनदीप सिंह घटायन, मानवेन्द्र सिंह, चैधरी जयदीपसिंह नैंन, मानवेन्द्र सिंह तोमर जाट, के0 पी0 सिंह सम्पादक दैनिक, अनपढ जाट रोहतकी आदि के दिल से आभारी हैं।

पुस्तक आत्मकथा (पार्ट-1) प्रकाशनार्थ तैयार है जिसकी शुरूआत हरिबाबा की वजय से जल्दी ही हो गई उसके लिए डॉ0 हरि सिंह यादव रिटायर्ड डीआईजी के हम आभारी हैं। पुस्तक की प्रस्तावना इंडियन आर्मी की एजूकेशन से सेवा निवृत सूबेदार श्री सत्यपाल सिंह ने लिखी है उन्हें दिल से आभार। इस पुस्तक में हमारे साथ हमारी सह धर्मिणी श्रीमती पुष्पा रूहल रात बिरात संलग्न रहीं तथा डॉ0 बी0 डी0 गुप्ता जो इस पुस्तक के इलस्ट्रेटर हैं के भी हम दिल से आभारी हैं उन्हें आभार। पुस्तक पाठकों के जल्दी ही उनके हाथों में होगी।

(डॉ0 रणधीर सिंह रूहल)

आमुख

DR RANDHIR SINGH RUHAL- SMT PUSHPA RUHAL

डॉ0 रणधीर सिंह रुहल
प्रेसीडेंट अवार्डी
एडवोकेट,
मध्यप्रदेश उच्च न्यायालय, ग्वालियर खण्ड पीठ।
सहायक पुलिस महानिरीक्षक/अतिरिक्त पुलिस अधीक्षक (रि0)
मध्य प्रदेश पुलिस।
पूर्व-अतिरिक्त पुलिस अधीक्षक
राष्ट्रीय अन्वेषण अभिकरण (एन0आई0ए0), नई दिल्ली,
गृह मंत्रालय, भारत सरकार।
बी0ए0 मेरठ विश्वविद्यालय मेरठ हाल चौधरी चरण सिंह विश्वविद्यालय मेरठ (उत्तर प्रदेश)।
एम0ए0 (राजनीति विज्ञान) जीवाजी विश्वविद्यालय, ग्वालियर (मध्य प्रदेश)।
एलएल0बी0 जीवाजी विश्वविद्यालय, ग्वालियर (मध्य प्रदेश)।
पीएच0डी0 जीवाजी विश्वविद्यालय, ग्वालियर (मध्य प्रदेश)।
बी0पी0ई0 (अ) एल0एन0सी0पी0ई0 ग्वालियर जीवाजी विश्वविद्यालय,
ग्वालियर हाल एल0एन0आई0यू0पी0ई0 ग्वालियर "सम-विश्वविद्यालय"(मध्य प्रदेश)।
सी0आई0एस0 "जूडो" नेताजी सुभाष नेशनल इंस्टीट्यूट ऑफ स्पोर्ट्स , पटियाला (पंजाब)

SELF

BAPU CHAUDHARY HORAM SINGH-MAA SMT.ATLO DEVI

PROF. K.M. CHANDI GOVERNOR M.P. FACILITATED GALLANTRY MEDALON REPULIC DAY 1987

1

प्रारंभ आत्म कथा-

श्री गणेशायः नमः। आज दिनॉक 04 नवम्बर 2021 तथा दीपावली हैं और हम त्यौहार मना रहे हैं। कोरोना से पूरी तरह निजात नहीं मिल पायी है, लोगों का आना जाना पूर्व की भॉति नहीं हो रहा है, लोगों ने मास्क लगाना, हाथों को बार-बार धोना व सोशियल डिस्टेन्स के फार्मूला में कोताई बरतना प्रारंभ कर दी है। मिलने वाले, रिस्तेदार, पूर्व अधिकारियों व संगी साथियों के सोशियल नेटवर्क के माध्यम व्हाट्स एप्प, फेस बुक, ट्वीटर, कू से पोस्ट, वॉयस मैसेज, वॉयस कॉल, वीडियो कॉल से दिवाली के संदेश आ रहे हैं व जा रहे हैं। मोबाइल/टेलीफोन से बातें ज्यादा हो रही हैं, इसी बीच हमने हरि बाबा को मोबाइल से कॉल करके दिवाली की शुभकामनाएं प्रेषित की, अन्य चर्चा के बाद हरि बाबा ने हमारी प्रकाशित सात पुस्तकों की तारीफ करते हुए पुस्तकों की सम्पूर्ण जानकारी ली और सफलतम प्रयासों की सराहना करते हुए बधाई दी और कहा कि "रूहल अपनी आत्मकथा लिखो"। यह जिज्ञाशा पहले से ही मन में बसी थी, फिर देरी क्यों? आत्म कथा लिखना प्रारंभ। आत्म कथा लिखने से पहले वर्तमान स्वरूप लिखना उचित रहेगा। वह निम्न हैः-

वर्तमान स्वरूप-

डॉ0 रणधीर सिंह रुहल

प्रेसीडेंट अवार्डी

एडवोकेट,

मध्यप्रदेश उच्च न्यायालय, ग्वालियर खण्ड पीठ।

सहायक पुलिस महानिरीक्षक/अतिरिक्त पुलिस अधीक्षक (रि0)

मध्य प्रदेश पुलिस।

पूर्व-अतिरिक्त पुलिस अधीक्षक

राष्ट्रीय अन्वेषण अभिकरण (एन0आई0ए0), नई दिल्ली,

गृह मंत्रालय, भारत सरकार।

बी0ए0 मेरठ विश्वविद्यालय मेरठ हाल चौधरी चरण सिंह विश्वविद्यालय मेरठ (उत्तर प्रदेश)।

एम0ए0 (राजनीति विज्ञान) जीवाजी विश्वविद्यालय, ग्वालियर (मध्य प्रदेश)।

एलएल0बी0 जीवाजी विश्वविद्यालय, ग्वालियर (मध्य प्रदेश)।
पीएच0डी0 जीवाजी विश्वविद्यालय, ग्वालियर (मध्य प्रदेश)।
बी0पी0ई0 (अ) एल0एन0सी0पी0ई0 ग्वालियर जीवाजी विश्वविद्यालय,
ग्वालियर हाल एल0एन0आई0यू0पी0ई0 ग्वालियर "सम-विश्वविद्यालय"(मध्य प्रदेश)।
सी0आई0एस0 "जूडो" नेताजी सुभाष नेशनल इंस्टीट्यूट ऑफ स्पोटर्स,
पटियाला (पंजाब)

हमारा ठिकाना रौण्डा-

हमारा ठिकाना गॉव रौण्डा जिला बुलन्दशहर उत्तर प्रदेश में है। हमारा जन्म स्व0 चौधरी होराम सिंह के यहॉ दिनांक 10 जून 1957 को हुआ। गॉव पश्चिमी उत्तर प्रदेश में स्थित होकर बुलन्दशहर जिला मुख्यालय से 16 किमी तथा अनूपशहर तहसील मुख्यालय से 24 किमी दूरी पर है। हमारी प्रारंभिक शिक्षा गॉव में हुई। किसान आदर्श इण्टर कालेज रौण्डा जिला बुलन्दशहर से इण्टर की परीक्षा उत्तीर्ण की तथा जिला हैडक्वाटर बुलन्दशहर से डी0ए0वी0 स्नातकोत्तर महाविद्यालय से कला स्नातक की उपाधि प्राप्त की। स्नातक होने के बाद ग्वालियर पहॅुच कर लक्ष्मीबाई नेशनल कॉलेज ऑफ फिजीकल एजूकेशन ग्वालियर में एडमीशन लेकर बी0पी0ई0 की शिक्षा लेना प्रारंभ कर दिया।

उक्त शिक्षा के साथ साथ पुलिस उप-निरीक्षक की भर्ती निकली और उसका टैस्ट दे दिया। वर्ष 1978 में एन0एस0 नेशनल इंस्टीट्यूट आफ स्पोर्ट पटियाला (पंजाब) में सर्टीफिकेट इन स्पोर्ट इन "जूडो" का डिप्लोमा पूर्ण किया, साथ ही स्नातक होंने से एन0आई0एस0 पटियाला में रैग्यूलर "जूडो" में प्रवेश लेने हेतु फार्म डाला तो उसमें लाइन क्लीयर हो गयी। उधर पुलिस उप-निरीक्षक में सलैक्सन हो गया।

फिर सोचने की घडी आई तो पढाई बीच में ही छोडकर पुलिस एकेडमी सागर में प्रशिक्षण में शामिल हो गया। सेवा निवृति के बाद मध्य प्रदेश उच्च न्यायालय ग्वालियर खण्डपीठ में एडवोकेट होकर प्रेक्टिस कर रहे हैं। अध्ययन काल में एल0एन0सी0पी0ई0 ग्वालियर के सचिव, स्टूडैंट वैलफेयर संघ रहे। सामाजिक जाट संस्थाओं में संरक्षक जाट समाज कल्याण परिषद ग्वालियर, संरक्षक जाट महासभा मुरार, संरक्षक महाराजा कीर्ति सिंह जाट छात्रावास हैं। जाट छात्रावास की एक्जीक्यूटिव कौन्सिल के सदस्य रहे हैं। वर्तमान मे प्रभारी, ग्वालियर-चम्बल संभाग, अखिल भारतीय जाट महासभा, मध्य प्रदेश हैं।

महासचिव, मध्य प्रदेश एवं सदस्य, राष्ट्रीय कार्यकारिणी, राष्ट्र निर्माण पार्टी हैं। पार्टी के तत्समय आवंटित चुनाव चिन्ह पर वर्ष 2019 में लोक सभा क्रमांक 01 मुरैना जिसमें दो जिले मुरैना व श्योपुर आते हैं, से चुनाव लड चुके हैं। इस चुनाव में बी0जे0पी0 से भारत सरकार के मंत्री नरेन्द सिंह तोमर तथा कॉग्रेस से रामनिवास रावत लडे थे। इसके अलावा वाइस प्रसीडेंट, मध्य भारत प्रान्त, भारत तिब्बत सहयोग मंच हैं। नन्द केशरी न्यूज चैनल के विधि सलाहकार, एक्साइड जीवन वीमा के एडवाइजर होकर, सदस्य रिटायर्ड राजपत्रित संघ ग्वालियर चम्बल संभाग हैं। वर्तमान में सी-180, पटेल नगर सिटी सैन्टर ग्वालियर में

निवास करते हैं।

हमारे जीवन में तथ्य परक, प्रमाणिक और कटु सत्यों से ओतप्रोत अनेक प्रसंग आए तथा एक पुलिस अधिकारी के रुप में हमें अनेक ऐसे अनुभव हुए जो साहस, शौर्यपूर्ण तथा रोमांचक थे। पुलिस में अपनी डियूटी के उच्चतम आयाम स्थापित कर महामहिम राष्ट्रपति से स्वीकृत "वीरता के लिए पुलिस पदक" प्राप्त किया। पहला प्रमोशन "आउट ऑफ टर्न" प्राप्त किया और पुलिस विभाग में वीरता दिखाने वालों के लिए एक नया उत्साही आयाम का मार्ग प्रशस्त कर दिया। निरीक्षक स्तर पर भी बडे-बडे थानों के प्रभारी बनाया गया और करीब 36 थानों का सफल संचालन करते हुए दस्यु उन्मूलन में विशेष महारथ हासिल की। डी0एस0पी0 बनकर मुख्यालय की की-पोस्ट डी0एस0पी0 पर्सनल, विधि तथा डी0ई0 एण्ड अपील तथा एस0एस0आर0 पर बेहतरीन कार्य का सम्पादन कर प्रशंसा बटोरी। अच्छे कार्यों की वजय से जिला भिण्ड में एस0डी0ओ0पी0 मेंहगॉव बनाया। मेंहगॉव में उक्त पद पर अभी तक की नियुक्ति अवधि व अच्छे कार्यों के सभी रिकॉर्ड ध्वस्त करते हुए, यहीं से एन0आई0ए0, ग्रह मंत्रालय, भारत सरकार, नई दिल्ली अतिरिक्त पुलिस अधीक्षक पद पर प्रतिनियुक्ति पर पुलिस महानिदेशक मध्य प्रदेश की सम्मति से चला गया।

तीन साल का प्रतिनियुक्ति समय सफलता पूर्वक पूर्ण कर पैतृक विभाग में वापस लौटने पर इन्टेलीजेंस विंग विशेष शाखा में सहायक पुलिस महानिरीक्षक में पदस्थ किया गया और जिला विशेष शाखा ग्वालियर से ट्रेनिंग सहित 39 साल की सेवा पूर्ण कर अधिवार्षिकी पर 30 जून 2017 को सेवा निवृत होकर वर्तमान में एडवोकेट मध्य प्रदेश उच्च न्यायालय ग्वालियर खण्डपीठ होकर प्रेक्टिस कर रहे है। सर्विस में गैलेन्ट्री मैडल, जर्मन मेड 12 बोर गन के अलावा डाकू मारने व पुलिस की अन्य विधाओं में पारंगतता पर 500 इनाम मध्य प्रदेश पुलिस, उत्तर प्रदेश पुलिस, दिल्ली पुलिस तथा एन0आई0ए0 नई दिल्ली से प्राप्त किए है।

नौकरी में, खास तौर से पुलिस में रहते हुए शिक्षा ग्रहण करना दुरुह कार्य है फिर भी हमने एम0ए0 (राजनीति विज्ञान), एलएल0बी0 तथा पीएच0डी0 की उपाधि जीवाजी विश्वविद्यालय ग्वालियर से नौकरी में प्राप्त की। स्नातकोत्तर कोर्स में वर्ष 1981 में मुरैना जिला में पुलिस प्रशासन एवं संगठन विषय पर लघु प्रबन्ध लिखने का अवसर प्राप्त हुआ और डॉ0जी0पी0शर्मा ख्यात नाम शिक्षाविद के मार्गदर्शन में उसे पूर्ण कर जीवाजी विश्वविद्यालय ग्वालियर में प्रस्तुत किया और 84 प्रतिशत अंक प्राप्त कर वि0वि0 टॉप किया।

इस शिक्षा को पूर्ण करने में हमारे भाइयों, पुलिस के वरिष्ठ व कनिष्ठ अधिकारियों का योगदान रहा है। शोध प्रबन्ध का शीर्षक "ग्वालियर-चम्बल संभाग में दस्यु समस्या-पुलिस संगठन के परिपेक्ष्य में एक विश्लेषणात्मक अध्ययन" रहा जिस पर पूर्व में कोई शोध नहीं किया गया फिर भी अन्यान्य श्रोतों से डाटा व सामग्री संकलित कर शोध पूर्ण किया। इसी क्रम में हमारे पुलिस विभाग के साथियों व भाइयों ने रमेश सिंह सिकरवार, मलखान सिंह,

फूलन देवी आदि डकैतों ने जिन्होंने अनगिनत नृशंस हत्यायें व अपहरण के भयंकर अपराध किए और इनके संबंध कई टी0वी0 सीरियल व फिल्में बनी, इनके कारनामों को पठने व सुनने के लिए लालायित रहे हैं। पुलिस ने इनके कई साथियों को पुलिस ने मार फेंका व पुलिस के भारी दबाब होने के कारण उनको आत्मसमर्पण करना पडा।

लोग कहते है कि उनका ह्रदय परिवर्तन हो गया था। ह्रदय-परिवर्तन तो ऋषि मुनियों का भी मुश्किल से होता है, डकैत, लुटेरों का क्या ह्रदय-परिवर्तन होंगे? पुलिस के साथियों यहाॅ तक कह डाला कि आपने हत्याएं नहीं की पर दर्जनों डकैतों को मार के फेंक दिया। पुलिस विभाग में आपको भारतवर्ष की सर्वोच्च हस्ती महामहिम राष्ट्रपति ने आपकी वीरता के लिए पुलिस पदक से नवाजा। पुलिस की भावी पीढी के लिए व पुलिस की प्रतिष्ठा कायम करने लिए और आपने जो डकैती समस्या के संबंध में शोध किया जिससे आपको पीएच0डी0 की उपाधि मिली है तो उसके संबंध में जनता का पुलिस के प्रति आदर भाव क्यों नहीं स्थापित करते हो, पुस्तक लिखो। कुछ अधिकारियों ने तो यहाॅ तक कह दिया कि यदि आपके पास धन का अभाव है तो वे लोग चंदा करके पुस्तक छपवाने का खर्चा दे देंगे। ये बात खटकने वाली थी फिर इतनी भी खाट नहीं कट रही थी कि पुस्तक न छपवा सके।

हमने दृढ निश्चित किया कि शोध प्रबन्ध में ही हमारी पुस्तक छिपी है उसी के आधार पर पुस्तक तैयार की जाय व प्रकाशित कराया जाय। हालाॅकि हमारी पीएच0डी0 2003 में एवार्ड हो गयी थी कुछ संदर्भ भी चलन से बाहर हो चुके थे फिर भी हमने शहर के अनुभवी मूर्धन्य विद्वानों के चर्चा की और उनकी राय ली और राय अच्छी लगी और हमने एक पुस्तक शीर्षक "विधि का शासन एवं पदोन्नति" तैयार की और प्रखर अर्थशास्त्री डाॅ0 जयपाल सिंह पूर्व प्राचार्य अम्बाह कालेज जिला मुरैना को प्रस्तावना लिखने को सुपुर्द कर की और वह पुस्तक प्रकाशित होकर पाठकों के हाथों में है। उसके बाद एक पुस्तक "चम्बल घाटी, डकैत व पुलिस" शीर्षक पर संपादित कर तैयार कर दी।

पुस्तक की एक प्रति प्रदाय कर प्रस्तावना लिखने हेतु विख्यात व अनुभवी वरिष्ठ स्वतंत्र जनर्लिस्ट श्री राकेश अचल से याचना की है। प्रस्तावना लिखी जाने के बाद पुस्तक को इंग्लिश मिक्स हिन्दी में प्रकाशित कर दी है जो पाठकों के हाथ में है। पाठकों से अनुरोध है कि उक्त पुस्तक के प्रथम संस्करण में चम्बल घाटी में डकैत व पुलिस की सामग्री समाहित की है। उक्त पुस्तक "चम्बल घाटी, डकैत व पुलिस" पाठकों के हाथों में है तथा पाठकों की अच्छी रिपोर्ट दूर संचार माध्यम तथा सोशियल नेटवर्क से मिल रही है, यह अच्छा लगता है। इसके बाद एक पुस्तक उपन्यास के रूप में देश की फैली अव्यवस्था को ठीक करने के लिए एक रिफौर्मिंग सिस्टम के साथ शीर्षक "राष्ट्र हित हम करेंगे" तैयार की जो प्रकाशित होकर पाठकों के हाथों में है।

भविष्य में शीघ्र चम्बल घाटी में डकैतों व पुलिस द्वारा क्या-क्या किया जाता है किस प्रकार पुलिस दस्यु-उन्मूलन करती है और राजनेताओं का क्या रोल रहता, हमारे शोध प्रबन्ध की रिकमन्डेशन्स से पुंलिस को कितना फायदा हुआ है और दस्यु समस्या को समाप्त कराने

में कितना सहयोग मिला हम नहीं कह सकते? चम्बल भूमि वीर प्रसूता है और खाली नहीं रहती पर अभी चम्बल धाटी में कोई लिस्टिड गैंग नहीं हैं? फिर भी पुलिस व समाज को इस पर पैनी नजर रखना होगी क्योंकि यह फसल हर चार साल में लहलहाती खडी हो जाती है, 2006 से चार हो रहे थे। चम्बल से संबंध रखने वाली एक पुस्तक "चम्बल के बागी व आत्मसमर्पण" शीर्षक के साथ सम्मुख हो रहे हैं। पाठकों को अगली पुस्तक में चम्बल घाटी उसके बागी तथा आत्म समर्पण का विवरण पढने को मिलेगा। पुस्तक "चम्बल के बागी व आत्मसमर्पण" की प्रस्तावना श्रीमती पुष्पा रूहल द्वारा लिखी गयी है। पुस्तक प्रकाशित हो चुकी है और पाठकों में हाथों में है।

उपरोक्त के अलावा एक पुस्तक "05 कहानियाँ" जिसमें लघु कहानी संग्रह है। यह पुस्तक प्रकाशित होकर सुधी पाठकों के हाथों में है। इस पुस्तक के प्रकाशित होने के बाद इस पुस्तक की अग्रेजी में प्रकाशित कराने की मॉग हमारे मित्रों की ओर से हुई। उल्लेखनीय है कि नाचीज की पढाई एल एन आई पी ई ग्वालियर में होने तथा प्रतिनियुक्ति एन आई ए, नई दिल्ली, गृह मंत्रालय भारत सरकार में होने से कुछेक मित्रों की रूचि हिन्दी में कम होने से उनकी इच्छानुसार अंगेजी में अनुवाद कर "05 स्टोरीज" शीर्षक के संपादित कर प्रकाशित की गई। दोनों पुस्तकों की प्रस्तावना मेघना रूहल द्वारा लिखी गई है। "05 स्टोरीज" पुस्तक के को-ऑथर एलेक्स रूहल हैं। प्रथम पुस्तक इन्स्टा पब्लिसिंग के द्वारा प्रकाशित कराई है, इसके अलावा सभी पुस्तकें सेल्फ पब्लिसिंग मोड से नोशन प्रेस के माध्यम में प्रकाशित की गयीं हैं।

उपरोक्त पुस्तकों के प्रकाशन के बाद समाज की ओर से प्रश्न उठाया गया है कि जाट समाज के इतिहास के बारे में प्रकाशन किया जाय। "मनुष्य एक सामाजिक प्राणी है" प्रारंभिक शिक्षा में ही यह मुहावरा अस्तित्व में आ गया था और सिद्ध हो चुका है। विषद विषय है कि समाज या जाति का इतिहास लिखना और इतिहासकारों ने भी जाट समाज के साथ इतिहास लिखने में छल किया है। बडी हिम्मत के साथ सह-धर्मिणी एलेक्स की दादी श्रीमती पुष्पा रूहल को को-ऑथर बनाकर शीर्षक "जाट इतिहास की झलक" से एक पुस्तक संपादित की है।

पुस्तक "जाट इतिहास की झलक" में जाट समाज के उस भाग को समाज व सुधी पाठकों के सामने लाने का प्रयास किया गया है जो देश के इतिहास में उल्लेखित नहीं किया गया। उसका कारण इतिहासकारों के सामने देश काल परिस्थितियों व आक्रान्ताओं की इच्छा या देश के आजाद होने के बाद शाषित राजनैतिक दलों की मानसिकता के कारण नहीं लिखा गया और बिखर गया और खो गया।

पुस्तक में जाट जाति का भौगोलिक विस्तार, जाट जाति की उत्पत्ति और विस्तार, जाट इतिहास एक की अनुभूति, महाराजा भीम सिंह गोहद, आगरा विजय दिवस, कौन थे राजा विक्रमादित्य, अमर वीर गोकुला, चन्देरी के राजा पूरनमल जाट, चौधरी छाजूराम, बाबा गंगादास जी, जाट राजा दिल्लू उर्फ दिलेराम, आंतिल इतिहास, जाट शामिल इतिहास, शहीदे

आजम भगत सिंह व शादीपुर गॉव, घटामन के तोमर, बाबा महनेद्रसिंह टिकैत, कौन्तेय बिल्हड देव तंवर, कौन्तेय वीर पाखरिया, वीर हरफूल सिंह, जाट इतिहास को चुराना, राजा महेन्द प्रताप सिंह मुरसान, राजा नाहर सिंह तथा महाराजा दशरथ व माता कौशल्या की पूर्व जन्म की कथा शामिल हैं।

पुस्तक की प्रस्तावना मूर्धन्य विद्वान, उपाध्यक्ष, अखिल भारतीय जाट महासभा, ग्वालियर-चम्बल संभाग, मध्य प्रदेश व अन्य कई जाट संस्थाओं के संरक्षक व पदाधिकारी श्री रनवीर सिंह तंवर इन्जीनियर जो एम. पी. इलेक्टिसिटी विभाग से अतिरिक्त चीफ इंजीनियर पद से रिटायर हुए हैं तथा एक समाज का विशेष कार्य जिसमें वह श्री लक्ष्मण सिंह बुरडक रिटायर्ड आय0एफ0एस0 के संपर्क में होकर जाट समाज की जानकारी भेजकर जाट लैन्ड कॉम वेब साइट को अपडेट करा रहे हैं ने लेख की है। प्रकाशित होकर पुस्तक "जाट इतिहास की झलक" सुधी पाठकों के हाथों में है।

लेखक की साहित्यकार के रूप में वर्तमान स्वरूप जो स्थापित हुआ वह निम्न रूप में प्रकाशित एवं अप्रकाशित साहित्य के आधार पर हुआ है। प्रकाशित व अप्रकाशित साहित्य की समग्र जानकारी निम्न प्रकार हैः-

1."मुरैना ज़िला में पुलिस व संगठन. विषय-राजनीतिक विज्ञान, लघु प्रबंध जीवाजी वि०वि० गवालियर 1981.अप्रकाशित-उपलब्धता लाइब्रेरी, जीवाजी विश्वविद्यालय ग्वालियर (म0प्र0)

2."ग्वालियर.चम्बल संभाग में दस्यु समस्या.पुलिस संगठन के परिपेक्ष्य में एक विश्लेषणात्मक अध्ययन. विषय-राजनीतिक विज्ञान, शोध प्रबंध जिस पर जीवाजी वि०वि० ग्वालियर से पीएच.ण्डी अवॉर्ड हुई, 2003. अप्रकाशित- उपलब्धता लाइब्रेरी, जीवाजी विश्वविद्यालय ग्वालियर (म0प्र0)

3."विधि का शासन एवं पदोन्नति-आईएसबीएन.978-93-90719-00-6, प्रकाशित, इंस्टा पब्लिशिंग दिनाँक 25 जून 2021-उपलब्धता इन्टा पब्लिशिंग, ऐमाजॉन स्टोर, गूगल स्टोर एवं फिलिपकार्ट।

4."चम्बल घाटी, डकैत एवं पुलिस.आईएसबीएन-978-1-63997-340-8, प्रकाशित, नोशन प्रेस सेल्फ-पब्लिशिंग मोड दिनाँक 09 जुलाई 2021-उपलब्धता नोशन प्रेस, ऐमाजॉन स्टोर, गूगल स्टोर एवं फिलिपकार्ट स्टोर।

5."राष्ट्र हित हम करेंगे आईएसबीएन-978-1-68538-068-7, प्रकाशित, नोशन प्रेस सेल्फ-पब्लिशिंग मोड दिनाँक 20 अगस्त 21-उपलब्धता नोशन प्रेस, ऐमाजॉन स्टोर, गूगल स्टोर एवं फिलिपकार्ट स्टोर।

6."चम्बल के बागी व आत्मसमर्पण.आईएसबीएन-978-1-68554-482-9, प्रकाशित, नोशन प्रेस सेल्फ-पब्लिशिंग मोड दिनाँक 13 सितम्बर 2021, प्रकाशित-उपलब्धता नोशन प्रेस, ऐमाजॉन स्टोर, गूगल स्टोर एवं फिलिपकार्ट स्टोर।

7."05 कहानियाँ.आईएसबीएन-978-1-68563-622-7, प्रकाशित, नोशन प्रेस सेल्फ-

पब्लिशिंग मोड दिनाँक 28 सितम्बर 2021- उपलब्धता नोशन प्रेस, ऐमाजॉन स्टोर, गूगल स्टोर एवं फिलिपकार्ट स्टोर।

8."05 स्टोरीज"-आईएसबीएन-978-1-68586-003-5, प्रकाशित, नोशन प्रेस सेल्फ पब्लिशिंग मोड दिनाँक 04 अक्टूबर 2021-उपलब्धता नोशन प्रेस, ऐमाजॉन स्टोर, गूगल स्टोर एवं फिलिपकार्ट स्टोर।

9."जाट इतिहास कीझलक .आईएसबीएन978-1-68487-415-6, प्रकाशित, नोशन प्रेस सेल्फ-पब्लिशिंग मोड 27 अक्टूबर 2021-उपलब्धता नोशन प्रेस, ऐमाजॉन स्टोर, गूगल स्टोर एवं फिलिपकार्ट स्टोर।

पुस्तक लिखने का क्रम जारी है। लेखन कार्य गतिमान होकर प्रगति पर है .

रूहल खाप का इतिहास

हमारा गोत्र रूहल है। जाट जाति में रुहल गोत्र अपनी खास पहचान रखता है। उसकी उत्पत्ति जानना जरुरी है। रुहल शब्द रुहेला, रुलिया, रुहिल, रुहिलान, रुहल्याण, रोहिल्ला, रौलानिया या रुलानिया आदि से अस्तित्व में आया है। रुहल गोत्र का जन्म महाराजा रोहा "रोह" जिनके पूर्वज दधीच थे। जाटलैण्ड डॉट कॉम के अनुसार रुहल गोत्र राजस्थान और उत्तर प्रदेश में पाया जाता है। इसके हमारी स्टडी के अनुसार यह गोत्र हरियाणा व पाकिस्तान में पाया जाता है।

इतिहास-

इतिहासकार रामस्वरुप जून ने लेख किया है कि राठी, रुहल और प्राचीन गोत्र हैं।

लोह-

महाभारत सभा पर्व 27, 27 में लोह का उल्लेख अर्जुन की दिशा के देशों की दिग्विजय के संबंध में है-लोहान् परमकांबोजानृषिकानुत्तरानपि, सहितास्तान् महाराज व्यजयत् पाकशासनिः। परमकांबोज संभवतःवर्तमान चीनी तुर्किस्तान "सीक्यंग" के कुछ भागों में कबीलों का देश था। इसी के निकट लोह प्रदेश की स्थिति रही होगी। वी एस अग्रवाल के मत में लोह या रोह "अथवा लोहित, रोहित" दर्दिस्तान के पश्चिम में स्थित काफिरिस्तान या कोहिस्तान का प्रदेश है जो अफगास्तिान की उत्तरी-पश्चिमी सीमा पर हिन्दूकुश पर्वत तक विस्तृत है। रुहेल जो मूलतः इसी प्रदेश के निवासी थे, रोह के नाम पर ही रुहेले कहलाए। पाणिनि और भुवनकोष में भी इस देश का नामोल्लेख है।

चीनी यात्री एफ ए-हयान का रुहेला राज्य में भ्रमण-चीनी यात्री एफ ए-हयान ने सन् 404 में अपने भारत भ्रमण के दौरान रुहेला राज्य का भ्रमण किया था। उसने सिंध नदी पार कर उद्याना वर्तमान में स्वात, कण्डाहार, तक्षशिला, पुरुषपुर, हिल्डा, भिडा "पंजाब" होता मथुरा गया था। बीच में लोय का राज्य तथा पोहना राज्य में भ्रमण किया था, ये ही लोह "रोहि" जो अंश भाग अफगानिस्तान का है, पोहना "पूनिया" राज्य थे। इसका उल्लेख अपनी पुस्तक में "जेम्स लेगै" ने अध्याय 14 में किया है।

रोहिल क्लान से संबंधित गॉव- गॉव नवलगढ एक टाउनशिप व तहसील जिला झुंझनू

राजस्थान है। इसका मूल नाम राहिली था और इसे रोहेला जाटों ने बसाया था।
राजस्थान में स्थिति-
जयपुर-जयपुर सिटी में रुहेला गोत्र के जाट बजरंग विहार, इन्कम टैक्स कॉलोनी दुर्गापुरा (आई आर एस शिवलाल सिंह रूहेला 15.3.41 से 13.7.1991), टौंक रोड।
जिला झुंझनू में गॉव-बकारा, बिजनई का बास "रघुनाथपुरा", कमेरी की धानी।
जिला सीकर में गॉव-शहर सीकर, अन्त्रोली, बैरास(लक्ष्मणगढ) (अर्जुन सिंह रूहेला ए ई जिला परिषद 9351577037), चाचीवड बडा,, घिरानिया बडा, गुनाथू, कलुआ का बास "गनेरी", सिगडोला बडा, सुतोड। अभिषेक रूहेला आय ए एस 2014, 8287821811. उनकी बहन हितिशा रूहेला आई आर एस 2011 पोस्टिड एट दिल्ली 9968626336
जिला नागौर में गॉव- नावां डूंगरवास, शहर नागौर
जिला चुरु में गॉव-केडिया, सुजानगढ।
जिला अलवर में गॉव-रामपुर, अलवर डॉ0 बी0एस0रूहेला डवलपमैंट ऑफीसर, सी-17, एच के एम नगर, अलवर 9414223772, 9414318154।
जिला बाडमेर में गॉव-रोहिला, रोहिला।
जिला हनुमानगढ में गॉव-भिरानी।
जिला झुंनझंना में गॉव-बकरा डॉ0दिनेश सिंह रूहेला प्रिसीपल सेठ मोती लाल कॉलेज झुंनझुंना 9352712932, 8005857784
डॉ0 रामेश्वरलाल रूहेला

उत्तर प्रदेश में स्थिति-

रोहेला गोत्र के जाट उत्तर प्रदेश में भी रहते हैं।-
जिला मुजफफरनगर में गॉव-पचैंडा कलॉ, पचैंडा खुर्द बच्चन सिंह रूहेला कारगिल, मुजफफरनगर, तलैण्डा, तलैण्डी।
जिला बुलन्दशहर में गॉव-रौण्डा, बुलन्दशहर
जिला मेरठ-चौधरी चरण सिंह विश्वविद्यालय में डॉ0गुलाब सिंह रूहल स्पोर्ट ऑफीसर, डॉ0 डी वी सिंह
जिला गाजियाबाद-डीपीएसजी, राज नगर एक्सटैंन्सन में डॉ0समय सिंह एच ओ डी फिजीकल एजूकेशन है। क्लासिक रीजेन्सी में निवास है।
जिला रूडकी- ओवसीज बैंक में सोनू रूहल मैनेजर है।
जिला अमरोहा में गॉव-कोनखेडा, रजकपुर, अतरासी की मडईयॉ, कोनखेडा-द्वितीय, हलपुरा, शहजादपुर।
उत्तराखण्ड प्रदेश में स्थिति-
जिला हरिद्वार में गॉव-हथिया थाल
हरियाणा में स्थिति-
रोहेला गोत्र के जाट हरियाणा में बहुत रहते हैं-

जिला झज्जर में गॉव-रोहद उर्फ रोध, दहकौरा, दादैं (ददिया), खेडी जटट, गोला(बादली), सौहलदा, कुलासी ।

जिला पानीपत में गॉव-जट्टीपुर, बिहोली, भापरा, भाउपुर, मछरौली, गढी भल्लौर, बेगमपुर (बापडोद), आदियाना, जाटल ।

जिला सिरसा में गॉव-कागदाना, रुपाना खुर्द (दडबा), चोरमार खेडा, पीरखेडा (रानिया), गुडिया खेडा, लक्खूवाली, मिठनपुर (एलनाबाद), जगमालवाली, लखवाणा ।

जिला कैथल में गॉव-गूहणा, दिलोवाली, सांगन।

जिला हिसार में गॉव-भिवानी रोहिलान, सरसौद, पंगाल,ब्याना खेडा, बड छप्पर, चिताण (उकलाना), बिठमडा, रायपुर, कन्नौड।

जिला सोनीपत में गॉव-फालिलपुर, पांची जाटान।

जिला रोहतक में गॉव-लाधौट, पोलंगी, कुलताना, पाकसमा, भाली ।

जिला भिवानी में गॉव-मनरवास।

जिला जींद में गॉव-सिंघपुरा, दालमवाला, रायचन्दवाला, करसिंधू (उचाना), भौंगरा

जिला फरीदाबाद में गॉव-फरीदाबाद मि. बी0एस0रोहिल डिप्टी मेनेजर एनटीसीपी नई दिल्ली म.न.-62, सैक्टर 28, 9718304852, 0129-2274852

कन्हैया लाला चौधरी एमएलए

जिला फतेहाबाद में गॉव-भूथन खुर्द, बैजलपुर (भूना), जान्डलीवाला, छतरी वाली ढाणी, तामसपुरा, बीछला,

जिला यमुना नगर में गॉव-खाण्डवा

जिला करनाल में गॉव-रंगरूटी खेडा

गुरूग्राम-आरूस रूहल

मध्य प्रदेश में स्थिति-

भोपाल (एम ए सी टी)-रोहन रूहल एम टैक का विद्यार्थी है।

ग्वालियर (पटेल नगर, सिटी सैंटर)-यहॉ हम निवास करते हैं, 13 नम्बर लाइन, बिरला नगर स्व0प्रथम सिंह रूहल का परिवार रहता है।

इन्दौर-डॉ0 संदीप सिंह रूहल महिला सशक्तिकरण मध्य प्रदेश शासन, श्रीमती शकुन्तला रूहल मध्य प्रदेश पुलिस में पुलिस अधीक्षक एजेके

महाराष्ट्र में गॉव-

जिला वर्धा-कासर खेडा

नोटः-और भी गॉव होंगे जो अभी ज्ञान में नहीं आए हैं। हम यहॉ चार गॉवों के बारे में चर्चा कर रहे हैं।-

1.रोहद उर्फ रोध जिला झज्जर-

बहुत पुराना गॉव है। पूर्व में यह गॉव रोहतक में आता था। अब जब नया जिला झज्जर बना है तो उसमें आ गया है। पूरा गॉव रुहल गोत्र के जाटो का है यदि अन्य कोई गोती बस गया

हो तो पता नहीं। गॉव की आबादी करीब 20 हजार है। गॉव में दादा श्याम जी महाराज का एक विशाल मन्दिर है जिसमें सालाना द्वादशी को बडा मेला लगता है। तहसील बहादुरगढ है। हाईवे पर है दिल्ली से करीब 40 किमी तथा रोहतक से करीब 15 किमी है। रेल्वे लाइन है हाल्ट स्टेशन बनाया गया है। खेती बहुत अच्छी होती है। शिक्षा के क्षेत्र में प्रगति की है। नौकरी में जाने वालो की संख्या बढी है।

लेखक के पूर्वज इसी गॉव के थे। गॉव के पंडित जी मोतीराम, प्रहलाद आदि हमारे पुरोहित है, वह लोग हमारे गॉव रौण्डा जिला बुलन्दशहर, उत्तर प्रदेश में आते रहे हैं। सौभाग्य से लेखक को एक सहचर आर0के0सिंह तत्कालीन डीएसपी एनआईए के साथ द्वादशी के मेले में जाने का सुअवसर मिला था, बहुत लोगों से मुलाकात हुई थी जिसमें मोतीराम पुरोहित के सुपुत्र भी शामिल थे। खुशी तब हुयी जब देखा कि हमारे पुरोहित मोतीराम का बेटा ही मेले का खजॉची था। हमारे पूर्वज स्व0 गंगाराम सिंह रुहल इसी गॉव में पैदा हुए। उसके बाद उनके पुत्र स्व0 कल्याण सिंह रुहल कहिए हमारे बापू (पिता जी) स्व0 चौधरी होराम सिंह के दादा जी उस समय गॉव में पानी की किल्लत होने से सौहार्दपूर्ण वातावरण में उत्तर प्रदेश में चले आए। गॉव के कई लोगों से सतत संपर्क है। हमारे दादाजी भगवान सहाय थे।

2.जट्टीपुर जिला पानीपत-

जट्टीपुर गॉव जाने का सौभाग्य भी लेखक प्राप्त हुआ। वर्ष 2013 में गॉव में 6वीं रुहल खॉप का सम्मेलन आयोजित हुआ था, उस समय स्व0 चौधरी साधूराम जी रुहल खॉप के प्रधान थे। उनके निमंत्रण पर ही हम सम्मेलन में शामिल हुए थे। सम्मेलन जो हमारा स्वागत सत्कार हुआ उसे हम कभी नहीं भूल सकते। हम उस दिन बहुत खुश थे। तुलना करें तो आप कह सकते हैं कि हमें जब राष्ट्रपति एवार्ड से विभूषित किया था तब भी इतनी खुशी नहीं मिली थी। करीब 6-7 हजार की आबादी होगी। स्व0 साधूराम जी रुहल 10 साल से प्रधान थे, सम्मेलन में उन्होंने अपना उत्तरापेक्षी प्रधान श्री बलवंत सिंह को मनोनीत कराकर एक उदाहरण पेश किया था, ऐसे लोग अब कहॉ?

3. चोरमार खेडा जिला सिरसा-

“सभी रूहल भाईयों को राम-राम जी। गॉव चोरमार खेडा जिला सिरसा में रूहल सरदारों के 200 घर हैं जोकि एन0एच0 09 यानि दिल्ली फाजिल्का रोड पर स्थित है। हमारे पूर्वज दादा मायाराम चौ0 हमीरा राम भिवानी रोहिल्लान से 1840 में जिला सिरसा के गॉव जगमालवाली में आकर बस गए थे। सन 1858 में उन्होने चोरमार गॉव बसाया। सन 1920 में पंजाबी संस्कृति के प्रभाव में आकर जट्ट सिक्ख बन गए।

हम गॉव व इलाके में पूरे स्वाभिमान व शान शौकत से रहते हैं। सभी रूहल भाईयों का गॉव में आने के लिए स्वागत है। सत श्री अकाल जी”-ओर से-मा0 शमशेर चोरमार। यह गॉव रूहल जाटों का है लेकिन जैसा कि मा0 शमशेर चोरमार ने अपने शब्दों में भेजा है, इसका उल्लेख हमने अपनी प्रकाशित पुस्तक “जाट इतिहास की झलक” में भी इसका उल्लेख किया हैं। चोरमार खेडा के रूहल खाप के जाट चाहे आप जाट रहे या जाट सिक्ख उससे कोई फर्क नहीं

पेंदा। रूहल होने के नाते हमने इस गॉव को अपनी आत्म कथा का हिस्सा बनाना जरूरी समझा और बना दिया।

3.रौण्डा जिला बुलन्दशहर-

यह हमारा गॉव है। गॉव बुलन्दशहर-अनूपशहर मार्ग पर स्थित है जो बुलन्दशहर से 16 किमी तथा अनूपशहर से 24 किमी हैं। छोटा गॉव करीब 150-200 घरों की बस्ती है, आबादी करीब 5000 की होगी। शिक्षा की स्थिति बहुत अच्छी है। नौकरी पेशे वालों की संख्या बढी है। गॉव में एक तिहाई रुहल, एक तिहाई बौहरे "नांदल" तथा एक तिहाई में अनुसूचित जाति व अन्य हैं। गॉव में जज, इंजीनियर, शिक्षा के क्षेत्र में सेवा करने वाले, फौज, एयर फोर्स, नेवी, पैरामिलिट्री फोर्स में सेवा करने वाले बहुतायत में हैं।

परिवार के बारे में चर्चा करने से पहले हम आपको ले चलते हैं रोहद गॉव की ओर, जहॉ से हमारे बापू के दादा जी स्व0 कल्याण सिंह रोहद गॉव से प्रस्थान कर उत्तर प्रदेश के पूर्वी हिस्से के एक गॉव भेड मे पहुँचे। उनके साथ और दो भाई जीराम सिंह जिनकी लाइन शौबीर सिंह और राजवीर सिंह से हो सकती है कुन्दन सिंह की लाइन जापानी और कंचन सिंह से हो सकती है।............ भी रोहद से निकले थे। कुछ दिन बाद गॉव भेड छोडकर गॉव मैंथना में बस गए तथा अन्य दो भाई..........सिन्नौट बस गए। बापू के पिता जी भगवान सहाय के पास गॉव रौण्डा के हरबक्श बौहरे जो हमारे दोस्त स्व0 ज्ञानेन्द सिंह के पर दादा थे उन्हें गॉव के धीमर जाति व अन्य लोग परेशान करते थे तो फरियाद लेकर पहुँचे तो उनकी मद्द के सिलसिले में मैंथना गॉव छोडकर रौण्डा में आ गए और यहीं बस गए। दादा जी भगवान सहाय जी के बाद दोनों भाई जीरामसिंह एवं कुन्दनसिंह भी रौण्डा में आकर बस गए।

कुछ रुहल परिवार गॉव सन्नोट में बसे थे वो लोग भी हमारे परिवार को देख रौंण्डा में आकर बस गए। भाई साहब श्री ओंकार सिंह बताते हैं कि हैं कि गॉव में धीमरों की 52 चौखट थी पर अब 8-10 घर ही रह गए हैं। वह लोग गॉव छोडकर अन्यत्र चले गए, ज्यादातर गॉव बुढाना में बस गए, जो पडौसी गॉव है। बापू ने हमको बताया था कि दादा जी भगवान सहाय स्वर्ग सिंधार गए थे तब बापू की उम्र 13 वर्ष की थी, उन्होंने कैसे परिवार को चलाया, अपनी व बहन भाईयों की शादी की, कैसे मेहनत करके दादा जी सम्पत्ति में इजाफा कर 90 बीघा जमीन खरीदी और हम सबको पढाया लिखाया। वर्ष 2006 में बापू परलोवासी हो गए। मॉ भी 2012 में हमें छोडकर चली गयी। भगवान ऐसे मॉ बापू सबको दे।

परिवारिक स्थिति में पिता जी तीन भाई थे, बापू सबसे बडे थे, दोंनो चाचा विजयपाल सिंह व बाबूसिंह परलोकवासी हो गए। छोटी चाची "मौसी" भी स्वर्ग सिंधार गयीं, मात्र बीच की चाची बनी हैं। बीच के चाचा पर चार लडके व तीन लडकियां व छोटे चाचा पर एक लडका व पांच लडकियां है, सब खा कमा रहे हैं। हम पॉच भाई और तीन बहनें थे एक भाई परलोकवासी हो गया। सबसे बडी बहन गॉव बरकातपुर ब्याही है जीजा जी आर्मी एजूकेशन कोर में थे सूबेदार रिटायर्ड होकर बुलन्दशहर में रह रहे हैं। बडे भाई श्री ओंकार सिंह उत्तर प्रदेश इलैक्ट्रीसिटी डिपार्टमैंन्ट से रिटायर्ड होकर पैंसन लाभ ले रहे हैं, ससुराल गॉव नीमखेडा है।

एक बेटा एक बेटी हैं। बेटी की शादी खाद में हुई है, बेटा बैंक मैनेजर है।

दूसरी बहन गॉव बढ्ढा ब्याही है जीजा जी एक साल पहले परलोकवासी हो गए। हम हैं मध्य प्रदेश पुलिस से सहायक पुलिस महानिरीक्षक पद से सेवा निवृत होकर, मध्य प्रदेश उच्च न्यायालय ग्वालियर खण्डपीठ में वकालत कर रहे है। तीन साल प्रतिनियुक्ति पर एन0आई0ए0, गृह मंत्रालय, भारत सरकार की सेवा कर ली। प्रभारी, ग्वालियर-चम्बल संभाग, अखिल भारतीय जाट महासभा, मध्य प्रदेश होकर महासचिव मध्य प्रदेश एवं सदस्य, राष्ट्रीय कार्यकारिणी, राष्ट्र निर्माण पार्टी हैं वर्ष 2019 में पार्टी के लोक सभा का चुनाव लोक सभा क्रमॉक 01 मुरैना से बीजेपी के भारत सरकार के मंत्री नरेन्द्र सिंह तोमर के विरुद्ध लड चुके हैं।

इसके अलावा उपाध्यक्ष, मध्य भारत प्रान्त, भारत तिब्बत सहयोग मंच की जिम्मेदारी संभाले है, हमारी जनकपुरी गॉव बिरौली है, सह-धर्मिणी एम0ए0, बी0एड0 होकर पूर्व प्रवक्ता है। दो बेटा एक बेटी हैं, बडा बेटा सोफटवेयर इंजीनियर होकर विदेश में सर्विस कर रहा है पहले मलेशिया था वर्तमान में कनाडा है, ससुराल ग्वालियर में किढोंदा वालों के यहां है एक बेटा है। छोटा बेटा मैनेजमैन्ट का आदमी है। बेटी सौफटवेयर इंजीनियर है, ससुराल दिल्ली में है, दोनों जॉब में है।

सबसे छोटी बहन हापुड ब्याही है। हमसे छोटा भाई डॉ0 गुलाब सिंह रुहल स्पोर्ट आफीसर चौधरी चरन सिंह विश्वविद्यालय मेरठ उत्तर प्रदेश है, ससुराल बुलन्दशहर में है, पत्नी डॉक्ट्रेट होकर शासकीय अध्यापक है। एक बेटा इंजीनियर ग्रेज्यूएट होकर पी जी का स्टूडैन्ट है, एक बेटी है पढ रही है।

उससे छोटा भाई स्व0 डॉ0 अजय सिंह रुहल एन0सी0ई0आर0टी0 नई दिल्ली का अधिकारी था, उसकी ससुराल बुलन्दशहर में है, पत्नी एम0ए0, बी0एड0, बी0पी0एड0, पी0जी0डी0सी0ए0 है, एक बेटा एक बेटी हैं, दोनों पढ रहे हैं। सबसे छोटा भाई डॉ0 समय सिंह डी0पी0एस0 गाजियाबाद, उत्तर प्रदेश में हैड ऑफ डिपार्टमैन्ट फिजीकल एजूकेशन है। ससुराल गॉव बनबार “ग्वालियर” में है, पत्नी एम0ए0, बी0एड0 होकर शासकीय अध्यापक है, एक बेटा एक बेटी हैं।

रुहल, रुहिल आर्य वीर गोत्र

यह गोत्र नाग बंशी है। नागबंशी वही लो कहलाये जाते हैं जो नाग की पूजा करते थे। नाग की ही शाखा तक्षक गोत्र है। महाभारत काल में तक्षक राजा का राज्य खांडव्य वन क्षेत्र में था। जब कौरवों व पाण्डवों में राज्य का बंटबारा हुआ। उस समय पाण्डवों के हिस्से में खाण्डव क्षेत्र आया था। पाण्डवों ने तक्षक राजा के साथ युद्ध किया तथा उसे युद्ध में हराया। तक्षक राजा अपने परिवार एवं बची-खुची सेना के साथ यहॉ से पश्चिम दिशा में प्रस्थान कर गए। उसी तक्षक राजा ने तक्षशिला शहर जो आजकल पाकिस्तान में है जहॉ पर ई0पू0 विश्व का सबसे बडा विश्वविद्यालय बनाया था।

राजा तक्षक का वंश परिचय इस प्रकार है-सम्रट ययाति के पूत्र अनु की दसवीं पीढी में एक

महाप्रतापी सम्राट शिवि हुए। महाराजा शिवि की 29वीं पीढी में राजा सतौती हुए। इस राजा सतौती के एक पुत्र का नाम था तक्षक। इसी राजा तक्षक की प्रसिद्धि के कारण तक्षक को हराया। उसी हार के कारण नागबंशी सभी राजाओं ने तक्षक समेत पाण्डवों के विरुद्ध कौरवों के पक्ष में युद्ध किया था। इनका राज्य चिनाव नदी के सहारे-सहारे काफी बडे पंजाब के भाग पर रहा रहा है। पूरे पंजाब में इनका प्रताप पशु तथा दुग्ध था। "कश्मीरी कवि कलहड ने इस वंश की बडी प्रशंसा की है। चीनी यात्री ह्यानसांग ने भी इनको बडा पराक्रमी वैभवशाली लिखा है।"

"संदर्भ जाटवीर वर्ष, 8 अंक 42 लेखक रिछपाल सिंह" ने भी इनका वर्णन किया है। इसी वंश में आगे चलकर राजा दधिव उर्फ दधिची हुए। वह बडे दानी थे। उन्होंने अपना शरीर भी कबूतर की जान बचाने के लिए काट-काट कर बाज को दान में दे दिया था। यह बातें जग जाहिर हैं किसी से छिपी नहीं हैं।

दानी राजा दधिव की वंशावलियों में आगे चलकर राजा रोड हुआ। वह भी बडा प्रतापी राजा था। उसी रोड राजा के कारण उसके वंशज रोहल, रुहील, रुहल कहलाए। रुहल गोत्र के जाट आज हरियाणा, पंजाब, राजस्थान तथा पाकिस्तान में आबाद हैं। हरियाणे में इनके मुख्य गॉव जटीपुर, मच्छरौली तथा बिहोली (पानीपत), भापरा (पानीपत), में कुछ परिवार रौध (रोहद) जिला (झज्जर), दहकौरा (रोहतक) में, ढालसवाला जीन्द जिला में बसे हुए हैं। राजा रोड जिसके नाम के कारण रुहल गोत्र बना का संदर्भ जाट वीरों का इतिहास लेखक कैप्टन दलीप सिंह अहलावत जाटों का उत्कर्ष पृ0-326-327 लेखक योगेन्द्रपाल शास्त्री। जाट इतिहास के लेखक ठा0 देशराज, इतिहास सर्वखाप पंचायत गॉव शोरम जिला मुजफरनगर "उत्तर प्रदेश", राजस्थान का इतिहास कर्नल टाड, अष्टाध्यायी-महर्षि पाशानी, राहुल सांकृत्यायन साहित्य, कैम्ब्रेज, नागवंश इतिहास लेखक लाल प्रदुमन सिंह खेरागढ (मध्य प्रदेश), पराई तलवार लेखक शिया शुनामी आदि ग्रंथों में मिलता है।

2

जन्म स्थान-

हम गॉव रौण्डा जिला बुलन्दशहर (उत्तर प्रदेश) के बडे व संयुक्त परिवार में पैदा होकर पले व बडे हुए। खाने पीने की बात छोड जब 5-6 साल के होंगे तो अपने गॉव के किसान आदर्श इंटर कालेज रौण्डा है जो हमारे जन्म से पहले ही स्थापित हो चुका था, उसके प्रिसीपल खुशीराम जी थे। प्रिसीपल साहब के निवास के एक हिस्से में प्राइमरी स्कूल प्रारंभ किया गया था और गॉव के अन्य बच्चों के साथ हमारी बडी बहन जगबीरी, बडे भाई साहब औंकार सिंह व बीच की बहन जयपाली स्कूल जाते थे। एक दिन आया कि हमको भी सबके साथ स्कूल भेज दिया। कुछ दिन ये सिलसिला चला, स्कूल में बच्चों के ऊधम, चिल्ला चोंट होते थे। हमें याद नहीं हैं कि इस स्कूल में कुछ पढना या लिखना सीखे हों।

प्राईमरी में गल्ती का दण्ड-

हॉ एक दिन गॉव की एक लडकी से कोई गल्ती हो गयी तो मास्टर जी ने उसकी सावधान की मुद्रा में दोंनो बॉह फैला कर दोंनो हाथों पर दस-दस काठ की तख्तियॉ रख दीं, तख्ती गिरती तो चांटे लगते, यह तमाशा हम देखते रहे पर उस बात का असर हम पर ऐसा हुआ कि उस स्कूल का वो हमारा आखरी दिन बन गया। हमें चाहे जो भी बहाना बनाना पडा पर हम पिटाई के बाद भी स्कूल नहीं गए। दिन गुजरते गए पढाई लिखाई की ओर बिल्कुल ध्यान नहीं। सालों साल गुजर गयी पर हम स्कूल नहीं गए।

प्राईमरी में एडमीशन-

सन् 1961 की बात है हमें घर के कई लोगों ने समझाया कि उस स्कूल में नहीं जाना नया स्कूल बन गया है उसमें जाना है, पर पहले स्कूल की वो तख्तियॉ और चॉटे बार-बार याद आते और कोई न कोई बहाना कर स्कूल जाने को तैयार नहीं गए। हमारे घर में छोटे चाचा बाबू सिंह पढे लिखे थे, उन्होंने हमारी बॉह पकडी और बोले रो या गा स्कूल तो जाना ही होगा। उम्र के हिसाब से भी बडे हो चले थे। कपडों का भी कोई ख्याल नहीं कमीज पहने और नीचे काला नैकर जिसमें दोंनों तरफ एक-एक इंच की सफेद पटटी लगी थीं, प्राइमरी स्कूल में पहुॅच गए। चचा बाबूसिंह ने हमको मास्टर के सामने पेश करते हुए बोले- "याको नाम लिख लै"

मास्टर-"बडे भाई के हैं?"

चचा-"हॉ"
मास्टर एक रजिस्टर निकालता है और कलम लेकर लिखने को तैयार है।
मास्टर-"इनका नाम बताओ"
चचा-"रणधीर"
मास्टर-"पिताजी का नाम चौधरी होराम सिंह तो हमने लिख लिया, चचा इनकी उम्र कितनी है, जन्म तिथि लिखी जाती है"
चचा-"तौ लिख दै"
मास्टर-"कितनी लिख दूं"
चचा मास्टर को गाली देते हुए-"मास्टर तू............है क्या? तू हिसाब लगालै और लिख लै"
मास्टर-"चचा कुछ हिंट तो दो"
चचा-"मास्टर तू तो पागल का पागल ही रहौ"
मास्टर-"कैसे चचा"
चचा-"ऐसे कि हिसाब नही लगा सकता, मैं बताता हूॅ। मास्टर गौर से सुन तैनें हमारा टीली वाला खेत देखा है?"
मास्टर-"हॉ"
चचा-"तीन साल पहले उसमें ईंख उखट गयी थी, उससे पहले एक साल पटट पडी रही, वाते चार पहले अकाल पडा था, मास्टर वाये तो नहीं भूल्यौ होगो, तू और तेरौ बाप चौधरी होरामसिंह के यहॉ से ही गैंहूॅ तुलाके ले गया होगा"
मास्टर इतनी बात सुनते ही उसकी अक्की-बक्की भूल गया और गुमसुम बैठ गया।
चचा-"कहा हैगौ मास्टर?"
जन्म तिथि का निर्धारण-
मास्टर (बडबडाता हुआ)-"कुछ तो नहीं चचा, हिसाब लगा रहा था, हिसाब लग गया इनकी जन्म तिथि बैठ रही है 10 जून 1957"
चचा-"लिख दे, बैठयो क्यों है?"
मास्टर-"लिख दयी"
प्राथमिक पाठशाला रौण्डा जिला बुलन्दशहर-
पहला दिन। चचा हमको स्कूल में छोडकर चले आए। यह था प्राथ्मिक पाठशाला रौण्डा जिला बुलन्दशहर (उत्तर प्रदेश) जहॉ से हमारी पढाई क्रमिक प्रारंभ हुई। यह बात है वर्ष 1961-62 की। वो ही जन्म तिथि हमारे रिकार्ड में दर्ज है और उसी के आधार पर ही अधिवार्षिकी पूर्ण होने पर सेवा निवृति भी हो गयी। प्रारंभ में तो काठ की तख्ती पर लिखना सीखा, तख्ती को काली करके कॉच के रिंग से जिसे घोटा बोलते थे चमकाते थे और चौडी व दूसरी मात्रा के लिए कम चौडी सफेद लाइन खीची जाती थी।
कुछ दिन तो ऐसे ही चला किसी की तख्ती तोडी, किसी की कॉपी फाड आदि का क्रम चलता रहा, मास्टर जी की डॉट फटकार चलती रही। बडे होते गए पढाई में भी मन लगने लगा और

कुछ 2 समझने भी लगे पर पूरा नहीं। एक साल 1962-63 में पहली क्लास पास। अगली साल 1963-64 में दूसरी व तीसरी क्लास पास की। 1964-65 में चौथी क्लास आ गए।

बडी बहन की शादी-

इसी बीच हमारी बडी बहन जी की शादी हुई, बरात तीन रही खूब दावत उडी। इस शादी में इतने बूंदी के लडडू बने कि शादी के बाद रिस्तेदारों को डिब्बों में देने के बाद भी दो कुठला लडडू बच गए, खूब दो-तीन महीने खाये पर अन्त में लडडुओं में गिडार हो गयीं तो लडडुओं को फोडकर दो खाटों पर डालकर सुखाकर बैलों और भैंस गायों को खिलाया।

मास्टर जी की पिटाई-

इसी साल एक घटना घटी गॉव के गिर्राज मास्टर के सुपुत्र जगवीर सिंह जो हमसे आगे की क्लास में एक नए मास्टर जी ने उनकी अकारण छोटी मोटी बात को लेकर पिटाई कर दी। इस पिटाई का असर उल्टा हुआ और जगवीर हमको स्कूल बिल्डिंग के पीछे ही मक्का के खेत थे उसमें ले गए और मास्टर जी को पीटने का प्लान बना लिया, मक्का में खडे सन के सन पटार वाले दो हंटर बनाये और कमीज में शरीर मे लपेट कर घन्टी बजते ही क्लास में आ गये और मास्टर जी का इन्तजार करने लगे।

क्लास के और लडके जगवीर को उकसाने लगे और एक 2 कर सभी क्लास के लडके समर्थन में आ गए। मास्टर जी का क्लास में आना हुआ और मास्टर जी पर सन पटार के हंटर बरसने लगे, इस के बाद हैड मास्टर आए और ये देखकर अपने कार्यालय में जा बैठे, क्लास के इक्का दुक्का लडकों ने भी शौक 2 में हाथ फरेरे कर लिए। हम दोनों अपने-2 बस्ते लेकर घर चले गए, तभी स्कूल की छुटटी करदी। एक दिन स्कूल नहीं गए, अगले दिन रविवार पड गया। सोमवार को स्कूल गए पर कोई बात चीत उस मार पीट के बारे में नहीं आई। मास्टर जी की शिकायत पर गिर्राज मास्टर की टाप पर पंचायत हुई पर मास्टर जी के उकसाने पर ही उनकी पिटाई हुई।

मास्टर जी के व्यवहार से हैड मास्टर जी नाराज थे, इस लिए हमें कोई सजा नहीं मिली पर हम आज भी उस कार्य की वजय से गिल्टी फील करते हैं। इस तरह साल बीता और हम चौथी क्लास पास कर गए। वर्ष 1965-66 में हम पॉचवी क्लास में आ गए, बोर्ड की परीक्षा थी और धडल्ले से पॉचवी क्लास पास कर पढाई में डंका पीट दिया और चारों में शोर हो गया कि चौधरी होराम सिंह ने छोरा ने चार साल में पॉचवी क्लास पास कर रिकार्ड बना दिया। हमारे बापू की दोस्ती पडौसी गॉव बदरखा के प्रधान जी अख्तर खान पठान से थी।

बापू व अख्तर खां की दोस्ती-

गॉव या आस-पास के गॉव की जब भी कोई बरात जाती थी तो हमारे बापू व अख्तर खान पठान बरात में जरूर जाते और हम बरात में साथ जाते थे। हमारा काम बरात के लिए बिस्तर तैयार करना, उठाना और लगाना। इसके अलावा एक महत्वपूर्ण काम था अख्तर खान पठान की बन्दूक का संभालना, लम्बी बैरल की बन्दूक थी। एक बार बन्दूक जमीन पर टच हो गयी थी तो अख्तर खान ने हमसे समझायस दी थी कि “बच्चे ये शक्ति है, दुर्गा है इसे जमीन में

कभी मत टिकाना'। वो दिन है या आज का दिन है हमने कभी पुलिस के 39 साल के जीवन में जमीन में नहीं टिकाया।

अख्तर खान और बापू की दोस्ती एक मिशाल थी पूरे इलाके में। आत्म कथा में लिखने का मकसद नहीं था फिर भी लिख रहे है। एक बार हमारे ताऊ जी डूॅगर सिंह के बडे सुपुत्र भाई साहब राजपाल सिंह का झगडा अख्तर खान पठान के दामाद रायतुल्ला खान पठान से खेत पर हो गया तो हमारे भाई साहब ने रायतुल्ला को लाठी मार कर घायल कर दिया।

रायतुल्ला की पिटाई-

रायतुल्ला पिटपिटा कर गॉव बदरखा तरफ चला गया और अपने दो तीन भाईयों को लेकर आ गया और राजपाल सिंह को पीटने लगे, ये सूचना गॉव में आई तो बापू व अन्य लोग पहुॅच गए और रायतुल्ला की खूब मूंज भरी, लडाई में बापू ने रायतुल्ला को उठाकर अपने सिर पर रख लिया तो रायतुल्ला ने बापू की बॉह में काट लिया पर बापू उसे नहीं छोडा और उससे कहा खून पीले हड्डी तो खा नहीं पाएगा, तेरे को कुंआ में गिरा दूंगा, तब वह डर गया और बापू से हाथ पैर जोड पर चला गया।

घर पर जाकर अख्तर खान से कुछ नहीं बोला पर अपनी से विस्तृत दी तो उसकी बेगम यानि अख्तर खान की बेटी फरियाद लेकर पिता के पास पहुॅची तो कोई बात नहीं सुनी तो राय तुल्ला की बेगम अपने घर चली गई, यह सोच कर कि पिता है तो कुछ करेगा, उसकी फरियाद पर। पर बहुत देर तक कोई कार्यवाही नहीं हुयी तो रायतुल्ला के उकसाने पर रायतुल्ला की बेगम दोबारा पिता जी के पास चौपाल पर पहुॅच गयी और पिता जी से उल्टी सीधी बातें करने लगी और बोली कि "जाटों से दामाद को पिटवा कर कैसे चुप बैठ गए?"

जब अख्तर खां ने बेटी पर भरी बन्दूक-

अख्तर खान ने बेटी को समझाने की कोशिश की कि होराम सिंह जाट उनका दोस्त है वह गलत काम नहीं कर सकते जरूर दामाद जी ने ही कुछ गलत किया होगा। लेकिन बेटी कहॉ मानने वाली थी और पिता को बार-बार कोंच रही थी, तब पिता ने अपनी बन्दूक जो खूटीं पर लटकी हुई थी उतार ली और दोनों बैरल में कारतूस लिए। रायतुल्ला की बेगम बहुत खुश हो रही थी कि उसका पिता दामाद के पिटाई का बदला लेगा पर ऐसा नहीं।

पटाक्षेप तब हुआ जब पठान साहब ने बन्दूक की बैरल अपनी बेटी की तरफ तान दी और बोला "जाट मेरे दोस्त हैं मैं उनके बारे कुछ सुनना नहीं चाहता, यदि तुम एक मिनट में यहॉ से नहीं गयी तो दोनों बैरल तुम्हारे पर खाली कर दूंगा।" चारों तरफ शोर हो गया दोस्ती के खातिर पठान ने बेटी पर बन्दूक भरकर तान दी। दोस्ती इलाके में मिशाल बन गई। ईद पर दूध पहुॅचाना और रिटर्न गिफ्ट उनका देना, चलता रहा।

हल हांकना सीखा-

हम छोटे ही थे हल हांकना सीख गये थे। बापू व चाचा के साथ हल की मूंठ पकड कर चलाते थे। एक दिन हमको विश्वास हो गया कि हम हल चला सकते हैं तो हमने बीच के चाचा से कह दिया कि हम हल चला सकते हैं हमको चलाने दो तो उन्होंने हमको हल चलाने को दे तो

दिया पर हमारे साथ साथ ही चलते रहे तीन चार हमने खूंड निकाले तो चाचा ने विश्वास कर लिया। समय समय पर हम अकेले तो नहीं पर किसी के साथ खेत जोतने जाने लगे। चौथी क्लास में तो हम परिपक्व हल चलाने वाले बन गए थे।

हम छोटे ही थे तब हमारे घेर के नीचे नींवरी, आम ,जामुन व अन्य बडे बडे पेड थे जिन पर रस्से डाल कर गॉव की छोरियां सावन में झूला झूलते थे। कुछ बाद नीचे के भाग में पत्थरों की दीवार कर भैंसा बोगी व गधे वालों को मजदूरी देकर भराव करवाया जिसमें बडे व छोटे चाचा के घेर बने हैं। अपनी दीवार गॉव के डहर (तालाव) से सटी हुई हैं। वर्षा का समय समाप्त हुआ।

एक दिन में 150 सांप मारे-

वर्षात में कंकरो व पत्थरों की दीवार कई जगह गिर गई थी और वर्षात के पानी से पत्थरों से चूना अलग होकर होल हो गए थे और उनमें सांप पैदा हो गए थे। हमने अपने दोस्त प्रथम से मिलकर छोटे बडे करीब 150 सांप मारे और उन्हें एकत्रित कर उनकी होली जलाई।

सांप न मारने की कसम-

कुछ दिन बडे भाई साहब टीली वाले खेत में बडे भाई साहब जुताई कर रहे थे तभी एक सांप हल में आया और खूंड मे हल में फंस गयां। एक तरफ मुंह और एक तरफ पूंछ। भाई साहब ने उस समय वक्त की नजाकत को देख पैरो थोडा पीछे कर बैलों को पगहा के इशारे से रोक दिया और हमको लाठी लेकर आने को आवाज लगाई। हम इत्तफाक से घेर में ही थे। आवाज मिलते ही हम एक लाठी लेकर तुरंत टीली वाले खेत पर पहुॅच गए और भाई साहब ओंकर सिंह ने पूछा तो उन्होंने पूरा हाल बताया जिन्दे सांप को दिखाया। सोचने का वक्त नहीं था सबसे हमने कीली निकाल कर बैलों को हल से अलग किया।

अब हम जो सोच रहे थे वो ही हुआ। हम सोच रहे थे कि यह सांप (अजगर) जल्दी ही हल में जहां फसा है निकलेगा और तुरंत वार करेगा। हमने सोचा उसे यही मार दिया जाएं पहली लाठी मारी तो उसने अपना फन सिकोड लिया और लाठी के जमीन पर टिके हिस्से पर अपना फुफकार के साथ पटक लिया जिससे लाठी का सिरा काला हो गया। इसके तुरंत बाद दूसरी लाठी वार करने से पहले उसने वह स्थान छोड कर भागने लगा। अगला लाठी का वार किया तो वार बचा गया और पूर्व की भांति लाठी के सिरे पर फन मारा और लाठी का सिरा अपने मुंह में भर लिया। लाठी उठाई तो उसके साथ ही उठ आया।

सांप खेत से भाग लिया। बुजुर्ग लोग कहते थे कि सांप को छेडो मत, यदि छेड दिया तो मार दो। भाई साहब ने हमें लाठी ली और सांप का पीछा किया और उस पर लाठी से वार कर दिया लेकिन सांप की पूंछ में लाठी तो और बिगड गया और जहां लाठी मारी उसी स्थान पर सीधा खडा हो गया ऐसा लगता था कि अभी उल्टा वार करता है। भाई ने कई लाठी मारी पर वह अपना बचाव करता रहा। जब भाई साहब को पसीना आ गया तो हमने लाठी ले ली और अपनी शक्ति से सांप के पीछे पड गए और 15-20 मिनट में उसे मार पाए लेकिन उसके बाद सांप माने की कसम खाई।

किसान आदर्श इण्टर कालेज रौण्डा जिला बुलन्दशहर-

वर्ष 1966-67 के सत्र में दिनॉक 1.7.1966 को 6वीं क्लास में किसान आदर्श इण्टर कालेज रौण्डा जिला बुलन्दशहर (उत्तर प्रदेश) में दाखिला दिला दिया। 6वीं क्लास से लगातार 10वीं तक अनवरत पास होते चले गए। जब हम 7वीं क्लास में तब हम खेत क्यार का सब काम करते थे। हमारे गॉव रौण्डा की खेती की जमीन के अलावा बुठाना, बदरखा तथा नवीनगर में भी जमीन है। बुठाना को छोडकर अभी भी जमीन बरकरार है। एक दिन शाम को दुकडिया पर बात चली कि नवीनगर की पूरी जमीन 30 बीघा की पलेवा हो गयी थी और वह एक साथ जुताई को आ गई है। उपार चपर रही थी।

रिकार्ड खेत जुताई का-

हमको को आदेश हुआ कि चारों बैलों को लेकर हैरों से नवीनगर के खेतों को जुताई करने जाना है। जितनी भी ज्यादा से ज्यादा जुताई करेगा और फिर अपने स्कूल चला जाएगा। उस समय स्कूल सात बजे के थे। हम रात को सो गए और ढाई बजे ही जगकर दोंनों बैल जोडी को सानी कर न्यार पानी पिला कर चार बजे हैरों लेकर अकेले नवीनगर के लिए रवाना हो गए। दो ढाई किमी की दूरी कर खेत पर पहुॅच कर हैरों से जुताई प्रारंभ कर दी। दोनों बैल जोडी से बदल बदल कर 30 बीघा जमीन के तीन खंदा हैं उनमें से दो खंदा यानि दो तिहाई करीब बीस बीघा जमीन को जोत कर वापस घर आकर तैयार होकर सात बजे का स्कूल अटैंड किया। यह घर व गॉव का रिकार्ड बना।

पगडी उछालना गलत था-

जब हम 8वीं क्लास में थे तब एक घटना घटी, हुआ यूं कि हमारी क्लास में एक सरदार था, वह अकड में रहता था उसकी अकड हमने निकाल दी उसकी पहले छतरी तोड दी फिर पिटाई कर दी। यहॉ तक भी ठीक था, गजब तब हुआ हमने उसकी कनपटी पर जोर से एक मुक्का जड दिया। बस क्या था उसकी पगडी जमीन पर गिरकर उसकी तह खुलती चली गयी और उसके रोने चिल्लाने की आवाज सुनकर कुछ विद्यार्थी आ गए, कुछ कह रहे थे कि थीक हुआ बडी अकड दिखाता था, पर तभी इण्टरवल हो गया और विद्यार्थियों के झुण्ड के झुण्ड आये और भीड से चिल्ल पों होने लगी।

बात इतनी बढी कि पहली बार हम समझे कि सिख हिन्दुओं से अलग धर्म होता है और धर्म के नाम पर उस सरदार को बरगलाया गया। प्राचार्य श्री खुशीराम जी बहुत ही मूर्धन्य विद्वान थे। प्राचार्य ने स्थिति का आंकलन कर पहले तो घण्टा बजवाकर इण्टरवल समाप्त किया और सभी विद्यार्थियो को क्लास में जाने का आदेश किया और हमें व सरदार को अपने चैम्बर में ले गए और हम दोनों को समझायस दी और दोनों के हाथ मिलवाए ओर गले मिलवाए। मामला समाप्त हो गया पर हम आज भी उस घटना को भूले नहीं और पश्चाताप करते हैं कि हमने उसे मारा ही क्यों था।

भाई की पिटाई-

एक बार किसी बात पर हमारा झगडा बीच के चाचा स्व0 विजयपाल सिंह के बडे सुपुत्र भाई

श्रीपाल सिंह से हो गया। हमने श्रीपाल सिंह पिटाई कर दी और मकान के जीने पर ऊपर से उसके चूतडों पर लात मार दी तो वह सीढियों से कुडम कुडम करता हुआ नीचे जमीन पर आगे गिरा। श्रीपाल सिंह के हाथ व पैरों में बहुत चोट आई। फिर उसे हम पुचकारते रहे पर वह रोता रहा। थोडी देर में बीच के चाचा आए और उसकी हालत देखकर गुस्से में आ गए और देखा कि चाचा हाथ में चार गन्ने लेकर हमको मारने को दौड पडे तब तक संभल तब तक चाचा ने चार गन्नों का दुहत्थड वार कर दिया।

गन्ना के खेत में दो दिन-

बचाव की मुद्रा में आने पर कुछ समझ में नहीं आ रहा था कि क्या करें, कहाँ जाएं? दूसरे वार का खतरनाक डर दिमाग में बैठ गया और हम किंकर्तव्यविमूढ की स्थिति में आ गए। हम दलान तरफ थे, चाचा घर के मुख्य द्वार तरफ खडे। हमने को कुछ सूझ नहीं रहा था प्राण बचाने की मुद्रा में आकर पुराने घर के जीने पर चढकर मकान की छत पर पहुँच गए लेकिन चाचा पीछे 2 छत पर आ गए। अब मारेंगे इस डर से मकान की ऊंची छत से पूरन सिंह वाली जमीन में कूद गए। चोट की परवाह नहीं थी और भाग गए और ताऊ मिरूआ उर्फ मीर सिंह की ईंख में जाकर छिप गए। सबने ढूंढा पर हम नहीं मिले। दो दिन भूखे प्यासे उसी खेत में रहे, गन्ना खाकर पेट भरा।

किसी ने गन्ना तोडने की आवाज से हमारी उपस्थिति का आभाष कर लिया और छोटे चाचा स्व0 बाबूसिंह हमको लेकर घर ले गए। पिटाई तो नहीं हुए पर इस तरह उसकी पिटाई क्यों की आज तक नहीं समझ पाया। बडा हादसा कत्ल जैसा हो सकता था जिसका ज्ञान उस समय नहीं था, उस घटना का स्मरण होता है तो कष्ट सा होता है, आज भी याद आई तो लिख दी। भाई को पोस्ट आफिस की नौकरी मिल गई थी और अधिवार्षिकी होने से दिनांक 31 जुलाई 2022 को सेवा निवृत हो गया पता चलने पर हमने उसे फोन से बधाई दी।

बीमार होने से परीक्षा से बंचित-

10वीं की बोर्ड परीक्षा से पहले बीमारी की चपेट में आ जाने से बहुत कमजोरी हो जाने हमारे चाहने के वावजूद भी घर वालों ने परीक्षा नहीं देने दी और यह कहकर टाल दिया कि परीक्षा देने से दिमाग पर ज्यादा लोड पडेगा और बोर्ड परीक्षा से अनुपस्थित हो गए कुछेक लोगों ने तो पीठ पीछे हमें पागल कहने लगे। इसी साल एक बदनामी का काम हुआ, हमसे छोटी क्लास में गॉव की नवीनगर की लडकी पढती थी जब वह स्कूल से वापस अपने गॉव जा रही थी तो प्रथम ने उससे छेडते हुए कुछ कहन सुनन कर दी थी।

पाकीजा काण्ड-

बदला हुआ नाम "पाकीजा" लडकी के साथ और भी लडकी थीं उनमें से किसी लडकी ने पाकीजा के घर पर कर दी। बस फिर क्या था गॉव नवीनगर के लोगों ने प्रधानाचार्य खुशीराम जी से शिकायत कर तो प्रथम के बारे में दौली ताऊ की टाप पर पंचायत हुई, हमसे भी पूछा क्योंकि प्रथम हमारा दोस्त था। क्योंकि हम मौका-ए-वारदात पर उपस्थित नहीं थे, जितनी जानकारी मिली थी और प्रथम ने बताई थी बता दी थी। कहन सुनन के बाद पंचायत उठ

गयी, उससे भी ज्ञान हुआ कि छोटी बात भी बडी हो सकती है।

हाई स्कूल पास-

वर्ष 1972 में हाई स्कूल बोर्ड परीक्षा पास कर 11वीं में दाखिला लिया, बोर्ड नहीं था और पास गए। हम अभी बुद्धू ही थे। लडकी व लडकों से दोस्ती होने लगी। लडके लडकियॉ कॉपी के पन्ने फाडकर पत्र लिखते और किताब में छिपाकर दे जाते। हमने भी अनुशरण किया और पत्रोत्तर लिखने बाद उसी रूप में किताब में रखकर देने लगे। इस तरह किताब में पत्र छिपाकर देने के बारे हमने दोस्तों से पूछा भी था कि जब रोजाना मिलते है ऐसे क्यों पत्र भेजते हैं तो पर सटीक जबाब नहीं बना बल्कि हंस कर मजाक भी बनाई।

प्रिंसिपल खुशीराम जी-

हमारे स्कूल के प्रिसिपल श्री खुशीराम जी जाडौल वाले थे। उनका अनुशासन में रूचि थी मजाल क्या कि एक भी विद्यार्थी इधर उधर नहीं जा सकता। 10वीं क्लास में जो भी विद्यार्थी आते थे स्कूल समाप्त होने के तुरंत बाद एस्ट्रा क्लास लिया करते थे और मैथ पढाया करते थे और पढाने के बाद काम दिया करते थे। काम पूरा करते जाओ और घर जाओ। सभी विद्यार्थियो के लिए स्पष्ट निर्देश थे काम पूरा करना होगा चाहे कितना भी समय लगे। इस काम में हम कभी लेट नहीं हुए। अब ऐसे प्रिसीपल कहां अब तो ट्यूशन का दौर चल रहा है, पहले इसे बहुत बुरा मानते थे।

चिट्ठी पकडीं हुई पिटाई-

एक लडकी से दोस्ती खूब चली, पत्रों के ढेर हो गए, उन्हें हम अपनी अलमारी जो अपने घेर की दुकडिया (चौपाल) में किताबों के बीच में रखते थे। चन्दा मामा से ज्यादा मित्रता हो गयी। एक बार उसकी मित्र से भी हमारी मुलाकात हुई, वो हमको बहुत चिढाती थी। एक दिन हमने उसे रास्ते में पकड कर खूब रगडा। उसके बाद उसका चिढाना बन्द हो गया। उस दिन के बाद चिढाना तो दूर की बात आज तक उसे देखा ही नहीं। चन्दा मामा ने हमें खूब दूध पिलाया। एक दिन हमारी बडी बहन ने हमारी अलमारी खोलकर हमारे ढेर सारे पत्र निकाल लिए और बहस करने पर एक चॉटा भी रशीद कर दिया और ताकीद दी गयी कि भविष्य में कोई पत्र या किसी लडकी से मिलना जुलना टोटल बन्द, और बन्द हो भी गया, अभी तक नहीं मिले।

कबड्डी की टीम-

उस दिन से चन्दा मामा को पत्र व मिलना टोटल बन्द। आज दिनॉक तक चन्दा मामा के दर्शन भी नहीं उसकी मित्रता की बात तो बहुत दूर की बात हो गयी। हम गॉव के खेलो में रूचि लेते थे। गॉव की कबडडी की टीम अच्छी थी। तत्समय टीम चन्द्रवीर सिंह, ब्रम्हपाल सिंह, हम, प्रथम, जगवीर सिंह, ओमी बाल्मीकि आदि लोग थे। टीम आस पास के गॉवों के टूर्नामैंट छोड दूर दूर तक टूर्नामैंट खेलने जाते थे। चार पांच साल जमकर कबडडी खेली। इस दौरान बोढा का टूर्नामैट का यादगार रहा। फाइनल में मेजवान टीम से टक्कर हुई। गॉव की टीम को जीतते देखना चाहते थे और हर रेड व कैच पर ऊधम करना प्रारंभ कर दिया। अन्त

में बेइमानी के बाद भी हमारी जीत की घोषणा हुई।

इन्टर पास-

वर्ष 1974 में इण्टर क्लास पास कर ली। उल्लेखनीय है कि तत्समय हमारे गांव में कालेज है जिसमें दूर 2 तक के गॉव के विद्यार्थी पढ कर पास होकर चले गए। हमारे गांव के गौरव की बात थी कि हाई में और इन्टर में एक 2 रैगूलर तथा एक 2 प्राइवेट पास हो जाते थे। हम दो पास वालों में शामिल थे। हमने कलॉ से संबंधित विषयों से इन्टर किया है। ग्राम रौरा के चन्द्रपाल शर्मा हमें अर्थशास्त्र पढाते थे वो हमें बहुत प्यार करते थे। उनका भतीजा कुलभूषण शर्मा हमारे साथ ही पढता था।

स्नातक उपाधि-

किसान आदर्श इण्टर कालेज रौंण्डा जो हमारा गॉव है से प्रथकीय प्रमाण-पत्र लेकर डी0ए0वी0 स्नातकोत्तर महाविद्यालय बुलन्दशहर (उत्तर प्रदेश) में स्नातक कलॉ में एडमीशन ले लिया। मुख्य विषय अंग्रेजी साहित्य, हिन्दी साहित्य तथा राजनीति शास्त्र रखे। इससे के साथ-2 अनिवार्य विषय धर्म व संस्कृति तथा 6ः अन्य स्वैच्छिक विषय लेकर वर्ष 1976 में कलॉ स्नातक की उपाधि मेरठ विश्वविद्यालय मेरठ (उत्तर प्रदेश) से हासिल की।

संयुक्त परिवार विखर गया-

1971 में हमारे पिताजी और दोनों चाचा न्यारे हो गए। हमारे भाई साहब ओंकार सिंह जन्म से राजा रहे। उन्हें कभी काम करने की जरूरत महसूस नहीं हुई। हमें कालेज की पढाई के साथ साथ खेती की भी चिन्ता रहती थी औ उसे हम बुलन्दशहर की कालेज की पढाई के साथ 2 करते रहे। बी ए क्लासेस में हमारा दोस्त रामेश्वर सिंह डागुर निवासी बुढाना 6वीं क्लास से ही साथ पढा है। अपना जिला अपराधों में हमेशा अव्वल रहा है। विद्यार्थी अपनी सुरक्षा के लिए कोई कटटा कोई चाकू कोई साईकिल की चैन आदि रखते थे। हम कुछ नहीं रखते थे पर रामेश्वर एक डोंडनी दरातीं अपने बस्ते में रखता था, वह कहता था कि हमारा यही हथियार है।

कॉलेज की पढाई के दौरान बुलन्दशहर में एक कमरे की आवश्यकता मेहसूस हुई तो हमने अपने दूसरे दोस्त बिक्रम सिंह निवासी अजनारा ने मिलकर किराये कमरे की तलाश की पर नहीं मिला। तलाश के दौरान किसी ने बताया कि जेल के सामने जाट होस्टल है वहां कमरा ले लो। अगले दिन जाट होस्टल पहुँचे जो 1890 से निरंतर अपनी यात्रा कर रहा है। हमारे हिन्दी पढाने वाले प्रो0 हरि सिंह जाट होस्टल के वार्डन से उनके सीधे कमरे की बात की तो उन्होंने बता कि कमरे तो भरे हैं कोई खाली नहीं हैं। वापस चलने को हुए तो उन्होंने एक बात कही की होस्टल में रूम क्रमांक 01 दो दिन साल से बन्द है।

जाट होस्टल रूम नंबर 01-

इतनी बात कहने के बाद गुरू जी चुप हो गए। हमने कुरेदा तो बताया कि वह रूम गनौरा शेख या एदमादसराय के सरवचन सिंह के नाम से एलौट है। वह गुण्डा किस्म का लडका है कई

केस चल रहे हैं। हमसे पूछा कि तुम कौन से गॉव के हो? हमने बता दिया कि हम रौण्डा और ये अजनारा के हैं। पूछने के बाद बोले कि वह रूम आपने के नाम से कर सकते हैं पर उस गुण्डे से निबटना होगा। हमने कह दिया आप तो रूम अलौट कर दो गुण्डे से हम निवट लेंगे। रूम हमारे के नाम से अलौट हो गया। तीसरे दिन नही वो गुण्डा अपने साथियों के साथ आया और आते ही तहकीकात शुरू कर ली। हमने उसकी इच्छित जानकारी देने के बाद बताया कि तुम पढ चुके हो हम पढने आए हैं, हमें पढने दो।

समझाने का असर कुछ ज्यादा नहीं हुआ और कुछ बाते गुण्डपने की तो फिर हमने उसे शुद्ध हिन्दी में समझा दिया कि जाओ ये रूम यहीं है और हमारी शराफत के बारे में जांच कर लो उससे तुम्हारा निश्चित रूप से मन भर जाएगा और न भरे तो एक दिन पहले बता देना कि तुम आ रहे हो तो हम भी तैयार मिलेंगे और रूम में हम ही रहेंगे। हमें तो अच्छा ही लगा वह कभी लौट कर नहीं आया और हमने उसी रूम से अपना ग्रेजुऐशन पूर्ण किया। उल्लेखनीय है कि डॉ0 हरि सिंह का छोटा धर्मेन्द्र सिंह भी गुन्डा रहा है उसकी बेइज्जती सरवचन कर चुका था, हमारे नाम रूम नंबर 01 एलॉट कर अपना कांटा निकालने की चाहत रही। उल्लेखनीय है कि हम बुलन्दशहर से ही खेती देखते थे।

डीएवी की कबड्डी टीम-

कबडडी की गॉव की टीम शौहरत हमारे डी ए वी (पोस्ट ग्रेजुएट) कालेज, बुलन्दशहर तक पहॅुच गई थी। कालेज की टीम इन्टर-कालिजिएट में पार्टिसिपेट करने जाना था तो टीम सलेक्सन के लिए ट्रायल ली गई। हमें उस ट्रायल में विशेष तौर से खिलाया गया और हमारा सलेक्सन कालेज की में हो गया। एक महीने बाद इन्टर-कालेजिएट गेम बडौत जाट कालेज में होना तय था। डी ए वी के स्पोर्ट ऑफीसर श्यौराज सिंह थे वो टीम को लेकर बडौत गए थे। बडौत में फिक्सचर के हिसाब से हमको चार गेम खेलना थे। इत्तफाक से चारों गेम लगातार खेले और फाइनल में मेजवान टीम से भयंकर टक्कर हुई और रनर्स अप होकर बिना समय गंवाए बडौत से रवाना से होकर मेरठ के एक होटल में आकर पानी पिया और वहां पर हमने पांच लीटर पानी एक सांस पीकर रिकार्ड बनाया। पानी पीने के बाद होटल की मेज पर 10 मिनट आराम किया फिर रूटीन में आ गए।

एल एन सी पी ई ग्वालियर-

वर्ष 1976-77 के सत्र में लक्ष्मीबाई नेशनल कालेज ऑफ फिजीकल एजूकेशन ग्वालियर (मध्य प्रदेश) में त्रिशाला बी0पी0ई0 कोर्स में एडमीशन ले लिया था और अपना स्तर कम ऑक कर या सही गाइडेंस न मिलने पर पुनः स्नातकीय कोर्स मे व्यावसायिक प्रशिक्षण में पढाई प्रारंभ कर दी चाहे यों कहें कि किसी को देखने वाला नहीं होता था। इस संबंध में फिजीकल कॉलेज की इंग्लिश की मैडम श्रीमती सुशीला जी ने जरूर चर्चा की थी लेकिन तब तक सत्र प्रारंभ हो गए थे।

वर्तमान में इस कालेज का स्तर डीम्ड विश्वविद्यालय का है और नाम एल एन आई पी ई ग्वालियर है। प्रथम वर्ष पास कर द्वितीय वर्ष की साल में मध्य प्रदेश पुलिस में उप-निरीक्षक

की रिक्तियाँ विज्ञापित हुई तो उस प्रतियोगी परीक्षा हेतु फार्म भर दिया। डीम्ड होने तक इसकी संबंद्धता जीवाजी विश्वविद्यालय ग्वालियर से थी और वहीं की उपाधि दी जाती थी। फिजीकल कॉलेज में हमें स्टूडेन्ट वेलफेयर संघ का सचिव बनाया थां। पहली बार जब किसी फंक्सन की समाप्ति पर जब हमसे आभार करने को कहा गया कि आपको वोट ऑफ थैंस देना है तो समझलो कि मंच पर जाकर जैसे डायस पर खडा होकर माइक को टच किया तो मानो जैसे माइक में बिजली का करैंट दौर रहा हो।

ऐसा नहीं था कि हम जानते न हो पर अनुभवहीनता आडे आ रही थी। इंग्लिश वाली मैडम श्रीमती सुशीला हमारी कोर्डिनेटर थी और उन्होने हमको बहुत कुछ सिखाया था फिर भी माइक पकडते ही ऐसी हालत मेहसूस हुई, शरीर में पसीना आ रहा था लेकिन जब इग्लिश में वोट ऑफ थैक्स दिया तो जमकर तालियां बटोरी और राहत जब मिली जब मैडम ने वैल डन कहा तो बहुत अच्छा लगा। उल्लेखनीय है कि मैडम श्रीमती सुशीला इग्लिश की मास्टर थी, पढाते समय वह ब्रिटेन, फ्रांस, अमेरिका आदि के शब्दों को भी समझाती थी।

बीपीई की क्लास में जब वह पढाती तो शब्द विशेष को पूछने के लिए सबसे पहले राकेश तलवार को खडा करती, उससे उत्तर न मिलने पर आर एस पठियार्च को खडा करती थीं पठियार्च जब स्पष्ट नहीं कर पाते तो जब हमें एक्सपर्ट के रूप में खडा करती और स्पष्ट कराती थी। क्लास के कम लोग ही जानते थे कि हम इंग्लिश विषय के साथ स्नातक हैं, मैडम ने हमारे डाक्यूमैंट चैक किए थे इस कारण वह जानती थी कि हम इंग्लिश जानते थे।

मध्य प्रदेश पुलिस उप-निरीक्षक का टैस्ट-

इस शिक्षा के साथ-साथ पुलिस उप-निरीक्षक की परीक्षा की सूचना आ गई और उसका टैस्ट दे दिया। इस कालेज की तारीफ राजकुमारी और प्रथम ने बहुत ज्यादा की थी जिसकी वजय से हमने यहां एडमीशन लिया था। एडमीशन के बाद जब सत्र प्रारंभ हुआ तब यहां की मेहनत का पढाई का पता चला। प्रारंभ दिनों तो इतना मेहनत हुई कि पहले 15 दिनों में फ्रेस होने के लिए सावर के पाइप पकड कर ही खडा हो पाते थे। यहां की मेहनत का कोई मोल नहीं यहां इतनी इम्यूनिटी बढ जाती है कि बडे आक्रमण से भी बचाव हो जाता है इसका विवरण बाद में देंगे।

एन0एस0 नेशनल इंस्टीट्यूट आफ स्पोर्ट पटियाला (पंजाब)-

वर्ष 1978 में एन0एस0 नेशनल इंस्टीट्यूट आफ स्पोर्ट पटियाला (पंजाब) में सर्टीफिकेट इन स्पोर्ट इन "जूडो" का डिप्लोमा पूर्ण किया, साथ ही स्नातक होंने से एन0आई0एस0 पटियाला में रैग्यूलर "जूडो" में प्रवेश लेने हेतु फार्म डाला तो उसमें लाइन क्लीयर हो गयी। जूडो कोर्स पूर्ण कर गॉव पहुॅचे। उधर पुलिस उप-निरीक्षक में सलैक्सन हो गया तो ग्वालियर से टेलीग्राम आ गया। टेलीग्राम में अग्रेजी में दो शब्द लिखे थे "कम सून सागर"। प्रथम का भेजा हुआ टेलीग्राम था।

इस का कारण यह था कि फार्म अन्तिम दिन भरा था एस0पी0 ऑफिस के बाबू ने बताया कि मूल निवासी का प्रमाण पत्र लाओ तभी फार्म जमा होगा। ज्यादा जानते भी नहीं थे और

समय भी नहीं था, बात करते 2 बाबू ने बताया कि कल आज की तारीख का गवालियर में रहने का एक शपथ पत्र लाकर दें तो वह आज की तारीख में फार्म जमा कर लेगा। यही किया गया अगले दिन गोरखी में जहॉ ग्वालियर में तहसील चलती थी वहॉ गए तब नवल सिंह नैन के निवास का पता देते हुए शपथ पत्र तैयार किया और उसके साथ फार्म जमा हुआ। यहां पर भी हमें गलत बताया गया था क्योंकि उत्तर प्रदेश के कैंडीडेट्स हमारे बैच में और बाद के बैच में भी भर्ती हुए थे।

गांव में टेलीग्राम एक हौउवा-

यहां बताते चले कि हम एलएनसीपीई ग्वालियर यें बीपीई सैकेंण्ड ईयर की परीक्षा देकर सर्टीफिकेट इन स्पोर्ट (जूडो) में एनआईएस पटियाला (पंजाब) में दाखिला हो गया था वहां चले गए थे। कोर्स पूर्ण कर गांव गॉव पहुॅचे तो घर के पते पर एक आया हुआ था। कॉल लैटर उसी पते पर आया था। प्रथम नवल सिंह नैन के पास ही उसी पते पर रहता था और हमारे कहे अनुसार उसने टेलीग्राम किया था। गॉव में घर बार व मौहल्ले में तूफान सा आ गया क्या बात हो गयी और सभी हमे घूरकर देख रहे थे। उस जमाने में टेलीग्राम का आना एक खतरे का संकेत मानते थे। हमने ने नहीं बताया कि हम थानेदार हो गए पर यह बताया कि सागर में एक पुलिस का कालेज है वहॉ पास करते हैं तो थानेदार बन जाते हैं।

फिर ग्वालियर का कालेज इतना अच्छा तो उसे क्यों छोड रहे हो। सोचने की घडी आई कि बी0पी0ई0 की तीसरी साल पूरी करें, जूडो का रैग्यूलर कोर्स पूर्ण किया जाय या फिर पुलिस महाविद्यालय सागर में ट्रैंनिग पूर्ण कर उप-निरीक्षक बनें? सभी घर वालों की सलाह ली तो बताया कि सागर में ट्रैंनिग ज्वाइन करें और पुलिस ट्रैंनिग कालेज सागर (मध्य प्रदेश) में प्रवेश ले लिया।

3

पुलिस महाविद्यालय सागर में प्रवेश-

लेखक विज्ञापित मापदंण्ड के आधार पर म.प्र. पुलिस में उप-निरीक्षक के पद पर प्रशिक्षण हेतु चयनित होकर दिनांक01.07.1978 को पुलिस महाविद्यालय सागर म.प्र. में प्रवेश किया। आदेश निम्नानुसार है।

पुलिस महानिरीक्षक मध्यप्रदेश, भोपाल (म0प्र0)

क्रमांक/पु0मु0/1-ए/1/2358/78 दिनांकः-13.6.78

प्रति,

रणधीर सिहं रूहल

आर/सी 493 ग्वालियर।

विषय - पुलिस महाविद्यालय सागर में उप-निरीक्षक/प्रशिक्षण सत्र 1978।

आपको उपनिरीक्षक के पद पर नियुक्त हेतु पुलिस महाविद्यालय सागर में दिनांक 01.07.78 स प्रारम्भ होने वाले प्रशिक्षण सत्र हेतु निम्न शर्तो पर चुना गया है। अतः उक्त प्रशिक्षण सत्र हेतु निम्न शर्तो पर चुना गया है। अतः उक्त प्रशिक्षण हेतु आप दिनांक 30.06.78 को प्राचार्य पुलिस महाविद्यालय सागर के समक्ष उपस्थित हो।

प्राचार्य पुलिस महाविद्यालय सागर द्वारा प्रमुख शल्य चिकित्सक सागर से आपके स्वास्थ्य परीक्षण कराये जाने की व्यवस्था की गयी है यदि आपका स्वास्थ्य परीक्षा अनुकूल न होगा तो आपको प्रशिक्षण हेतु पुलिस महाविद्यालय सागर में प्रवेश नहीं दिया जावेगा साथ ही आपके सीने तथा ऊँचाई का माप भी लिया जावेगा और निर्धारित नाप में कम निकलने पर आपको प्रवेश नहीं दिया जा सकेगा।

आप अपने साथ निम्न लिखित मूल प्रमाण पत्र अवश्यक लावेगें जिनका परीक्षण प्राचार्य पुलिस महाविद्यालय, सागर द्वारा किया जावेगा तथा इनमें किसी प्रकार की त्रुटि पाये जाने पर अथवा कोई अवांछनीय बात दृष्टि में आने पर आपको प्रवेश नहीं दिया जावेगा।

1- हायर सेकेन्ड्री/हाई स्कूल परीक्षा पास होने का मूल प्रमाण पत्र तथा अंक सूची।

2- स्नातक होने का मान्य विश्वविद्यालय द्वारा दिया गया मूल प्रमाण पत्र तथा अंक सूची।

3- म.प्र. के के निवासी होने का सक्षम अधिकारी द्वारा दिया गया मूल प्रमाण पत्र।

उपरोक्त प्रमाण पत्रों के अतिरिक्त आप निम्नलिखित मूल प्रमाण पत्र भी जिनका आपके आवेदन पत्र में उल्लेख किया गया है प्रस्तुत करें।

1- एन.सी.सी. "सी" प्रमाण पत्र।

2- भूतपूर्व सैनिक होने का डिस्चार्ज सर्टिफिकेट।

3- अनुसूचित जाति/अनुसूचित जनजाति होने का प्रमाण पत्र जो शासन द्वारा निर्धारित प्रपत्र में माननीय मंत्रीगण, राजपत्रित अधिकारी, तहसीलदार, फॉरेस्ट रेंजर द्वारा दिया गया हो।

उपरोक्त प्रमाण पत्रों में से दिये प्रमाण पत्रों की अनुपस्थिति में तथा चयन नियमों के अनुसार आपकी आयु निर्धारित से कम या अधिक होने पर आपको पुलिस महाविद्यालय सागर में प्रवेश नहीं दिया जावेगा।

प्रशिक्षण में प्रवेश संबधी निर्देश संलग्न है कृपया उन्हें सावधानी से पढें पुलिस महाविद्यालय में उपस्थित होने साथ आपके पास संलग्न में दर्शायी गयी सभी वस्तुऐं अनिवार्य है।

संलग्न - प्रवेश सबंधी सूचना।

हेतु- पुलिस उप-महानिरीक्षक(प्र)

म.प्र. भोपाल।

क्रमांक/पुमु/1-व/2358/78 दिनांक 13.06.78

प्रतिलिपि - प्राचार्य पुलिस महाविद्यालय सागर को सूचनार्थ देने एवं आवश्यक कार्यवाही हेतु अग्रेषित उम्मीदवार का मूल आवेदन पत्र सहपत्रों के संलग्न है।

हेतु-पुलिस उप-महानिरीक्षक(प्र)

म.प्र. भोपाल।

प्रशिक्षण में आन्तरिक व बाहरी प्रशिक्षण पूर्ण कर दिनांक 22.06.1979 को उप-निरीक्षक के पद पर जिला मुरैना आबंटित होने से आदेश के मुताविक एक माह का व्याहारिक प्रशिक्षण जिसे दूसरी भाषा में वैपन ट्रैनिंग कहा जाता है, को पहली बटालियन एस0ए0एफ0 इन्दौर में पूर्ण करने के बाद दिनांक 04.08.1979 को जिला मुरैना में ज्वाईन किया। सबंधित आदेश की प्रति निम्नानुसार है। आदेश की अन्तिम 06 पंक्तियाँ विष्मयकारी और डरांवनी है जिसका अध्ययन उपरान्त पाठकों की समझ आ जायेगा कि किन परिस्थितियों में किस तरह एक लोक सेवक पूरा सेवा पूर्ण करता है। यहाँ यह भी बताना आवश्यक है कि उस समय उप-निरीक्षक को प्रशिक्षण में वेतन नहीं मिलता था मात्र 125/-रुपये मासिक स्टाइफण्ड मिलता थाः-

कार्यालय पुलिस महानिरीक्षक, मध्यप्रदेश, भोपाल

राजपत्र-आदेश

क्रमांक 324 दिनांक 22/6/78

पुलिस महाविद्यालय में उप निरीक्षकों के प्रशिक्षण सत्र 1978 के निम्नलिखित सफल छात्रों

को उनके सम्मुख दर्शाये गये जिलों में उप-निरीक्षक के पद पर अस्थाई तौर से आगामी आदेश तक वेतनमान् 220-5-240-6-270-10-300-द0रो0-10-350-12 1/2-375 के इस आदेश के अन्त में दर्शाई शर्तों पर दिनांक 1-7-79 से नियुक्त किया जाता है। ये दिनांक 1-7-79 के प्रातःकाल व्यावहारिक प्रशिक्षण हेतु पहली बटालियन वि0स0बल इन्दौर/6वीं बटालियन वि0स0बल, जबलपुर में अपनी आमद देंवें। कौन किस बटालियन में प्रशिक्षण हेतु जायेगा के संबंध में अलग से आदेश प्रसारित किये जा रहे हैं।

---.

क्रमांक नाम केडेट तैनाती का जिला

1- मुकेश कुमार उपाध्याय छिन्दवाडा

2- श्रवण कुमार शर्मा बालाघाट

3- दिनेश प्रताप सिंह शहडोल

4- आनंद मोहन दीवान बैतूल

5- राजेन्द्र कुमार विदिशा

6- अब्दुल सलीम खान छतरपुर

7- रामफल सिंह ठाकुर बस्तर

8- चन्द्र कुमार भटनागर गुना

9- रवीन्द्र कुमार उपाध्याय दुर्ग

10- कैलास कुमार शर्मा सरगुजा

11- विनोद कुमार मिश्रा राजनांदगांव

12- सीताराम गहलौत भिण्ड

13- मोहन सिंह शक्तावत शाजापुर

14- शिवनाथ पाण्डे विलासपुर

15- सैय्यद मौम्मद जैदी रायपुर

16- सोहनपाल सिंह देवास

17- प्रकाश चन्द्र बाष्टा शाजापुर

18- शम्भूनाथ मुखर्जी गुना

19- कमलकान्त दीक्षित शिवपुरी

20- विनोद कुमार तिवारी राजनांदगांव

21- राकेश कुमार पाठक मुरैना

22- अजय कुमार साहू सीधी

23- अरविन्द कुमार खरे दुर्ग

24- राजेन्द्र कुमार शर्मा बस्तर

25- भैंरों सिंह मालवीय मंदसौर

26- विणुदत्त त्रिपाठी शहडोल

27- गिरीश कुमार मिश्रा सीधी
28- आर0 राजन शहडोल
29- सुशील कुमार खरे मुरैना
30- कमलेश कुमार सोनी होशंगाबाद
31- मनेन्द्रजीत सिंह रायगढ
32- अनिल कुमार सिंह कुशवाह शिवपुरी
33- रमेश चन्द्र पाठक खण्डवा
34- राजाराम सिंह ठाकुर पन्ना
35- रघुनाथ सिंह यादव शिवपुरी
36- मृगेन्द्र बहादुर सिंह राजनांदगांव
37- अशोक राणा रायपुर
38- सालिगराम सनखेडिया रायगढ
39- शशी प्रकाश दुबे सीहोर
40- वृजमोहन दुबे छतरपुर
41- रामलखन सिंह भदौरिया दतिया
42- दीपक शुक्ला रीवा
43- जयप्रकाश दुबे रायपुर
44- रविन्द्र कुमार मिश्रा बालाघाट
45- सुरेश सिंह नरसिंहपुर
46- यशवंन्त कुमार रुनवाल इन्दौर
47- अजब सिंह भदौरिया दतिया
48- मुरारीलाल शर्मा ग्वालियर
49- लक्ष्मीनारायण बडोनियाँ मुरैना
50- गोपालदास शर्मा भिण्ड
51- राजकुमार शर्मा विदिशा
52- सुभाष चन्द्र चौधरी रायपुर
53- लोकनाथ तिवारी दुर्ग
54- रामस्वरुप दाँगी मुरैना
55- प्रहलाद सिंह चौधरी भिण्ड
56- प्यारेलाल लुहारिया दमोह
57- सुरेन्द्र मोहन शर्मा भोपाल
58- चन्द्रिका प्रसाद भट्‌ट राजनांदगांव
59- सुरेन्द्र कुमार जैन टीकमगढ
60- विजय सिंह ठाकुर छिंदवाडा

61- महेन्द्र कुमार तिवारी बिलासपुर
62- रघुवंश भूषण शर्मा सतना
63- बल्देव सिंह मुरैना
64- रामशंकर बडौलिया टीकमगढ
65- रजनीश कुमार सिंह सागर
66- रामलखन सिंह भदौरिया मुरैना
67- विरेन्द्र कुमार जैन/प्रेमचन्द्र जैन रायसेन
68- विरेन्द्र कुमार जैन/कमलचन्द्र जैन छिंदवाडा
69- तबीउल्लाह बेग छतरपुर
70- प्रदीप कुमार मिश्रा दुर्ग
71- रामजीलाल शर्मा राजगढ
72- रामेश्वर सविता झाबुआ
73- किशोर कुमार व्यास उज्जैंन
74- सुरेन्द्र कुमार पालीवाल भिण्ड
75- अनिल कुमार बरुआ विदिशा
76- अशोक कुमार सैनी होशंगाबाद
77- जोसेफ डी भौसले रीवा
78- पी0संतोष राय दुर्ग
79- नन्दकिशोर परिहार छतरपुर
80- कैलासचन्द्र धारु पन्ना
81- मिथिलेश कुमार तिवारी नरसिंहपुर
82- नीरज अमृतफले मंदसौर
83- जगन्नाथ सिंह राजपूत जबलपुर
84- रणधीर सिंह रुहल मुरैना
85- जोर सिंह भदोरिया ग्वालियर
86- श्रीकान्त द्विवेदी सतना
87- बाल रवि द्विवेदी उज्जैन
88 - सुरेन्द्र राय ग्वालियर
89- जयप्रकाश मिश्रा रायसेन
90- काशीराम सिजौरिया मुरैना
91- चन्द्रपाल सिंह तोमर ग्वालियर
92- रामचरन सिंह भदोरिया ग्वालियर
93- टेक सिंह चौहान रायपुर
94- बसंत सिंह बास्कले झाबुआ

95- कैलाश बाजपेई रायगढ
96- राधेश्याम पटेरिया टीकमगढ
97- राम सिंह जाटव ग्वालियर
98- अब्दुल शेर खान विलासपुर
99- प्रताप सिंह राणा उज्जैन
100- अजय सिंह जबलपुर
101- शगुनलाल मुरैना
102- अब्रार हुसैन रिजवी जबलपुर
103- अशोक कुमार पिपरे बस्तर
104- त्रिवेणी कान्त सिंह रायगढ
105- विनोद सिंह बघेल सागर
106- बुद्‌धराम यादव सागर
107- देवेन्द्र सिंह यादव बैतूल
108- मोहन सिंह पटेल सिवनी
109- दिनेश कुमार जैन खण्डवा
110- किरन कुमार उपाध्याय छिंदवाडा
111- राजकुमार दुबे छतरपुर
112- अरविन्द्र कुमार ओसवाल जबलपुर
113- रामप्रसाद अहिरवार दमोह
114- चुन्नीलाल ध्रुवे होशंगाबाद
115- अशोक कुमार श्रीवास्तव पन्ना
116- रामसरोज उपाध्याय सागर
117- कमलजीत सिंह गिरेवाल रायपुर
118- रघुवीर सिंह कालरा सागर
119- सीताराम सिंह गिरवाल खरगोन
120- महेन्द्र सिंह सीहोर
121- नरेन्द्र कुमार मिश्रा बस्तर
122- राजेश्वर बोरकर सिवनी
123- विनोद कुमार गुप्ता होशंगाबाद
124- रामप्रकाश कटियार बैतूल
125- फुलजेंस मिंज विलासपुर
126- सतीश कुमार अग्निहोत्री रतलाम
127- दिनेश चन्द्र तिवारी सरगुजा
128- भोजेन्द्र कुमार उइके रायपुर

129- साउराम धृतलहरे सरगुजा
130- महेन्द्र कुमार शर्मा रायगढ
131- लालहंस लहरी उज्जैन
132- कैलाश चन्द्र सांगते मंदसौर
133- गिरधरलाल ठाकुर बस्तर
134- बंशीलाल धारगांवे दुर्ग
135- देहलनशॉह मरकाम जबलपुर
136- रामनारायण कतरौलिया देवास
137- रायपाल अहिरवार भोपाल
138- भानुप्रकाश समाधिया उज्जैन
139- बलराम तरेटिया धार
140- महोम्मद वजीर खॉ रायगढ
141- छोटेलाल जाटव शाजापुर
142- किरन कुमार नरवरे छिंदवाडा
143- सत्यब्रत पाण्डे सतना
144- निर्मल कुमार सिंधरोल सरगुजा
145- सायलस हैराल्ड खण्डवा
146- ओमप्रकाश धाकड रतलाम
147- सन्तराम दीवान दुर्ग
148- रमेश सिंह राय विलासपुर
149- दशरथ नेगी दुर्ग
150- कामताप्रसाद तुमराम जबलपुर
151- राजेन्द्र सिंह घुरैया छिंदवाडा
152- अजीत कुमार मशीह उज्जैन
153- रुखसार अहमद देवास
154- सुदनसाय पेकरा विलासपुर
155- सुमन कुमार बर्मन सतना
156- चन्द्रपाल सिंह ठाकुर इन्दौर
157- कैलाशचन्द्र गोसर रतलाम
158- प्रेम सिंह सोलंकी इन्दौर
159- सुमनलाल मरावी छिंदवाडा
160- ज्ञानसिंह ठाकुर मण्डला
161- राजेश कुमार विलासपुर
162- इन्द्रकुमार जैन उज्जैन

163- सुदीप चटर्जी सतना
164- रामप्रकाश देशलहरा भोपाल
165- शिवचरण सिंह चौहान इन्दौर
166- योगेन्द्र कुमार शर्मा रतलाम
167- मानसिंह चौहान खरगोन
168- रामप्रसाद सिंह उज्जैन
169- जगदीशप्रसाद उइके जबलपुर
170- अरविन्द डहाके जबलपुर
171- परमानन्द मरकाम जबलपुर
172- अशोक कुमार अग्रवाल उज्जैन
173- हेमन्त कुमार जैन खरगोन
174- देवीप्रसाद राजठाकुर विलासपुर
175- देवीलाल केमवार मण्डला
176- हरिश्चन्द्र सूरमा भोपाल
177- नरेन्द्र हरिहरनों मंदसौर
178- हरप्रसाद बडगूजर खण्डवा
179- मगनलाल राय इन्दौर
180- प्रताप सिंह बामनियां धार
181- रतन सिंह सोलंकी धार
182- राम सिंह जामरा खण्डवा
183- रुप सिंह सोलंकी इन्दौर
184- प्रकाशचन्द्र टण्डन इन्दौर
185- रामदयाल उइके सागर
186- वीर सिंह तिरकाम जबलपुर
187- अनिल कुमार पारोचे जबलपुर
188- परशुराम बरसेना खरगोन
189- रामप्रसाद बघेल रीवा
190- शिवचरण सिंह भोपाल
191- सदाशिव चौहान इन्दौर
192- लक्ष्मण सिंह सोलंकी इन्दौर
193- मोहन सिंह रावत इन्दौर
194- कृपाल सिंह ठाकुर विलासपुर
195- खडकचन्द्र आर्य भोपाल
196- हीरालाल चौधरी छतरपुर

197- मोहन सिंह इन्दौर
198- प्रकाश कुमार नारौलिया जबलपुर
199- विक्टर तिर्की सरगुजा
200- गट्टू सिंह मुजाल्दा इन्दौर
201- नौहर सिंह नेगी रायपुर
202- तेर सिंह चौहान भोपाल
203- रामविलास दाहिमा भोपाल
204- चन्द्र सिंह वामनिया होशंगाबाद
205- रुबेन मिंज रायपुर
206- टूल सिंह मण्डलोई इन्दौर
207- कैलाशचन्द्र चौहान भोपाल
208- करन सिंह करना भोपाल
209- मुकुन्द सिंह ठाकुर जबलपुर

मध्यप्रदेश शासकीय सेवा (अस्थायी व अद्र्ध स्थाई सेवा) नियम 1960 के नियम 12 के अनुसार उपरोक्त व्यक्ति की सेवा किसी भी समय किसी भी एक पक्ष द्वारा एक माह का नोटिस देकर या उसके एवज में एक माह का वेतन तथा भत्ता देकर समाप्त की जा सकेगी।

2- उपरोक्त व्यक्ति द्वारा एक माह का नोटिस दिये बिना उसके एवज में एक माह के वेतन तथा भत्ते का भुगतान किये बिना शासकीय सेवा छोडने पर, उक्त शर्त (1) के अन्तर्गत देय राशि उस व्यक्ति से भूराजस्व की बकाया की भांति वसूल योग्य होगी।

अपठित हस्ताक्षर

अपठित दिनांक

हेतु-उप पुलिस महानिरीक्षक (प्रशासन)

म.प्र.,भोपाल

क्रमांक/पु0मु0/1-ए/5/3448/79 दिनांक 22/6/79

प्रतिलिपि:-

1- समस्त पुलिस अधीक्षक, म0प्र0 की ओर सूचनार्थ व आवश्यक कार्यवाही हेतु। संबंधित नव

नियुक्त उपनिरीक्षकों की प्रशिक्षण अवधि का वेतन उनके नियुक्ति जिले से निकाला जाये।

2- प्राचार्य पुलिस महाविद्यालय, सागर।

3- पु0 महानिरीक्षक (प्रशिक्षण) म0प्र0, भोपाल।

4- उप महानिरीक्षक (प्रशिक्षण) सागर।

5- कमाण्डेन्ट पहली बटालियन, इन्दौर/6वीं बटालियन वि0स0बल, जबलपुर कृपया उपरोक्त

उपनिरीक्षकों को एक माह का व्यावहारिक प्रशिक्षण दिया जावे। प्रशिक्षण समाप्ति पर

उन्हे उनके नियुक्ति स्थान पर कार्यभार ग्रहण करने हेतु सूचना व रवानगी दी जाये।
6- समस्त क्षेत्रीय उप पुलिस महानिरीक्षक,म0प्र0।
7- स0म0नि0 (प्रशिक्षण) पुलिस मुख्यालय, भोपाल।
8- बजट क्लर्क, पुलिस मुख्यालय, भोपाल।
9- गोपनीय शाखा 1-ए पुलिस मुख्यालय, भोपाल।
उपरोक्त पदों संबंध में आदिवासियों एवं हरिजनों के लिये पद आरक्षण के आदेशों एवं नियमों का पालन किया गया है।
अपठित हस्ताक्षर
दिनांक 22/6
हेतु उप पुलिस महानिरीक्षक (प्रशासन)
म.प्र.,भोपाल।
जायते 21/6/79

जिला मुरैना में आमद, डकैत गिरोहों का उन्मूलनः-

लेखक की प्रशिक्षण पश्चात वैपन टेनिंग में इन्दौर में प्रथम बटालियन महेश गार्ड में एक माह का प्रशिक्षण पूर्ण कर मुरैना जिला में ज्वाइंन किया और प्रशिक्षणार्थी उप-निरीक्षक के पद पर थाना कोतवाली जिला मुरैना में पदस्थापना हुयी। इसके पश्चात थाना सिहोनिया एवं कैलारस में प्रशिक्षण पूर्ण कर थाना प्रभारी के रूप में थाना माताबसैया पदस्थापना हुई। इस पदस्थापना से पहले कैलारस में थे वहाॅ से पुलिस खेलों में में चले गए थे। यहाॅ यह भी बताते चले कि हम फिजीकल कालेज ग्वालियर के विद्यार्थी रहे तो सभी खेलों में महारत तो नहीं प्राप्त हो सकी पर इतना हो गया कि प्रत्येक गेम एवं स्पोर्ट में खेलने का माददा हो गया था, इस कारण पहले खिलाडी फिर जिला मुरैना का कप्तान बाद चम्बल रेंज के कप्तान व मेनेजर के रूप में खेलों में हिस्सा लेते रहे।

पुलिस में खिलाडियों में रूचि कम-

अनुभव किया कि पुलिस में खिलाडियों में रूचि कम देखने को मिली फिर भी हिस्सेदारी चलती रही। यहाॅ तक भी स्थिति बनी कि भोपाल में ग्राडण्ड पर खिलाडी नदारद हो जाते थे और कैसे भी टीम का पार्टीसिपेट कराया यहाॅ तक कि हॉकी के मैच में तो पाॅच खिलाडियों से मैच खेला जिसमें अनुमति लेकर अपने मित्र के0के0 राघव को प्लेयर के रूप में खिलाया। बास्केट बॉल की टीम का मैच एक बार भोपाल की टीम से हुआ, हमारी उस टीम में मरहूम टी0आई0 रमाकान्त वाजपेयी भी खेले थे, उसने जब वह मालनपुर टी आई था तो अपनी शासकीय रिवाल्वर से आत्महत्या कर ली थी। उस मैच में मंगल सिंह साढे सात फुट लम्बे खिलाडी की टाॅग के नीचे से दो बार बास्केट बॉल से साथ ड्रिब्लिंग करते हुए निकलकर बास्केट करना आज भी याद। करीब एक महीने से भोपाल से खेलों से वापस आए।

रास्ते में महन्त की हत्या-

भोपाल से 10 अक्टूबर 1980 को खेलों से मुरैना वापस आए। दिनॉक 11 अक्टूबर 1980 को

हमारे एक वरिष्ठ तत्कालीन बी0के0परिहार के साथ एक ट्रक में बैठकर सिहोनिया उनके एक मिलने वाले सब-इंजीनियर से मिलने जा रहे थे तभी ग्राम खेरा व जींगनी के बीच में एक आदमी हाथ में तलवार लिए सरपट खेतों में भागता हुआ दिखा तो पुलिस के अल्प अनुभव के वावजूद भी ऐसा लगा कि भागने वाला बडा अपराधी है।

तुरन्त ही हमारे ट्रक ने एक रिक्शा को पास किया जिसमें एक बाबा टायप बृद्ध घायल पडा था और रिक्शा वाला नहीं दिख रहा था। माजरा समझने में देरी नहीं हुई कि वह आदमी बाबा को मारकर भागा हैं। हमने परिहार साहब से कहा कि यह बडी घटना है ट्रक रूकवाओ हम इस आदमी को दौडकर पकड लेते है क्योंकि यह माताबसैया का थाना क्षेत्र है हमारा थाना प्रभारी का आदेश हो चुका है, ज्वाइनिग करने पर हमें देखना होगा, पर भाई साहब परिहार साहब ने मना किया कि पचडे मत पडो, तुम अभी नये हो जब ज्वाइनिंग कर लो तब देख लेना।

निर्णय लेना-

हम उस निर्णय के बारे में अभी तक यह तय नहीं कर पाए कि हम सही थे या परिहार साहब। शायद उस समय हमारा निर्णय सही होता पर आज के हालत में तो परिहार का ही निर्णय सही है, इसका उदाहरण जौरा थाना क्षेत्र में थाने के पास ही रेल्वे क्रासिग के पास ही दिन दहाडे मुरैना निवासी डॉ0पी0पी0 चौधरी व उसका पुत्र डॉ0 हेमन्त चौधरी का कत्ल हुआ, किसी अज्ञात मोटर सायकिल ने जौरा थाना प्रभारी निरीक्षक सेवा सिंह सिंघाडिया जो थाने के सामने रोड पर ही खडे थे, देश भक्त, वफादार तुरंत दौडकर सबसे पहले घटना स्थल पर पहुॅच कर कार्यवाही में संलग्न हो गया पर अन्जाम अलग ही हुआ, बडा आन्दोलन हुआ, उसका तबादला हुआ, यहॉ तक भी थीक था पर उसके तुरंत घटना स्थल पहुॅचने पर यहॉ तक आरोप लगे कि कत्ल उसी ने कराएं अन्यथा तुरंत कैसे घटना स्थल पर पहुॅच गया।

4

थाना प्रभारी माता बसैया जिला मरैना-

दिनॉक 14 अक्टूबर 1980 को थाना प्रभारी के रूप में थाना माताबसैया ज्वाइन कर चार्ज गृहण कर कार्य सरकार प्रारंभ कर दिया। चार्ज में माताबसैया के महन्त बाबा कमल पुरी के मर्डर की केस डायरी भी प्राप्त हुई। समझने में देर नहीं लगी और दिनॉक 11 अक्टूबर 1980 का दृश्य आखें के सामने तैरने लगा। उक्त मर्डर के संबंध में आन्दोलन होकर पूर्व थाना प्रभारी एस0एन0उपाध्याय को डियूटी से निलंबित कर पुलिस लाइन भेज दिया था, उन पर आरोप यह लगाया जा रहा था कि बाबा कमल पुरी का कत्ल उन्होने कराया है। नई थानेदारी आन्दोलन के बाद का माहौल ब्लाइंड मर्डर पैडिंग मिला कुछ कर गुजरने का समय था।

कमलपुरी बाबा का कत्ल-

मन्दिर के बिगडे हुए माहौल का अध्ययन किया, जिसमें दो ऐंगिल मिले, पहले में कमल पुरी महन्त के मर्डर के बाद नारायन पुरी महन्त बनना चाहता था और बना। दूसरी तरफ परीक्षा गॉव के लोग कमल पुरी के वारिश बनना चाहते थे पर वह लोग कमलपुरी के मर्डर में आपराधिक षडयंण में जेल चले गए। क्योंकि मुख्य अभियुक्त गिरी का यहॉ मन्दिर पर रहने से आस-पास के बहुत लोग जानते थे। गिरी का मर्डर करने के बाद भागने रास्ते का रास्ते का आइडिया था, उसे विरूद्ध साक्ष्य मिली और उसे समय रहते हुए उसके गॉव में जार दबोच लिया और कार्यवाही पूर्ण कर मर्डर का अनुसंधान पूर्ण कर चालानी कार्यवाही कर दी, बाद में उसे न्यायालय से आजीवन कारावास की सजा हुई।

महन्त के नाजायज संबंध-

दूसरे ऐंगिल में मृतक कमलपुरी के अवैध संबंध स्टॉफ की परिवार की एक मुस्लिम महिला से अवैध संबंध की कहानी चल रही थी। तीसरा ऐंगिल था पुलिस थाने का रोजनामचा कमलपुरी के मर्डर के तुरंत रूका हुआ था कारण माताबसैया की अकूत सम्पत्ति जिस पर दोनों पक्ष अपना आधिपत्य बनाना चाहते थे। इसके साथ ही माता के आभूषण छोडकर अन्य सोना व चादी पुलिस थाने मे पुलिस सुरक्षा के नाम से रखे थी। दुनियॉ भर की बातें पूर्व थाना प्रभारी, सी आई व डी0एस0पी0 के बारे में चल रही थी।

मन्दिर की अकूत सम्पति-

कानूनी रहवरी लेने के नाम पर सभी कार्यवाही रूकी हुई थी। कोई कानूनी रहवरी नहीं मिली,

हमारा भी थानेदारी का प्रथम थाना था, बसैया वाली का नाम लेकर हमने ज्ञान व विवेक के आधार पर वैधानिक कार्यवाही करते हुए रोजनामचा को आ समय कर जप्त शुदा सोना व चॉदी को अनुविभागीय दण्डाधिकारी मुरैना से आदेश प्राप्त कर डिस्ट्रिक नाजरात में जमा करा दिया। दोनों पक्ष अपना अपना हक जताकर सम्पप्ति पर कब्जा करने को प्रयास रत रहीं और माननीय में मुकदमें भी लड रही थीं।

प्रकाश जाटव व दर्शन सिंह गुर्जर की कत्ल में गिरफ्तार-

माता बसैया थाने के गॉव कुतवार के पास के एक पुरा में प्रकाश जाटव ने कुतवार के ततकालीन सरपंच दर्शन सिंह गुर्जर से मिलकर आपराधिक षणयंत्र कर अपनी पत्नी का मर्डर कर दिया और लाश को नदी किनारे जलाकर सकी राख व हडडी नदी में बहा दी। अन्य फरियादी ना होने पर प्रकाश की सूचना पर मर्डर कायम कर विवेचना की। अपने स्तर पर अच्छी विवेचना की।

साक्ष्य संकलन के लिए नदी में उतरा-

नदी में से राख हडडी निकालने के लिए प्रयास के वावजूद भी कोई तैयार नहीं हुआ तो हमने स्वंय अपनी वर्दी उतारकर हडडी व राख नदी में से निकालकर वजय सबूत में जप्त की और प्रकाश को व दर्शनसिंह को गिर0 कर चालानी कार्यवाही की। गांव कुतवार वही गांव है जिसमें महाभारत की कुंती ने अपने पुत्र कर्ण को कुतवार गांव के नीचे बह रही नदी में छाज में रखकर बहा दिया था।

माता बसैया व कुतवार में दंगलः-

माता बसैया व कुतवार में नव दुर्गा मेलों में दंगल का आयोजन होता है। माता बसैया में दंगल में आखिर दौर में एक ऐसा मोड आया कि एक काछी के लडके ने लंगोट घुमा दिया और लखी मेले में अपने को अजेय घोषित करते हुए माताबसैया केशरी कर दिया। चारों तरफ से नजरें एक दूसरे के उपर जा रही थी। एक सज्जन ने हमसे पेश कश कर दी कि दरोगा जी आप लडो! हमने पहले तो मना कर दिया कि हम शासकीय डियूटी पर है पर जनता की मांग पर हम उस केशरी से कुश्ती को तैयार हो गए। मन्दिर के कैपस में ही थाना था सामने ही दंगल हो रहा था। दो मिनट में ही डियूटी का भार कनिष्ठ अधिकारी के सुपुर्द कर थाना प्रभारी के चैम्बर में यूनिफौर्म टांग कर लंगोट लगाकर कुश्ती लडने लगे।

कुस्ती केशरी से-

हम क्योंकि फिजीकल कॉलेज के स्टूडैंट रहे है प्रत्येक गेम को करीब से समझा था और कुछेक दाव भी जानते थे। काछी के लडके को थकाने के उदेश्य से 5-7 मिनट उक्त पहलवान को खिलाया पर पहलवान अच्छी तैयारी किए था, थकान उसे छूकर भी नहीं गई। हमने झपकी मार उसे जमीन पर लेकर ओवर पावर कर लिया पर हमने आधा घंटा खूब जोर कर लिया उसे जमीन से उठने नहीं दिया पर हम उसे चित्त नहीं कर पाए और कुश्ती बराबर छूट गई। इनाम बराबरी का मिला पर हमने उस पहलवान की बहादुरी के लिए अपना इनाम उसे दे दिया। उस कुश्ती चर्चा बसैया के पुराने लोग अब भी कर लेते हैं।

कुतवार की माता भी बहुत प्रसिद्ध हैं जिनकी पूजा महाभारत की कुंती ने की थी। कुतवार का दंगल विचित्र रहा है और हमेशा दंगल में पथराव, लाठी चलना मुकदमा कायम होना आम बात थी। क्योंकि हमने इस संबंध में पूर्ण स्टडी कर ली थी और माकूल फोर्स की मांगकर बुलवा लिया था। ठोस विधिक कार्यवाही व गुण्डों पर शख्त कार्यवाही व आम जनता से सौहार्दपूर्ण वातावरण व व्यवहार की बदौलत कुतवार दंगल शान्ति से आयोजित हो गया। इसमें अधिकारियों व जनता से खूब वाही वाही बटोरी।

गैंग पान सिंह तोमर की शरण स्थलीः-

गैंग पान सिंह तोमर के मूव्हमैंट की सूचना मिलती थी अधिकारियों को बताते थे जो निर्देश मिलते थे उसी हिसाब से गैंग पतारसी, सर्चिंग, एम्बूस, दबिश आदि की कार्यवाही की जाती थी। क्षेत्र के कुछ ठाकुर दूर की रिस्तेदारी की वजय से तथा एक काना गुर्जर ठाकुर जिसकी आंख में फूली थी पान सिंह को अपने घर में शरण देता और गैंग को खाना खिलाते थे। मुखविर लगाए पर उपर से अधिकारियों का दबाब बना कि यहां गैंग को मारना ठीक नहीं होगा यहां से उसे भगाना बडी सफलता में माना जाने लगा।

अधिकारियों का निर्णय राश नहीं आया-

कई बार पान सिंह यह छोड छोडकर गोरमी इलाके मे जाता था उसकी रैकी भी हमने की पर दबाब यह रहा कि यहां से पान सिंह गैंग का अडडा तोड दिया जाय। अधिकारी हमारी मानते तो पान सिंह गैंग यहीं मारा जाता और पहला मैडल पान सिंह का ही होता पर ऐसा नहीं हुआ बल्कि पु0अ0 भिण्ड विजय रमन की स्कीम से रतियन के पुरा में गैंग पान सिंह पुलिस मुटभेड में मारा गया, जिसमें उसका भतीजा बलवंत बच गया था जो बाद में हाजिर हुआ।

एक्सीडैंट की घटना में बडी नेतागीरी-

एक दूसरी घटना में जब हम आरक्षक अहसान के साथ मुरैना कानून व्यवस्था डियूटी के लिए जा रहे थे तभी खेडा गॉव के पास एक बुडढा आदमी जो रोड साइड में खडा पेशाव कर रहा था अचानक घबराकर हमारी मोटर साईकिल की ओर दौडा, हम देख रहे हैं उसे बचाते में हम खाई में जा गिरे, अपनी चोटों की परवाह न कर अहसान के साथ उसे इलाज के लिए जिला अस्पताल भेजा।

उसको लेकर बाबू जवर सिंह व सूबेदार सिंह सिकरवार ने उस बुडढे की दोनों टॉगों पर सफेद पट्टी बॉधकर एक जीप के बोनट पर रखकर पूरे शहर में जुलूस निकालते हुए कोतवाली मुरैना पर पहुॅचकर हमारे विरूध्द प्रकरण जीरो पर कायम कराया। एफआईआर थाना असल जुर्म पर कायमी के लिए थाना माता बसैया भिजवाई जहां के हम थाना प्रभारी थे। कानून व्यवस्था डियूटी से लौट कर बसैया पहुंचे तो एचसीएम जीरो की एफआईआर को रखे बैठा था।

हमारे थाने में हमारे विरूद्ध अपराध दर्ज-

पूछने पर उत्तर दिया दिया कि वरिष्ठ अधिकारी के खिलाफ मामला हम कैसे कर सकते थें।

शायद पहले ऐसा होता रहा हो। हमने अपनी वापसी कर अपने ही थाने में अपने ही मामला दर्ज कर दिया, क्योकि मामला हमारे खिलाफ था तो विवेचना हेतु सी0आई0 श्री भारत सिंह कुशवाह के पास भेज दिया, उन्होने विवेचना पूर्ण कर प्रकरण में खात्मा भेज दिया, अब ऐसे ईमानदार अधिकारी कहॉ, आज वो इस दुनियॉ में नहीं हैं पर लोग उन्हें याद करते हैं, उनका एक बेटा देवेन्द्र सिंह कुशवाह पुलिस में ए0एस0पी0 होकर दिनांक 31 जुलाई 2022 से0नि0 हो गए है और पैंशन लाभ लाभ रहे हैं।

छतरी का टूटना-

इस थाने की एक और घटना, उल्लेखनीय है कि माता बसैया के क्षेत्र में और आस-पास किसी पिता या अन्य परिजन की मृत्यु के बाद उसकी छतरी नहीं बनाते पर गॉव बसैया के एक अनुसूचित के सदस्य ने अपने पिताजी की मृत्यु के बाद उनकी याद में तेरहवीं के एक दिन पहले छतरी बना दी पर गॉव वालें को ये गवारा नहीं हुआ और गॉव वालों ने सामूहिक पंचायत कर छतरी तोड दी और रिपोर्ट की पर तत्कालीन सरपंच नारायण सिंह जाट पटेल के अच्छे व्यवहार या उनके दबदबे के कारण उन्हें मुल0 नहीं बनाया।

संसदीय जांच कमैटी-

हमने विधि संगत कार्यवाही कर मामला अदालत में पहुॅचा दिया, फिर भी बडा आन्दोलन हुआ और शिकायत पर तत्कालीन सांसद श्री छविराम अर्गल व तत्कालीन संसदीय कार्य मंत्री श्री जाहर सिंह शर्मा की दो सदस्यीय कमैटी जॉच हेतु संसद से आदेशित हो गयी और अगले दिन ही कमेटी थाने पर आ गयी। हम थाने पर ही कार्य सरकार में मशगूल थे पहले सदस्य स्व0 जाहर सिंह शर्मा पधारे तो हमने सामने पडी कुर्सी पर बैठने को कहा और वह बैठ गए।

चेयरमैन स्व0 छविराम अर्गल जी मन्दिर के बाहर फारिग होकर थाने पर पधारे तो उन्हें भी शिष्टाचार में उपलब्ध बैंच पर बैठने को कहा तो आग बबूला हो गए और बोले ये उनकी बेइज्जती है। हमने समझाने की असफल कोशिश की। फर्नीचर के नाम पर थाने में दो कुर्सी और एक बैंच ही उपलब्ध थी। हमने सहज भाव से बताया कि जो स्थिति है जो आपके सामने है पहले सूचना होती तो गॉव से मॉगकर इन्तजाम भी कर लेते, हमने इतना जरूर कह दिया कि आप संसद में इस दशा के बारे में चर्चा करें व दशा सुधारने में मदद करें। स्व0 छविराम अर्गल के हौनहार सुपुत्र पांच बार के सांसद अशोक अर्गल मुरैना नगर निगम के महापौर चुके हैं।

सांसद का गुस्सा, कारण पूर्व में की गिरफ्तारी-

चेयरमैन साहव गुस्से में साथी सदस्य शर्मा जी से बोले कक्का चलो हो गई जॉच, और इतना कहते हुए चले गए। यहॉ यह भी बताते चले कि कोतवाली के समय एक लंबित मामले में अर्गल जी को भूरे सिंह कुशवाह उप-निरीक्षक के कहने पर पकड कर रेल्वे रोड स्टेशन चौकी की हवालात में बन्द कर चुके थे। उस पर बहुत हंगामा हुआ और तत्कालीन पुलिस अधीक्षक मुरैना स्व0 बी0एल0तारन व हमारे गुरू पं0 रमाकान्त तिवारी के हस्तक्षेप से बिना लिखा

पढी के छोड दिया था। उस समय तक कुछ ज्यादा नहीं समझते भी नहीं थे।

केदार गुर्जर का पकडना-

इस थाने की परस्थापना के दौरान एक घटना के बारे में यह बताना जरूरी समझते हैं कि राम बडे हैं वो सब देखते हैं और अच्छे बुरे का हिसाब रखते हैं। एक नौजवान केदार गूर्जर डकैत नि0 थाना सैयां क्षेत्र उत्तर प्रदेश जो पान सिहं तोमर के भाई मातादीन वाली मुटभेड में से बच निकला था, मातादीन व अन्य बारे गए थे। यह डकैत ग्राम पवा-पावटा जिला ग्वालियर की हुई डकैती में शामिल था, उसने डकैती के दौरान काछी की दो छोटी बेटियों का बलात्कार किया था (बलात्कार की बात ऑफ द रिकार्ड रही)।

इसकी सूचना मुखविर के जर्ये हमारे बैचमेट रामस्वरूप दॉगी उप-निरीक्षक जो थाना प्रभारी मुरैना जिले में ही पदस्थ था, को मिली कि यह खुसलना की डॉग में एक नई नवेली प्रेमिका के साथ रंग रेलियां मना रहा है। उसने यह सूचना मुरैना जिले के सी0आई0डी0 इंसपैक्टर रामसेवक पटसारिया शेयर की व उन्होंने तत्कालीन पुलिस अधीक्षक सी0पी0 सिंह को बताई। इन तीनों ने तय किया कि केदार गूर्जर डकैत को जिन्दा पकडा जाय, लेकिन पकडने कौन जाय यह तय हो नहीं पाया?

अगले दिन फिर चर्चा चली, मुखविर को पु0अ0 से मिलवाया, मुखविर ने साफ कह दिया कि व पकडवा देगा पर उसे जिन्दा रखना क्योंकि उसका जिन्दा रहना उसके परिवार के लिए खतरा बन जाएगा। शाम को पु0अ0 बंगले पर बुलाया और सरल तरीके से हमें बताया कि एक नया लडका 16-17 साल का है उसे पकडना है, पटसारिया और दांगी के साथ चले जाना उनकी हिम्मत टूट रही है, आपको साथ लेकर पकडना चाहते हैं। हमने बिना सोचे समझे हॉ कर दी। एक सरकारी जीप में हम, दागी, पटसारिया साहब उनका एक पुलिस आर0 ओमप्रकाश पटसारिया रिस्तेदार व ड्रायवर के साथ रात 10 बजे खुसलना डॉग रिठौरा इलाके तरफ चल दिए।

रास्ते में हमने दॉगी व पटसारिया से पूछा कि टास्क क्या है तो सरल रूप में हमें जबाब दे दिया कि कोई खास टास्क नहीं, मुखविर चला गया है, वह केदार को अपने साथ ले आएगा और हमको उसे पेश कर देगा। हम मुखविर के बताए हुए स्थान पर रूक गए। दॉगी व पटसारिया साहब से पूछा कि प्रभारी रिठौरा को सूचित कर दिया? योजना के मुताविक बताना नहीं है। रात को 12 बजे दॉगी के पास आया, उसे अलग ले गया कुछ बात करके लौट कर आया और बताया कि मुखविर के साथ नहीं आया, उसकी प्रेमिका अभी-2 आई है, एक घंटा कहीं नहीं जाएगा, उसके बाद इस बात पर तैयार हुआ कि एक बजे पढावली पुलिया से निकल कर पढावली जायेंगे, हाजिर होने के लिए मना कर दिया पकडना पडेगा।

पार्टी की स्थिति अच्छी नहीं थी। उधर न पकडे जाने से पु0अ0 के नाराज होने का दर भी सता रहा था, कथित पुलिया पर गुजरते समय पकडने की योजना बनी। अन्तिम दौर में कोई भी पुलिया के प्रवेश द्वार पर मौत के मुँह में खडे होने के लिए हमको चुना गया। भकाभक चॉदनी रात, रात का सन्नाटा, कमीज दूर ही दिखती थी। ड्रायवर बाहन पर दूर खडा। पुलिया

के प्रवेश द्वार पर हम, डॉगी पुलिया के एक्जिट पर, पटसारियाा साहब व उनके भतीजे प्रवेश द्वार से एक खेत दूर आने रास्ते के दायें व वायें पोजीशन में लगे। हमारी कमीज पुलिया में भी अपनी छटा बिखेरती चमक रही थी, दिमांग दौडाया तो कमीज को उतार दिया, बनियान ग्रे कलर की जालीदार थी। इन्तजार कर रहे ही थे कि दो व्यक्ति पुलिया की ओर आने वाले रास्ते से बात करते हुए चले आ रहे हैं।

मौत को सामने खडे देखा-

पुलिया के प्रवेश द्वार से 8-10 फीट दूर उनमें से एक व्यक्ति ने अपनी जेब से निकाला और बोला-कट्टा चलाकर देख लें और कट्टा लोड कर लिया, तब तक रोड की पुलिया के प्रवेश आ चुके। सांस बन्द थी, ये भी मालूम नहीं कि डकैत कौनसा है और मुखविर कौनसा है, सोचने का समय नहीं, मौत का खतरा सामने, हमने राम का नाम लेकर एक साथ दोनों को जमीन पर पटक लिया और चिल्ला दिया कि आ जाओं पर 3-4 मिनट्स तक इनमें कोई नहीं आया, हमने डॉगी को गाली देकर कहा कि मरवा दोगे ये तो बता दो कि डकैत कौनसा है, दोनों ही हमसे छुटने का भरसक प्रयास कर रहे थे। ये अभी तक नहीं आए तो हमने कहा कि तुम नहीं आ रहे तो इन दोनो को शूट कर देता हूँ। इतनी बात सुनकर पटसारिया, फिर उनका भतीजा और सबके बाद डॉगी आए। डॉगी दूर था, वहीं से कह रहा था कि मुखविर टूटा है।

अन्तिम दौर में, इनके आने तक हम दाहिने हाथ में रिवाल्वर लिए एक हाथ से व्यक्ति को काबू किए और पैरो के सहारे दूसरे को दबाए थे। हम चारों ने दोनों को खडा किया, पैरो से दबे व्यक्ति के एक हाथ कोहनी से नहीं था, दूसरे से नाम पूछा तो उसने अपना नाम केदार गुर्जर सैंया आगरा बताया। शोरगुल सुनकर ड्रायवर जीप लेकर आ गया था, तुरंत जीप में बैठ कर एक घटे बाद पु0अ0 के बंगले पर पहुँच गएं। पटसारिया साहब अन्दर गए,पु0अ0 से बात कर तुरंत आ गए और इसे दिमनी लेकर पहुँचो, आधा घंटे में दिमनी पहुँचे थाना प्रभारी जबलपुर गए हुए थे। दिन निकलने वाला था केदार को दिमनी की हवालात में बन्द कर दिया और हम अपने थाने माताबसैया वापस पहुँच गए।

केदार गुर्जर का एन्कांऊन्टर-

तीन दिन बाद डी0एस0पी0 इन्द्रजीत सिंह चौहान का वायर लैस आया कि अम्बाह डिवीजन के सभी थाना प्रभारी अपने साथ 1-4 का बल लेकर शाम के 8 बजे तक थाना नगरा में दबिश हेतु आमद दें। ऐसा ही हुआ पूरा फोर्स नगरा थाना में आमद हुआ और ब्रीफिंग के बाद कुरैठा की नहर की पुलिया के पास सभी पहुँच गए। थोडी देर में माजरा समझ में आया कि तीन दिन पहले जिस डकैत को आज मारना है, अति तब हो गयी जब हमसे अम्बाह के थाना प्रभारी रामसुन्दर तिवारी ने हमसे ही कहा कि इसे मारो आप ही पकड कर लाये हो, बस क्या था हम आपे से बाहर हो गए और चिल्लाना शुरू कर दिया कि हम न मारेंगे ना मारने देंगे, तिवारी जी को तो गाली भी मुँह से निकल गई। हमने विरोध कर दिया तो हमको कई लोग पकड कर बैठ गए।

फिर रामसुन्दर तिवारी ने अभय सिंह कुशवाह थाना प्रभारी रिठौरा से कहा मारो तो

उन्होने कहा हथकडी को खोल दो तो मना कर दिया, भाग जाएगा। थाना प्रभारी ने हवा में गोली चलाई तो सिपाहियों से हथकडी छोड दी और वह भाग गया, तब चिल्ल पौं हुई तो एस0एन0उपाध्याय प्रभारी नगरा ने निशाना लगाकर उसे शूट कर दिया। पार्टी इंचार्ज डी0एस0पी0 इन्द्रजीतसिंह चौहान से साथ में नेकराम सिंह गुर्जर जो जीप में बैठे शाम रंगीन बना रहे थे। सुवह हमने पु0अ0 को इस सब की शिकायत की तो समझाने लगे अभी तुम नए हो, कभी 2 ऐसा भी करना होता है। वो भला इंसान नहीं था, उसने पवा पावटा की डकैती के समय काछी की दो लडकियों के साथ बलात्कार किया था। हम को समझा बुझा कर थाने की ओर चलता कर दिया। लेकिन राम बडे हैं, उनके निराले खेल है।

बिना ट्रायल सजा-

रामसेवक पटसारिया सीआईडी इंसपैक्टर की पत्नी के लुंज पुंज लडका पैदा हुआ, रामरूवरूप् दांगीं का छोटा बेटा मरा। अभय सिंह कुशवाह की पत्नी के कोई संतान नहीं दूसरी शादी की तब संतान सुख मिला, नेकराम सिंह के आठ लडकियॉ हुई लडका नहीं हुआ और एक जवान दामाद की अकाल मृत्यु हुई, रामसुन्दर तिवारी व उपाध्याय के यहॉ बडी घटना सुनी और हमारे सिर में रमेश सिंह सिकरवार की मुटभेड में गोली लगी 11 दिन कौंमा में रहा और 40 दिन जीवन व मौत के बीच झूलता रहा, ऊपर वाले की नजर में कम दोषी थे तो जिन्दा हैं। अन्यथा की स्थिति में सिंर में .303 बोर की रायफल से लगी स्कल के वाएं तरफ की पैराइटल बोन पौने तीन इंच के हिस्से को फैक्चर कर कई हिस्सों में बिखर गयी। तत्समय हमारा इलाज करने वाले डॉ0 रामकुमार रघुवंशी ने कहा था कि रूहल के मामले में मैडीकल की प्रत्येक विधा फेल हो गई, यह कैसे जिंदा रहे ऊपर वाला ही जाने। डॉ0 रामकुमार रघुवंशी परलोवासी हो गए, उनको ब्लड कैंसर था। किसी को पकड कर नहीं मारना चाहिए चाहे वा बलात्कारी या डकैत ही क्यों न हो। दुख यह भी रहा कि उक्त डकैत नेकराम सिंह का दूर का रिस्तेदार था ऐसा पता चला। पु0अ0 सीपी सिंह की लडकी पागल हुई, सबको बिना ट्रायल सजा हुई।

महाभारत का भीष्म-कृष्ण का अन्तिम संवादः-

यहॉ महाभारत का भीष्म-कृष्ण का अन्तिम संवाद तो सभी लोग जातने हैं, किसी ने पढा होगा किसी ने सुना होगा, किसी ने चल चित्रों में देखा होगा। उक्त संवाद में पूर्ण रूप से न लिखते हुए केवल श्री कृष्ण के एक उत्तर को यहां लेख किया जा रहा है-

" श्री कृष्ण-शिक्षा इतिहास से ली जाती है लेकिन निर्णय वर्तमान के आधार पर लिया जाता है। राम त्रेता युग के नायक थे उस समय रावण जैसा खलनायक भी शिव भक्त था और धर्म का महाज्ञानी था इसलिए श्री राम ने उनके साथ कहीं छल नहीं किया।

लेकिन मुझे द्वापर युग मिला और इस युग में कंस, जरासंध, शकुनी, दुर्योधन, दुष्शासन जैसे कपटी लोग आये इस लिए उनकी समाप्ति के लिए हर छल उचित है। पाप का अंत आवश्यक है चाहे वह जिस विधि से हो।"

उपरोक्त विषयों की मीमांसा हम पाठकों के हाथों में सोंपते हैं कि उपरोक्त में पुलिस का

कृत्य क्या श्री कृष्ण के वक्तव्य से मेल खाता है और क्षम्य है?

घोडा रंगे हाथ गिरफ्तार-

इसके बाद ग्राम परीक्षा में पुलिस चौकी पर बिजिलैन्स की रेड हुई जिसमें बामसौली निवासी प्र0आर0 71 रनवीर सिंह उर्फ घोडा रंगे हाथों रिश्वत लेते पकडे गए और उस केस में चौकी परीक्षा के प्रभारी सन्तसिंह भदोरिया को भी मुल0 बनाया। दोनों को निलंबित कर पुलिस लाइन संबद्ध करने के आदेश पुलिस अधीक्षक मुरैना ने जारी कर दिए। अगले दिन दोनों अधिकारियों को पुलिस लाइन रवानगी देने हेतु चौकी पर नई व्यवस्था कर थाने पर बुला लिया था परन्तु नियति को कुछ और ही मंजूर था।

जब लिखित आदेश मंहगा पडा-

उसी समय तत्कालीन सी0 आई0 राधाचरन पाण्डेय थाने पर पधारे साथ में एक मुखविर जो हमारा ही मुखविर था, उसे सामने करते हुए सी0आई0 साहब ने पूछा, आपके इस मुखविर में कितनी दम है? हमारा परखा हुआ मुखविर था तो हमने सीधा बोल दिया कि यह झूंट नहीं बोलता।

बस सी0आई साहब ने कहा यह परीक्षा से चोरी गयी बन्दूक बरामद कराना चाहता है, ए0एस0आई0 सन्त सिंह को फोर्स लेकर तुकैडा जिला भिण्ड भेज दो तो बन्दूक बरामद हो जाएगी। हमने स्थिति बताई कि ये दोनों निलंबित हो गए है और इन्हें अभी तुरंत पुलिस लाइन रवाना करना हैं पर सी0आई0 साहब अड गए और लिखित आदेश जारी कर दिया और ए0एस0आई0 सन्त सिंह को ग्राम तुकैडा रवाना कर दिया।

घोडा ने सन्त को पिटवाया डकैती कायम-

उधर तुकैडा में संन्त सिंह भदोरिया का कैम्प रात को था और ग्राम के प्र0आर0 रनवीर सिंह के रिस्तेदारों संन्तसिंह के साथ मार पीट कर संगीन वारदात कर दी और कानून के माहिर ए0एस0आई0 ने थाना गोहद में डकैती का मामला कायम करा दिया। इस घटना की रेडियो मैंसेज पास जैसे ही हुई तो पुलिस अधीक्षक मुरैना हरकत में आए और जिन सवार थी, हमें वायर लैस सैट पर जो बन पडा सुना डाला, हमारी कतई नहीं सुनी और हमें वायर सैट से ही आदेश सस्पैण्ड का सुना दिया और साल की बहादुरी व विवेक पूर्ण थानेदारी की धज्जियॉ उड गयी।

माता बसैया छोडना पडा-

हमने हिम्मत कर कहने की कोशिश की कि थाने पर कोई सक्षम पुलिस अधिकारी नहीं है चार्ज किसको सुपुर्द करें तो जबाब मिला भाड मे जाए थाना, तुरंत डी0आर0पी0 लाइन आमद दो, फिर देरी नहीं उप0 प्र0आर0 को चार्ज सोंप कर मुरैना लाइन में आमद दे दी और रिपोर्ट पुलिस अधीक्षक को दे दी। इन्तजार पी0ई0 तथा डी0ई0 का पर कुछ नहीं, नोटिस भी नहीं और हमें देवगढ थाने का थाना प्रभारी पोस्टिंग कर दी। आत्म कथा में इस प्रसंग का लिखने मकसद नहीं था लिखना यों जरूरी था कि उस समय के अधिकारी व वर्तमान के अधिकारी में कितना अन्तर रहा, आज की स्थिति में एक पुलिंदा तैयार जरूर होता। इस थाने में होली

मनाने के लिए पूरे स्टाफ को छोडकर अनूठा रिकार्ड बनाया।

बुलाखी की बस को चलानाः-

माताबसैया थाने की तैनाती में बसैया से मुरैना मात्र एक बस चलती थी वो भी एक फेरा लगाती थी। खेरिया के बुलाखी गुर्जर ठाकुर का बस थी। बुलाखी अच्छे इंसान थे। एक दिन बस भर चुकी थी लेकिन ड्रायवर नहीं आया था, हमको भी उसी बस से मुरैना कार्य सरकार से जाना था। सवारी बहुत ऊधम कर रही थी। हमको सवारियों ने उकसाया और अपने मन में भी आ गई कि जनता परेशान हो रही है तो हम ड्रायवर सीट पर बैठ गए और बस को स्टार्ट कर चल दिए। मालिक बैठा हुआ था लेकिन ड्रायवर नहीं था। अजनोधा गांव तरफ से ड्रायवर सामने से आ गया उसे बैठा लिया।

बस एक्सीडेंट महिला घायल-

अजनौधा गांव की सरहद पार कर अगले गांव की तरफ बढे तो वहां एक तिरछी पुलिया जो खतरनाक थी ब्रेक गया तो फेल था। सभी सवारियों को आगाह किया गाडी को कन्टोल किया। सामने से शिवशंकर बस ने क्रोसिग पर साइड में हल्की सी ठोकर देकर बस को काबू किया किसी को चोट नहीं लगी मात्र एक महिला की नांक पर हल्की चोट आई जो आगाही के बाद भी सो रही थी। फिर भी पुलिस अधिकारी को ऐसा काम नही करना चाहिए।

माता बसैया की महिमा-

जग प्रसिद्ध माता बसैया में लोगो की बडी आस्था है। हमारे समय में माता के पुजारी कुतवार निवासी एक पंडित थे। इत्तफाक से मुरैना के पूर्व शासकीय अधिवक्ता स्व0 नागेन्द्र बहादूर के सुपुत्र डॉ0 स्व0 जितेन्द्र चतुर्वेदी और तत्समय जनता युवा मोर्चा के जिला अध्यक्ष थे हमारे दोस्त थे बडा घरोबा था। जितेन्द्र के पास एक राजदूत मोटर साईकिल थी ज्यादातर हम उसे उपयोग में लिया करते थे। पुजारी जितेन्द्र चतुर्वेदी के मामा थे हम भी पुजारी जी को मामा ही कह कर पुकारते थे।

बसैया माता के भोग का नाश्ता-

पूजा के तुरंत बाद माता के प्रसाद के रूप में भोग लगने के बाद पुजारी देशी घी का बना थाली भरा हलुआ थाना प्रभारी की मेज पर ले कर आते थे और प्रसाद के रूप में हमे हलुआ खिलाते थे। बराबर मना करने के बाद भी पुजारी जी मामा भानजे का रिस्ता निभाते रहे। कहने की बात नहीं पर आज कहना है हम उसी क्रम में स्नान घ्यान से फ्री होकर बर्दी लगाकर थाना प्रभारी की कुर्सी पर बिराजमान हो जाते थे और पूरे एक साल के कार्यकाल में मामाजी ने ही सुबह का नाश्ता कराया।

हमारी शादी नहीं हुई थी। मैया के दर्शन और कार्य सरकार और कुछ नहीं। खाना हमारा एक आरक्षक 342 जगन्नाथ पारासर बनाता था। वो वफादार इंसान गोलोकवासी हो गया। उल्लेखनीय हम उत्तर प्रदेश के बुलन्दशहर के निवासी हैं सर्दी के मौसम में मक्का की रोटी और सरसों का साग नहीं मिले तो ऐसा लगता है कि खानपान ठीक से नहीं चल रहा। एक बार जगन्नाथ पारासर को भी अपने गांव घुमा लाए थे और मक्का का टाटा भी ले आए थे। स्टाफ

की महिलाओं से मक्का की रोटी की पेशकस की गयी पर किसी से मक्का की रोटी नहीं बनी
जब मक्का की रोटी जगन्नाथ ने बनाई-
सभी गैंहू, ज्वार व बाजरा आदि की रोटी बनाने में पारंगत थी पर मक्का की रोटी बनाने की अभ्यस्थ नहीं थीं। जगन्नाथ पारासर ने ये हाल देखा तो हमसे बोला कि मक्का की रोटी वो बनायेगा। हमने पूछा कि वह कैसे बनाएगा जब यहां की महिलाएं नहीं बना पा रही तो आप कैसे बना लोगे? उसने बताया कि जब हम गांव रौंण्डा गए थे तो मक्का की रोटी व सरसों का साग का ही भोजन किया था और चूल्हे के सामने ही बैठ कर खाना खाया था तभी उसने माँ को रोटी बनाते देखा था उसी तरह मैं बना सकता हूँ। जगन्नाथ ने मक्का की रोटी बनाकर खिलाई। आज मां और जगन्नाथ दोनों ही नहीं हैं यादें शेष हैं।
नगरा का मलखान सिंह गुर्जर-
थाना प्रभारी माता बसैया के कार्य काल में एक अजीव रिपोर्ट आई। फरियादी थे नगरा सिलावली के मलखान सिंह। बाएं भुजा पर कोहनी से ऊपर चोट का निशान था उसने अपने दुश्मनों के नाम से रिपोर्ट की कि उन्होनें उसे जान से मारने की नीयत से उसको गोली मारी है। हमने कातिलाना हमला ता0हि0 की धारा 307 का मामला कायम कर विवेचना की और मामला झूंटा सिद्ध पाया और उसके मुताविक उल्टी कार्यवाही की। उक्त विवेचना की सराहना वरिष्ठ अधिकारियों तक हुई। इस मामले को लिखने का मतलब वाही वाही लेना नहीं था बल्कि इस क्षेत्र में झूंटी रिपोर्ट करने की प्रथा को इंगित करना है जो अभी भी अस्तित्त में है पुलिस को इस ओर विशेष गौर कर अनुसंधान पूर्ण करने की महती आवश्यकता होगी।

5

थाना प्रभारी देवगढ जिला मरैना-

थाना प्रभारी देवगढ ज्वाइन से पहले हमने दो दिन का आकस्मिक अवकाश लिया क्योंकि हमारा दिनॉक 25 फरबरी 1982 को एंगेजमैंट (सिक्का) होना था। उस पुनीत मौके पर हम अपने गॉव रौण्डा पहुॅच गए और उक्त नियत 25 फरबरी 1982 को ग्राम बिरौली जिला बुलन्दशहर के चैधरी हीरा सिंह उस समय उत्तर प्रदेश शिक्षा विभाग में जिला विद्यालय निरीक्षक के पद पर कार्यरत थे, बाद में एडीशनल डायरेक्टर शिक्षा विभाग से सेवा निवृत होकर पैन्शन लाभ ले रहे हैं की सुपुत्री सुश्री पुष्पा रानी से हमारी शादी तय होने के बाद सिक्का चढा दिया (एंगेजमैंन्ट की रश्म पूरी हो गयी)।

दिनॉक 27 फरबरी 1982 को देवगढ पहुॅच कर थाना प्रभारी देवगढ का चार्ज संभाल लिया। मुरैना मुख्यालय से देवगढ एबीसी केनाल के रास्ते से 29 किमी दूरी पर है। अब तो नहर पर रोड बन गई है पर उस समय नहर की पटरी से जाना होता था।रास्ते में इतने गडढे थे कि बुलट का पहिया पूरा समा जाता था। यह वो इलाका है जहॉ एक तरफ चम्बल नदी जो मध्य प्रदेश और राजस्थान का बॉर्डर बनाती है और दूसरी तरफ कुंवारी नदी दो समानान्तर बहती हुई पडौसी जिला भिण्ड को पार करती हुई उत्तर प्रदेश के जिला इटावा में पचनदे में यमुना नदी में मिल जाती हैं।

देवगढ किसी भी विभाग के अधिकारियों को तत्समय काम करना दुरूह कार्य था। इस क्षेत्र में कोटा बैराज से एबीसी केनाल निकली है जो भिण्ड जिले में जाकर समाप्त हो जाती है, के आने से खेती में रूचि बढी है जिससे अपराधों में गिरावट आई है। राजस्थान के डकैतों का घटना कर मध्य प्रदेश में प्रवेश में से यह एक थाना था। इसी प्रकार मध्यप्रदेश के डकैतों का भी घटना कर चम्बल पार कर राजस्थान में निकल जाना आम बात थी। राजस्थान के गुर्जर आदि जाति के लोग चोरी कर वापस चले जाते था।

चम्बल पार से चोरों के आने पर प्रतिबन्धः-

चोरों पर कार्यवाही कर एक तरह से उनके इस क्षेत्र से गुजरने पर प्रतिबन्ध सा लगा दिया गया। क्षेत्र में हरियाई (नुक्सान रसानी) तथा नहर के पानी की चोरी ये छोटे अपराधों से त्राही-2 मची थी उधर पानसिंह तोमर की दो लडकियॉ इसी क्षेत्र में ब्याही थी उसके गैंग का पुलिस मुठभेड में सफाया होने के बाद उसके भतीजे बलवन्त के गैंग बना लिया था उसका

मूव्हमेन्ट स्वाभाविक तोर से रहता था। अपहरण की घटनाएं हो रही थी। गुर्जर गैंग, ठाकुर गैंग, काछी गैंग, गडरिया गैंग आदि का मूव्हमैंन्ट भी रहता था।

गैंग भूरा गडरिया का मूव्हमैंटः-

भूरा गडरिया ग्राम तिलघना थाना तिघरा जिला ग्वालियर का गैंग इस समय घमासान मचाए था, आए दिन अपहरण आदि की वारदात कर रहा था, यहॉ तक कि मध्यप्रदेश छोड, राजस्थान व उत्तरप्रदेश को भी अपना अपराध क्षेत्र बनाए हुए था। इसी क्रम में भूरा गडरिया गैंग ने आगरा सैंया थाना क्षेत्र के एक गॉव से एक धोबी तथा एक भडभूजा का अपहरण कर राजस्थान के डॉग बसई थाना क्षेत्र में मय अपहरित व्यक्तियों के आश्रय पा रहा था। इन दो अपहरणों का ज्यादा शोर हुआ और यू0पी0 पुलिस बेबस हो गयी और राजस्थान पुलिस पर डकैतो को आश्रय देने की भी शिकायत ऊपर तक करती नजर आई।

डकैत भूरा गडरिया गैंग से एकाउन्टर-

यू0पी0 पुलिस की एप्रोच मध्यप्रदेश पर आई और घूमकर पकड छुडाने की जिम्मेदारी हमारी सिर आ गयी। तत्कालीन एस0डी0ओ0पी0 श्री आर0सी0 पटेल ने भी रूचि दिखाई और मुटभेड लेकर भूरा गडरिया के चंगुल से दोनों अपहृतों को मुक्त कराया, डकैत रामस्वरूप को गिर0 किया, गैंग लीडर भूरा गडरिया की लाश उफनती चम्बल नहीं में बह गयी और विशेष के वावजूद भी बरामद नहीं हुई, बदमाशान के हथियार व डेली यूज का सामान बरामद हुआ। उस संबंध में अपराध क्र0 63/82 धारा 307, 34 ता0हि0, 25, 27 आम्र्स एक्ट तथा 11, 13 डकैती अधिनियम में पंजीबद्ध किया और अभियोजन के लिए पेश अदालत किया गया, आरोपी को सभी धाराओं सजा हुई।

उपरोक्त मुटभेड के संदर्भ में बताना जरूरी समझते हैं कि जब भूरा गडरिया की लाश उफनती चम्बल नदी में बह गयी और तलाशने पर भी नहीं मिली तो मुटभेड में गिरफतार डकैत रामस्वरूप गडरिया निवासी खडिया बेहड को पार्टी लीडर स्व0 आर0सी0पटेल तत्कालीन एसडीओपी जौरा ने मारने की पेश की और कई तरह से हमें तैयार कारने की असफल कोशिश की पर अन्त में हमने उनको फोर्स के सामने मैं ही कह दिया कि रामस्वरूप की हथकडी की चाबी रूहल की जेब में है और जिन्दे की जेब से चाबी नहीं निकाल सकते और अन्ततः उसके प्राण बच गए। बाद में लोटते समय हमने पटेल साहब से पूछ लिया कि वह ऐसा क्यों चाहते थे तो हंस कर जबाब दिया कि वह आपको तोल रहे थें।

मुटभेड में भूरा गडरिया की लाश बरामद न होने से उसके सिर पर घोषित 5000/-रूपये अभी तक नहीं दिया गया जबकि माननीय अपर सत्र न्यायालय मुरैना ने अपने निर्णय में भूरा गडरिया को मृत घोषित किया है इसे आप जुडीडियल मौत कह सकते हैं। इसके बाद भी उसके ऊपर घोषित इनाम क्यों नहीं दिया समझ से परे हैं।

धारा दिल्ली से लाया हैः-

उपरोक्त दो छोटे अपराधों नुक्सान रसानी धारा 440 ता0हि0 तथा 430 ता0हि0 कई कार्यवाही की, जिनकी पहले अक्सर कार्यवाही नहीं होती थी, से इलाके में हंका मच गया और

यह कहकर कि "ये जाट थानेदार तो जुल्म कर रहा है दिल्ली से धारा लाया है, कछु न कछा हरियाई काऊ खेत से लै लई तो धारा नहर कौ कुलाबौ फोड दो और अपने खेत में पानी भर लौ तो धारा, मार डारे या थानेदार ने।"

बनवारी अपहरण काण्ड-

खैर दो अपहरण बनबारी खिटौरा तथा लौहरे ब्राहम्ण देवगढ की चर्चा हम यहाँ करेंगे। पानसिंह तोमर के पुलिस मुठभेड के मारे जाने के बाद उसके भतीजे बलवन्त पुत्र मातादीन (पानसिंह तोमर का बडा भाई) ने गैंग बना लिया था और एक दिन गैंग के साथ ग्राम खिटौरा में आ धमका और सरपंच बद्री त्यागी के खलियान से उसे, उसके भाई बनबारी व छुट्टन मुसलमान का अपहरण कर ले गया।

तीन में से दो अपहृत गैंग से चम्बल क्रौस करने से पहले मुक्त कराए-

घटना की सूचना हमें थाने पर आकर दी सूक्ष्म पूछताछ की, आनन-फानन में जो फोर्स उपलब्ध था, को लेकर गैंग की सरकोवी के लिए निकल पडे। गैंग के चम्बल पार करने वाले संभावित रास्ते पर चम्बल नदी से पहले एम्बूस लगा दिया। करीब आधा-पौन घंटे बाद गैंग की पदचाप सुनाई दी, लेकिन गैंग से पहले ही समझ गया कि पुलिस लगी और गैंग से एक व्यक्ति चिल्लाया कि भागो पुलिस! जब तक गैंग को घेरने की कोशिश तो घेरे में दो डकैत न होकर दो बनवारी के साथ हुए अपहरित व्यक्ति बद्री सरपंच तथा छंट्टन मुसलमान थे, गैंग चम्बल के भरकों का फायदा उठाकर निकल भागने में सफल हो गया।

दोनों अपहरित व्यक्तियों से पूछताछ की तो पता चला कि अपहरण के बाद गैंग लीडर ने गैंग को दो टुकडियों में विभक्त कर अलग-2 रास्ते से जाकर चम्बल पार करने को बताया था। फिर भी आस-पास गैंग की पतारसी हेतु सर्चिंग की, गैंग की पता नहीं चला ऐसा ही आभाष हुआ कि गैंग की एक टुकडी अपहरित बनवारी को लेकर चम्बल नदी पार कर गयी। सुबह तक और फौर्स आने पर चम्बल नदी के दोनों तरफ सर्चिंग की पर गैंग बदमाशान की पतारसी न हो सकी। बाद में बडी मुश्किल से अपहरित बनवारी को गैंग के चंगुल से मुक्त कराया गया।

नंदपुरा हत्या काण्डः-

नंदपुरा थाना देवगढ क्षेत्र का वह गांव है जहां एक व्यक्ति को मारने के लिए पांच लोगो का खून हो गया पर वह जिन्दा रहा। कहानी लम्बी है फिर बताना जरूरी है। इस गांव के दो भाई डोंगर बटुरी थे जो उंटो पर बैठ कर गैंग चलाते थे लूट , डकैती, अपहरण आदि अपराध करते थे। इतिहास बताता है कि अपहरण या कहें पकड की शुरूवात इन्हीं के द्वारा की गई। यहां बता दें कि अगेंजो ने दस्यू समस्या को हल करने के लिए एक अग्रेंज कलैक्टर जंग साहब को मुरैना पदस्थ का भेजा था।

उस समय चंबल नदी पर पुल नहीं था स्टीमर के माध्यम से आवागमन होता था। चंबल को पार करते ही कलैक्टर जंग का अपहरण डोंगर बटुरी गैंग ने कर लिया था, बाद में मुक्त किया था। यह एपीसोड मुरैना के इतिहास से गायब है। उनके मरने के बाद डोगर सिंह का

बेटा परशुराम सिंह सिकरवार बडा हुआ, पढा लिखा और कांग्रेस पार्टी का पदाधिकारी बना। बाद में गांव के रहस्य भरी बातों पर गांव के भारत सिंह सिकरवार को मारने के चक्कर में उसके परिवार के पांच लोगों का मर्डर कर दिया और फरार हो गया।

पुलिस मुटभेड की कहानी के मुताविक मुरैना जिले के थाना क्षेत्र पहाडगढ में परशुराम पुलिस मुटभेड में मारा गया और एक दिग्गज आय पी एस डी डी गुप्ता सहित अन्य अधिकारियों ने गैलैंटरी मैडल भी ले लिए पर परशुराम जिंदा रहा यह कहानी अभी तक भी समाप्त नहीं हुई। परशुराम का परिवार अहमदाबाद में रहता रहा। उसका बेटा मुरैना में रेल्वे रोड पर होटल चलाता रहा। उसकी बेटी हौनहार आशा सिकरवार मुरैना में ही रहती है एडवोकेट है और सामाजिक गतिविधियों में बढ चढकर भाग लेती है और परिचय की मोहताज नहीं है। आशा ने अच्छे कार्य कर अपना नाम रोशन किया है। हत्याकाण्ड के संबंध में अपराध क्रमांक 37 से 41/76 कायम होकर हमें लंबित मिले थे।

विवेचना शून्य जैसी पढी थी। मामले मे नामजद मुलजिम की प्ली ऑफ एलिबी पर विवेचना पूर्ण नहीं हुई थी। नामजद मुल0 आर्मी, अहमदाबाद न्यायालय व अन्य स्थानों पर बताए गए थे। अनुसंधान को पूर्णता की ओर हम लाए जिसे हमारे वारिश थाना प्रभारी ने मामले को न्यायालय में पहुंचाया।

डीजीपी के भाई की भैंस चोरी नए आयपीएस डॉ0 आनंद कुमार ने की बरामद-

देवगढ थाने की तैनाती में एक भैंस चोरी की घटना थाना बरगवां क्षेत्र मे हुई। इस मामले में तत्कालीन डीजीपी श्री एच एम जोशी के बडे भाई की 84 भैंस चोरी हो गई थी। उन भैंसों की बरामदगी की जिम्मेदारी नवागत आयपीएस डॉ0 आनन्द कुमार तत्कालीन अतिरिक्त पुलिस अधीक्षक मुरैना को दी गयी। एक रात डॉ0 आनंद कुमार पुलिस लाइन्स से भारी भरकम बल को एक बडे ट्रक में भरकर थाना देवगढ पहुँच गए और उन्होनें बताया कि बरगवां थाना क्षेत्र की चोरी गई भैंस चम्बल पार गई हैं उनको बरामद कराना हैं। उल्लेखनीय है कि डॉ0 आनन्दकुमार भारतीय पुलिस के गिनती के इमानदार आयपीएस अधिकारियों में गिने जाने वाले अधिकारी होकर स्पेशल डायरेक्टर इन्टेलीजैंस ब्यूरो, ग्रह मंत्रालय भारत सरकार से सेवा निवृत होकर राष्ट्र निर्माण पार्टी के राष्ट्रीय अध्यक्ष हैं।

हमने अपने मुखविरों से चर्चा की तो उन्होनें बताया कि अपने थाने के सामने चम्बल पार गुर्जर लोगों का गॉव बरपुरा थाना डांग बसई जिला धौलपुर (राजस्थान) के हार में टैना के टैना बाढ से घिरी चारदीवारी में चोरी की भैसें बंधीं हैं। इस सूचना को आधार बनाकर डॉ0 आनंद कुमार के नेतृत्व में उनका बल व हमारे साथ थाना देवगढ का बल पैदल चल कर चम्बल नदी पार कर गांव बरपुरा पहुॅचे तो पूरा गांव खाली था, पुलिस की सूचना मिलते ही सभी लोग भाग गए मात्र बूढे ढेरे कुछ महिलाएं व छोटे बच्चे रह गए थे। घनघोर काली रात, भैंस चोरी डीजीपी के बडे भाई की, बरामदगी की जिम्मेदारी नव नियुक्त आयपीएस की जिन्हें केवल और केवल भैंसों की बरामदगी से मतलव था। गॉव बरपुरा का कोई भी पुलिस के पास आनें को तैयार नहीं हुआ।

मुखविर पुलिस में एक विशेष व्यक्ति होता है, जो काम कोई न सके उसे मुखविर का देता है ऐसे ही एक मुखविर की सूचना पर हम काम कर रहे हैं, वह हमें एक बाढ लगे घिरे हुए स्थान पर ले गया और बोला यह रही चोरी की भैंसें। गिनती की तो 62 भैंस थीं। भैंस 84 चोरी गयीं थीं। डॉ0आनन्द कुमार का कहना था कि भैंस तो पूरी बरामद होनी चाहिए। मुखविर से पुनः बातचीत की और हरहिकमतअमली से अन्य भैंसो की बरामदगी के बारे में मदद करने को कहा। अन्ततः वह तैयार हो गया और वहॉ से थोडी दूरी पर एक दूसरा बाढ लगा स्थान था हमने बताए स्थान पर जाकर देखा तो वहॉ 38 भैंस व पडा मिले, डॉ0 को बताया तो बहुत खुश हुए। मुखविर ने पुष्टि कर दी कि डीजीपी के भाई की चोरी गई भैंस यही हैं।

बरामदगी के संबंध में डॉ0 साहब से अपराध, अनुसंधान व विधि के संबंध में चर्चा की गई और निर्देशानुसार 100 भैंस व पडा साथी पुलिस बल की सहायता से चम्बल नदी पार कर थाना देवगढ पहुॅचे और बडे ट्रक में सभी भैंस व पडे भरवाने लगे तभी एक मरियल पडा पर नजर पडी जो मरणासन्न स्थिति में था, यहॉ तक कैसे आ गया? इसके बारे में डॉ0 साहब को बताया कि वह वरगवां तक नहीं पहुॅच पाएगा, उसे यहीं छोडना उचित होगा। डॉ0 आनंन्द कुमार ने हमारी बात मानी और उस छोटे से पडा को छोड दिया और अन्य भैंस व पडा को ट्रक में भरवा कर वरगवां को पुलिस बल के साथ रवाना कर दिया।

रूहल साहब का पडा-

उस छोटे पडा को यूं ही चरने को छोड दिया जो खेतों में चरता हुआ बडा हो गया और वह "रूहल साहब का पडा" के नाम से मशहूर हुआ और थाना देवगढ तथा चिन्नौनी क्षेत्रों में भैंसों की आने वाली पीढियों की बढोत्तरी में सहायक रहा। कई वर्षों तक हमारे नाम से चलता रहा। अभी भी उस पडा को याद करते हैं यहॉ तक कि हमने जब वर्ष 2019 में राष्ट्र निर्माण पार्टी से लोक सभा का चुनाव बीजेपी के भारत सरकार के मत्री नरेन्द्र सिंह तोमर के विरूद्ध लडा और प्रचार में देवगढ में गए तो ग्राम वासियों ने हमारे कार्यकाल को सराहते हुए वोट देने का आश्वासन दिया और उस पडा (भैंस का बच्चा) का सांगोपांग विवरण बताया और कहा कि आपने बहुत पुन्न कमाया है।

नृपत डकैत के गांव रजई में आग-

राजस्थान गैंग डकैतान बहुत परेशान करते थे उनमें नृपत ज्यादा ही पकड आदि करता था। एक दिन सीधी दविश एसडीओपी जौरा के नेतृत्व में डाली गई। पार्टी का नेतृत्व करने वाले अधिकारी बहुत ही जोश में थे। खूंखार नृपत के गांव रजई को चारों तरफ से घेर लिया। डकेतों के मुखविर पुलिस से अच्छे होते हैं इसमें कोई दो राह नहीं है। यही हुआ कि नृपत के मुखविर ने पुसि की सूचना दे दी थी और गैंग गांव छोडकर भाग गया था। पटेल साहब ने गांव के पर और नारियों को फालिन कर अपने स्तर पर समझायस दी और गांव रजई में आग लगा दी। बाद में नृपत मध्य प्रदेश पुलिस से एक सफल मुटभेड में गैंग् सहित मारा गया जिसमें डॉ0 आनंद कुमार भा0पु0से0 को पुलिस मैडल फॉर गैलेंटरी महामहिम राष्ट्रपति की ओर स्वीकृत किया गया।

बुलट पर बुलट फायर-

यहां देवगढ थाने की एक घटना को बताना जरूरी होगा। हम मुरैना में थे। हमारे दोस्त बिन्दा खाण्डौली के छोटे भाई लल्लू उर्फ राजेन्द्र सिंह सिकरवार खाण्डौली ने एक दिन गांव जाने के लिए बुलट मोटर साइकिल मांगी तो हम मना नहीं कर सके। हमने लल्लू को समझायस दी कि हमसे यहां के डकैत हमसे दुश्मनी मानते हैं कहीं बुलट को पहचान कर तुम्हारे ऊपर गोली चला सकते हैं। लल्लू ने इसे हल्के से लिया और नहर पर रामजीत के पुरा के सामने चलती बुलट पर डकैत रामबाबू तोमर कौथर ने गोली चला दी। लल्लू ने मोटर साईकिल खडी कर गाली गलौंज किया तो वह सामने आ गया और गल्ती मानली। पूछने पर उसने बताया कि रूहल थानेदार से सभी बागी परेशान हैं इस लिए उसे मारने के लिए गोली चलाई थी।

यहॉ के प्रचार के समय देवगढ के मास्टर जी ने बताया कि नरेन्द्र सिंह तोमर के प्रचार में आए दादा गजराज सिंह से जब उन्होने बताया कि रूहल साहब चुनाव लड रहे हैं देवगढ के वोट तो रूहल के खाते मे जाऐंगे तब दादा गजराज सिंह मास्टर रामसनेही को समझायस दी कि मास्टर तुम जाने हो कि रूहल साहब नरेन्द्र सिंह के वर्षों से मित्र रहे है वो वैसे ही चुनाव में खडे कर दिए हैं जिससे प्रचार के लिए बाहन की अनुमति मिल सके और प्रचार के के लिए ज्यादा से ज्यादा बाहन जुटा सके। राजनीति में ऐसा प्रचार भी होता है। बी जे पी कितनी झूंट बोल सकती है आप अंदाज लगा सकते हैं।

बुलेट पर दूसरी फायरिंगः-

उसके बाद एक बार हम अपने मित्र खॉडौली के बिन्दा के साथ ग्वालियर गए, हम को शाम ग्वालियर में ही हो गयी। आते आते रात हो गयी। रात्रि नौ बजे जब रेल्वे स्टेशन बामौर के सामने से गुजरे तो घने बाग की ओर से जिधर श्रीराम इंजीनियर कालेज है हमारी बुलेट पर किसी अज्ञात बदमाश ने फायर किया जो हमारे बुलेट के पीछे के पहिए की तानों में से निकल गया। आवाज से लगा कि कटटा से फायर किया है। हम बुलेट चला रहे रहे थे बिन्दा पीछे बैठा था उसने बुलैट रोकने का कहा और गाली भी दी कि और बोला 'गाडी रोको भाई साहब" देखते कि इस जिले में कौन सिकरवारों पर गोली चलाने की जुर्रत कर सकता है? हमने सब कुछ सोचने के बाद अपनी बुलेट नहीं रोकी और बामौर में ही बिन्दा के बडे भाई रहते हैं सीधे उनके निवास पर पहॅुचे घटना बताई। भाई साहब भाई नहीं हुए और गाली देते हुए बोले अभी अपने लोगो को एकत्रित कर देखते हैं।

फायर करने वाला मुटभेड में मारा गया-

हमने भाई साहब सूबेदार सिंह सिकरवार को शान्त किया और उन्हें बताया कि हम जिले के थानेदार हैं यहॉ थाना है पहले पुलिस को बताते हैं। थाना प्रभारी बामौर राम बहादुर सिंह भदोरिया से हमारे अच्छे संबंध हैं और ठाकुर बच्चा है वह हमारी सूचना पर तुरंत एक्शन लेगा ऐसा हमें विश्वास है। हमने टेलीफोन से रामबहादुर को घटित घटना के बारे में बताया और उसके चाहने पर मार्गदर्शन भी दे दिया। जाबांज थानेदार भदोरिया ने अपने पूर्ण विवेक का इस्तेमाल करते हुए हमारे बताए अनुसार दबिस की योजना बनाई और एक घंटे बाद ही

राम बहादुर का फोन आया और बताया कि भाई साहब आप की कृपा से अच्छा काम हो गया आपकी सूचना पर दविस में मुटभेट हो गई और एक इनामी डकैत मारा गया।

हमसे मुटभेड में नाम लिखने की अनुमति चाही पर हमने मना कर दिया। पुलिस अधिकारी को इनाम मिलना अच्छा लगता है और वह भी पुलिस मुटभेड का इनाम। ऐसे इनाम महत्वपूर्ण होते हैं जो अच्छी वार्षिक गोपनीय रिपोर्ट में सहायक होते हैं पर हम ज्यादा बाते बनाना नहीं जानते और अब भी ऐसी स्थिति हैं। हम पुलिस अधीक्षक को बिना बताए गए थे। इस कारण से हम अपनी उपस्थिति बामौर में प्रकट करना नहीं चाहते थे।

परिहारों के पुरा में आग-

मुरैना जिले में थाना बागचीनी में परिहारों का पुरा है उसके पास ही हमारे थाना क्षेत्र के गांव नन्द पुरा के पटेल की लडकी अपने पति के साथ मायके लौट रहे थे उनके के साथ गंभीर घटना घटित हुई जिसमें लूट आदि करके पति भदोरिया का मर्डर कर दिया। घटना में झील का पुरा का हिस्ट्रीशीटर ज्ञानसिंह तथा परिहारों पर संदेह किया गया। उस समय स्व0 नाथू सिंह यादव एसडीओपी जौरा थे उनके निर्देश पर हम उस घटना स्थल व परिहारों के पुरा पर गए थे। घटना के प्रति इतना आक्रोश था कि परिहारों का पुरा आग के हवाले कर दिया था। दुःख इस बात का रहा कि लोकल पुलिस मोके पर नहीं पहुँची।

उस समय तक कुवांरी नदी पर पुल नहीं बना था और रास्ता मुरैना होकर ही आता था। बागचीनी में तत्समय हमारे बैच के उप निरीक्षक रामस्वरूप दांगी थाना प्रभारी थे। वह घटना स्थल पर समय से क्यों नहीं पहुंचे? इस बात का जबाब अभी तक नहीं दे सकें, इतना ही बताया कि वह मौके पर हमसे पहले जाता तो वह मारा जाता। घटना के संबंध में स्व0 जाहर सिंह शर्मा के नेतृत्व में बडा आन्दोलन हुआ था सब मुल पकडे गए। एसडीओपी नाथू सिंह यादव बडे इमानदार अधिकारी थे लेकिन इस घटना में ज्ञानसिंह झील का पुरा के संबंध होने व एक सोने की करधौंनी लेने की अफवाह फैल गई। उक्त अनुसंधान में विशेष मदद की और जन मानस की वाही वाही अर्जित की।

लौहरे ब्राहमण अपहरण काण्ड-

इसी तरह लौहरे ब्राहमण को ग्राम कोटरा थाना डॉग बसई जिला धौलपुर (राजस्थान) के रमजी गुर्जर गैंग खेत से पकड कर ले गया, सुबह घटना की सूचना थाने पर आयी, प्रकरण कायम कर पतारसी गैंग बदमाशान की और पता लगा लिया कि यह अपहरण रमजी गुर्जर ने किया और उसे घेरा बन्दी की और माकूल दबाब बनाया पर किसी कारण से थाना देवगढ से हटा दिया। हमें बताया कि आपको डकैत गैंग बैजनाथ गुर्जर के लिए लगाया गया है।

डकैत बैजनाथ गैंग की गिरफ्तारी-

मुख्यालय मुरैना पर रहे भूपेन्द्र घुरैया कोतवाल थे एस के सक्सैना के नेतृत्व में राज0 से बैजनाथ गैंग हाजिर करने की मुहीम में लगा दिया। राजस्थान पुलिस भी बैजनाथ गैंग के पीछे लगी थी। एक दिन जब स्कीम मैच्यौर होने वाली थी तो चम्बल नदी के पार धौलपुर कोतवाली राजस्थान के क्षेत्र में राजस्थान पुलिस ने एक ज्वार के खेत में गैंग को घेर लिया।

शाम होने जा रही थी और राजस्थान पुलिस खेत में घुसकर गैंग को पकडने में झिझक रही थी और अपना फौर्स एम्बूस में लगाकर ढीली हो गई।

राजस्थान पुलिस का एम्बूस तोडकर गैंग तक पहुंचे-

उस जाने में मोबाइल अस्तित्व में नहीं आए थे, मैन्यूल या चिटढी पत्री के माध्यम से संबंध स्थापित होते थे। किसी माध्यम से पु0अ0 एस के सक्सैना के पास गैंग की सूचना आई कि राजस्थान पुलिस ने गैंग को घेर लिया है और दिन निकलते ही पकडे जाएंगे। इस सूचना की तस्दीक में जिला मुख्यालय पर जितने भी एडी वर्कर थे किसी न किसी कारण से जाने में असमर्थता जाहिर करते हुए पीछे हट गए।

अन्त में पु0अ0 ने मुरैना कोतवाल भूपेन्द्र सिंह घुरैया, हमको तथा गन मैन घूपाराम को अपनी जीप मय ड्रॉयवर के साथ देकर गैंग बैजनाथ को राजस्थान में ज्वार बाजरा के खेत में पुलिस के एम्बूस के घेरे में से निकाल कर लाने की डियूटी देकर रवाना कर दिया। हम लोग चम्बल नदी पर पहुॅच गए और वहीं रूक कर योजना बनाने में मशगूल हो गए। थोडी देर में ही दूसरी गाडी लेकर पु0अ0 स्वयं चम्बल नदी पर आ गएं। योजना को मूर्त रूप देते हुए हम तीनों जान हथेली पर लेकर एबी रोड से पैदल चल दिए।

चांदनी रात, खेत के चारों ओर राजस्थान पुलिस का पहरा, कैसे ही खेत में प्रवेश करने में सफल हो गए और खेत के हिसाब से साथ में लाए उसे अन्दाज से आधा घंटे का समय देकर नियत स्थान पर पहुॅचने का बता कर वापस कर दिया। कैसे कैसे राजस्थान पुलिस एम्बूश को तोडते हुए खेत में प्रवेश करने के बाद चुनौती यह थी कि गैंग से कैसे मिलान होगा और विश्वास दिलाकर वहॉ से राजस्थान पुलिस के एम्बूश में से सुरक्षित निकाल कर अपने यहॉ लाना। हमने दोनों को कहा कि हम जाते हैं और गैंग को ढूंढकर लाते हैं पर साथी प्र0आर0 धूपाराम ने प्रस्ताव को ठुकरा दिया और घुरैया से मानो लडने को तैयार हो गए और बोला कि रूहल साहब नहीं आप जाओ या मैं जाता हूॅ।

बैजनाथ गुर्जर गैंग की गिरफतारी-

वाह रे धूपाराम तुम हमारा इतना खैर ख्वाह सपनों में भी कोई सोच नहीं सकता आज वह इस दुनियां में नहीं पुलिस कार्यवाही में एक घटना में उनकी मृत्यु हो गयी थी। वाह रे वीर घुरैया साहब ने हंस करके कह दिया तो आप ही चले जाओ, और वह चल दिए। कुछ दूरी पर ही गैंग बैजनाथ हमारी बात सुन रहा था और तीनों भाई धूपाराम के साथ चले आए। ऐसे ही साइलेन्ट मोड में तीनों डकैतों सहित हम छः लोग राजस्थान पुलिस से बचते हुए नियत स्थान पर पहुॅचे 28 मिनट्स हो चुके थे ड्रॉयवर जीप लेकर आ गया। छुपाव ही स्थिति भंग हो गयी थी, जैसे ही जीप उस तरफ आई तो राजस्थान पुलिस के कान खडे हो गए थे और जैसे ही हम गैंग को लेकर चले तो चिल्ल पौं प्रारंभ हो गई और राजस्थान चिल्लाने लगी कि ले गए, ले गए।

योजना के अनुरूप जैसे ही हम उधर से चले तो उधर अपनी रैड लेम्प जलाते हुए एक ट्रक पुलिस बल लेकर उसी दिशा में चले गए, जहॉ पुलिस राजस्थान पुलिस ने पुलिस अधीक्षक

की गाडी को घेर लिया पर निरर्थक। पुलिस राजस्थान ने पु0अ0 से शिकायत की कि मुरैना पुलिस उनके यहॉ से बैजनाथ गैंग को चोरी से पकड ले गए हैं। पु0अ0 ने एक बात कही कि वह पुलिस मुरैना थी? पता नहीं पर अन्दाज है। आप लोग किसी भी गैंग बदमाशान को पकड लाओ छूट है। हम थोडी देर में ही चम्बल नदी का पुल क्रौस करते हुए मध्य प्रदेश की सीमा में सुरक्षित प्रवेश कर गए।

उधर राजस्थान पुलिस से पु0अ0 का वार्तालाप हुआ क्योंकि पु0अ0 धौलपुर के ही रहने वाले थे सभी बरिष्ठ अधिकारी राज0 के जानते थे और कुछ देर बाद ही पु0अ0 वापस आ गए और मुरैना पहॅुच कर हम तानों पुलिस अधिकारियो की पीठ ठोकी और विशेष इनाम देने की घोषणा कीं। पु0अ0 ने इतना भी कहा कि उसका काम पूरा हो गया रूहल अब तम्हें किसी थाने में थाना प्रभारी बनाकर भेजूंगा। रात में ही गैंग की जाप्ता कार्यवाही की गई। अगले दिन अखवारों में जोरों से इस खबर को छापा। बाद में बैजनाथ के भाई पुलिस मुटभेड में मारे गए लेकिन बैजनाथ रूपोश हो गया है और पुलिस की पकड से बाहर है।

इस कार्यवाही के बाद 5वीं बटालियन एसएएफ मुरैना के कमॉडेन्ट ने पु0अ0 को बधाई दी और हमारी भी बात कह दी कि वो रूहल को बहुत प्यार करते हैं। पु0अ0 मुरैना ने उनसे कहा कि रूहल बीर बालक है उसने गैंग बैजनाथ की गिरफतारी में विशेष कार्य किया है उसकी जल्दी ही थाना बडौदा जैसे थाने में पोस्ंटिग करना हैं। कुछ दिन ऐसा ही रहा। एक दिन दोनों अधिकारियों ने चम्बल नदीं में वोटिंग की योजना बनाली और हमको पु0अ0 ने बंगले पर बुलाया हम तुरंत पहॅुच गए तो सुखपाल सिंह कमांडैंट 5वीं बटालियन ने बताया कि रूहल एस पी साहब दाल बाटी चम्बल नदी पर वोटिंग करते हुए.खाना चाहते हैं, खिलवा सकते है। हमने हॉ में उत्तर दिया तो पु0अ0 ने तुरंत आदेश जारी कर दिया और बोले हमारी गाडी में आधा पेटी बीयर की रखवा दो।

दाल बाटी-

हमने पास की दुकान से बीयर की आधा पेटी खरीद कर बंगले पर खडी उनकी गाडी में रखवा की। कमांडैंट साहब ने कहा कि बटालियन से डाल बाटी बनाने वाला लेकर उससे सामान लिखवाकर लेकर चम्बल पर आ जाओ हम निकलते हैं। हमने अपनी बुलट उठाई और पुलिस लाइन से एक छोटी गाडी आर आई से लेकर सीधे 5वीं बटालियन पहॅुचे वहॉ पर पी सी गुरदियाल सिंह सरदार जी से मिले और यह बात बताया तो उन्होनें दाल बाटी बनाने वाले को तुरंत ही बुलवा कर हमारी गाडी में बिठा दिया।

वहां से सीधे बाजार पहॅुचे और सामान खरीद कर गाडी में रखवा कर चम्बल नदी के पुल पर पहॅुचा अभी 50 मिनट्स ही हुए थे लेकिन पु0अ0 ने तूफान खडा कर रखा था। हुआ यों कि चम्बल नदी पर पहॅुच कर नौका विहार प्रारंभ हो गया और बीयर पीनी शुरू हो गयी। सुरीली हवा में बीयर ही चढ गई थी। हमारे नदी किनारे पर पहॅुचते ही और कुछ भी बातें कहने लगे। बातों से यह स्पष्ट हो रहा था कि देरी पर गुस्सा हैं। हमने बताया कि इतने समय से पहले कोई भी नहीं आ सकता। डॉ॰यवर, दाल बाटी बनाने वाला और और उसके साथ दो लडके

हमारा चेहरा देख रहे हैं।

इस वार्तालाप में पु0अ0 की धर्मपत्नी ने पु0अ0 संतोष सक्सैना को समझाने की असफल कोशिश कर रही थी। उन्होने यहॉ तक कह दिया कि दरोगा जी की कोई गल्ती नहीं है वो सही समय पर आ गए थे, आपको ही चढ गयी है। इतना सुनकर पु0अ0 आपे से बाहर हो गए और अपनी धर्मपत्नी श्रीमती मीनू सक्सैना को कीपत बकने लगे पु0अ0 लेकिन कमांडेंट मौन थे। हमें भी गुस्सा आ गया और हमने अपना निर्णय लिया और ड्रॉयवर से आदेश देकर गाडी बैक कराकर वापस मुरैना चल दिए।

हमारा छोटी सर्विस होने के बावजूद भी छोटे तपके से रूझान बढ गया था और प्रत्येक छोटा पुलिस अधिकारी व कर्मचारी हमसे बात करने का अपना अधिकार समझता था और उसी क्रम में साथी लोगों ने बात कर पूछ लिया सर अब क्या होगा? हमने उनकी बातों का समाधान कर दिया और थोडी देर में ही मुरैना पहुॅच गए क्योंकि चम्बल नदी व मुरैना की दूरी करीब 20-25 किमी ही है। सीधे 5वीं बटालियन में मैस में सामान को रखवा कर पी सी गुरदियाल सिंह को बता कर पुलिस लाइन में गाडी रखवा कर अपनी बुलैट उठाकर अपने कमरे पर आ गए। पता चला था कि अगले दिन बटालियन में ही दाल बाटी बनी व खायीं गई।

पु0अ0 सक्सेना का तबादला-

कुछ दिन बाद ही पु0अ0 संतोष सक्सैना का तबादला हो गया। अगले दिन हमको पु0अ0 से सूचना मिली कि आपको पु0अ0 ने बंगले पर बुलाया है, हम गए पु0अ0 से मिले तो उन्होने कहा कि तुम चिन्ता मत करना जाने से पहले तुम्हें थाना प्रभारी बना कर जाऊंगा। इतना वह बंगले में प्रवेश कर गए, हम वापस अपने रूम पर चले गए। सन 1983 में फरवरी का महीना था और करीब 10 बजे फिर बंगले पर बुलाया और बोले आज मैं जा रहा हूॅ और हमें थाना प्रभारी सुमावली का आदेश देते हुए बोले अभी जाओ और ज्वाइंन कर वायर लैस पास करो कि तुमने चार्ज संभाल लिया है, यह भी कहा कि तुमको मेरी पार्टी में नहीं आना थाना कार्य करना तुम्हारे वायरलैस के आने के बाद ही पार्टी में जाऊंगा। ऐसे बात के पक्के थे उस समय के अधिकारी। अब वो बातें कहॉ?

एक दिन का थाना प्रभारी सुमावली जिला मरैना-

हमने उसी दिन थाना सुमावली पहुॅच कर थाना प्रभारी का चार्ज संभाल लिया। रात में थाने की लंबित सूची का अध्ययन किया और ग्राम कासिम खेडा जो क्षेत्र का बडा और अपराधिक गतिविधियों वाला गॉव था जहॉ का गब्बर सिंह डकैत फरार चल रहा था उस ग्राम की तरह गस्त इलाका व पतारसी बदमाशान में रवाना हो गया। रास्ते में ही एक महत्वपूर्ण सूत्र मिल गया और इतनी अच्छी सूचना दी कि उसकी सूचना पर हमने 3000/-रू0 के इनामी डकैत गब्बर को जा दबोचा और उसे हिरासत में लेकर थाना वापस थाना आया।

तुरंत ही एक वायर लैस बैजनाथ आदि की जेल ग्वालियर में जा कर फॉर्मल गिरफतारी करना थी, उसके लिए ग्वालियर रवाना हो गया। ऊधर हमने एक कमरा पूर्व टी आई आर0एन0 शर्मा के सुपुत्र डॉ0 रमाकान्त शर्मा के घर में किराए से लिया था और छोटे भाई गुलाब सिंह

को खबर भेज दी कि अपनी यानि हमारी धर्मपत्नी को सुमावली पहुॅचा दे, उसने ऐसा ही किया।

उसने बुलेट व धर्मपत्नी को सुमावली लेकर पहुंच गया। कार्य सरकार कर देर रात लौटे तो पाया कि हमारा तबादला मुरैना को हो गया था। हमारी जगह सुरेश बाबू शर्मा को सुमावली थाना प्रभारी बनाया था। उल्लेखनीय है कि सुरेश बाबू शर्मा हमारे हैं और मित्रता आज भी बरकार है। यहां बताना उचित होगा कि डॉ0 रमाकान्त शर्मा उन 16 अपहरित व्यक्तियों में शामिल थे जो चम्बल के खूंखार डकैत रमेशसिंह सिंकरवार गैंग ने कराहल घाटी से ग्वालियर से श्योपुर चलने वाली तनेजा बस से की थीं।

अगले ही दि नही सुरेश बाबू शर्मा को चार्ज दिलाने के लिए एसडीओपी जौरा आर0सी0पटेल स्वयं आए थे। इस बाबत पूछा तो बताया कि आपसे यह खतरा था कि एक दिन में ऐसा क्या हो गया? इस कारण आप चार्ज नहीं दोगे, ऐसा अन्दाज लगाया गया था जिसके पीछे लहरी साहब का हाथ था। हमने सुमावली तो क्या किसी थाने के चार्ज देने में हुज्जत नहीं की और खुशी 2 चार्ज दे दिया और एक दिन के थाना प्रभारी होने का रिकार्ड अपने नाम कर लिया।

एक दिन में भी एक इनामी डकेत गिर0 किया। बाद में वह फिर फरार हुआ तथा वह 25 हजारी डकैत हो गया था जिसे श्याम शर्मा ने एन्काउन्टर में मार दिया। दो तबादले जो सरासर गलत थे जिसमें हरिजन कल्याण मुरैना से कम्प्यूटर शाखा भोपाल तथा देहात भिण्ड से राजगढ कैसिंल कराए थे। इनके अलावा करीब 150 तबादलों को कैंसिल नहीं कराया।

तबादला जिला भिण्ड-

अभी हमने कोतवाली मुरैना में काम ठीक से करना भी प्रारंभ नहीं किया कि हमारा कोतवाली मुरैना जेएसआई जिला भिण्ड तबादला हो गया और भिण्ड से अपने बैच मेट एस0के0पालीवाल का मुरैना तबादला हुआ। पालीवाल को थाना प्रभारी सिविल लाइन्स मुरैना बनाया गया।

तबादला जिला भिण्ड हुआ और हम अगले दिन भिण्ड के लिए रवाना रवाना होकर पहुॅचा और डी0आर0पी0 लाइन के रोजनामचे में अपनी आमद दी तो वहॉ विशेष परिस्थिति पायी और आई0जी0पी0 श्री जे0एम0कुरैशी का वायरलैस 25 दिन के स्टे के साथ वापसी का मिला, जिसमें आदेश था कि हम कोतवाली मुरैना में ज्वाइन करेंगे और देवगढ के लौहरे ब्राह्मण के अपहरण की विवेचना करेंगे फोर्स व वाहन डी0आर0पी0 लाइन मुरैना से लेंगे।

25 दिन के स्टे पर वापस मरैना-

भिण्ड से वापस होकर मुरैना जिले में आकर कोतवाली मरैना में आमद दर्ज कर संबंधित विवेचना में मशगूल हो गया। उल्लेखनीय है कि दस्यु समस्या ग्रस्त जिलों में अन्य जिलों की अपेक्षा कार्यवाही लीख से हट कर करना होती है कई बार कानून टूटने की कगार पर पंहुॅच जाती है जैसे डकैतों के आश्रयदाताओं के विरूद्‌ध कार्यवाही करना होती है, पूछताछ करना आदि।

लौहरे ब्राह्मण अपहरण की विवेचना में पुलिस बाहन कभी मिलता कभी नही। युद्ध स्तर पर हमने गैंग रमजी कोटरा राजस्थान के विरूद्ध कडी कार्यवाही की तो गैंग बिलबिला तो गया पर अपहरित लौहरे को गैंग ने अपने चुंगल से मुक्त नहीं किया। अपहरित बालक के परिजन हमारी कार्यशैली से परिचित थे और हम पर बेतहाशा विस्वास करते थे। परिजन को यह विस्वास था लौहरे को केवल हम ही गैंग से छुडा सकते हैं।

भिण्ड से वापसी का सबब भी समझना होगा। लौहरे ब्राह्मण का पूरा बडा परिवार व उनके रिस्तेदार तथा जनता के लोग कुछ पुलिस सहयोगी लोगों के साथ पौहरी डाक बंगला जिला शिवपुरी पर केम्प कर रहे आई0जी0पी0 श्री जे0एम0कुरैशी के पहुँच गए और उनसे फरियाद की कि उनके लौहरे की पकड केवल और केवल रूहल थानेदार छुडा सकता और किसी अधिकारी से उम्मीद नहीं है, हमारे रूहल थानेदार को भिण्ड से वापस करवा दो। जनता की आवाज की महत्ता समझकर आई0जी0साहब ने तबादले पर 25 दिन का स्टे करते हुए तुरंत वायर लैस पास कर दिया था।

थाना डांग बसई (राजस्थान) क्षेत्र में मुटभेड-

भिण्ड से लौटने के तीन चार दिन बाद ही बरबासिन थाना देवगढ के फरार सुघरा गुर्जर गैंग की घेराबन्दी के लिए थाना डांगबसई क्षेत्र में करीब तीन सौ पुलिसवालों की दबिस का आयोजन किया गया जिसका नेतृत्व तत्कालीन डीआईजी श्री एम0डी0 शर्मा कर रहे थे। उस दबिस में एक पार्टी के इंचार्ज हम दूसरी पार्टी के इंचार्ज हमारे बैच के उप निरीक्षक एस0 के पालीवाल तथा तीसरी पार्टी के इंचार्ज तत्कालीन एसडीओपी जौरा थे।

योजना के क्रम में तीनों पार्टी घेरा छोटा करती जा रही थी तभी गैंग ने पुलिस की पदचाप सुनकर फायरिंग कर दी और सुघरा गुर्जर गैंग पालीवाल की टुकडी के सामने से निकलते हुए पुलिस के चंगुल से मुक्त होकर चम्बल नदी के समानान्तर रोड जो डांग बसई से 8 मील तक जाती है उसको क्रौस कर गया। उल्लेखनीय है कि जब भी गैंग बदमाशान के मुटभेड होती है तो पुलिस बल में एक अकारण का भय का वातावरण बन जाता है। ऐसा ही इा बार भी हुआ।

फायरिंग होते ही पुलिस पार्टी छिन्न भिन्न हो-

इधर फायरिंग होते ही पुलिस पार्टी छिन्न भिन्न हो गयीं और सुरक्षित रास्ते तलाश करते बेहड से बाहर हो गयीं। उस समय मोबाइल नहीं आए थे वायरलैस से ही कम्यूनिकेशन होता था। हमारे साथ आर0 ओमप्रकाश पटसारिया वायरलैस के साथ डियूटी कर रहा था एक पहाडी से नीचे उतर कर जाने वाले ही थे तो ओमप्रकाश ने बताया कि चम्बल नदी की ओर एक कम्पनी आर ए सी अपनी वाली पहाडी की ओर ही चली आ रही है। हमने देखा बात सही थी। बस क्या था ओमप्रकाश घबरा गया और बोल सर अब कैसे बचेंगे? हम उसको समझा ही रहे थे कि वह बेहोष हो गया। वह वायरलेस से कुछ देर से कम्यूनिकेशन नहीं कर रहा था। हमने वायरलैस को संभालने की कोशिश की लेकिन उसकी बैटरी डिस्चार्ज हो चुकी थी।

साथी आरक्षक बेहोश-

हम असमंजस में थे ओमप्रकाश को होश नहीं आ रहा था। कम्यूनिकेशन हो नहीं रहा

था। आर ए सी की कम्पनी पहाडी की ओर बढती चली आ रही थी। बेहोश होने से पहले ओमप्रकाश अपनी केतली का पानी पी चुका था। हमारी केटली में थोडा सा बचा था उसके छींटे ओमप्रकाश के चेहरे पर मारकर उसकी तन्द्रा तोडी। जैसे तैसे वह होश में आया तो फोर्स को पास में आने व उनके द्वारा डकैत समझकर मार देने के डर से थर थर कांपने लगा और रोने लगा। हमने उसे दम दिलाशा दी और बताया रोये तो मारे जायेंगे। तुम देख हम क्या करते हैं।

हमने अपनी रायफल से आर ए सी की कम्पनी के ऊपर तीन ताबड तोड कर दिए जिससे पूरी कम्पनी अपनी पोजीशन लेकर जमीन पर लेट गयी। ओमप्रकाश और घबरा गया बोला सर अब तो कैसे भी नहीं बचेंगे। हमने उसे समझाया कि ये राजस्थान का फोर्स एक घंटे तक सिर नहीं उठायेगा।

हमको यही समय है उसका फायदा उठाना है और बेहड से बाहर जाना। तुम हिम्मत से काम लो और चुप चाप हमारे पीछे पीछे तेज चाल में चले आओ। अब क्योंकि हमारे अलावा पूरा फोर्स बेहड से बाहर हो चुका था गिनती के बाद हम दो लोग ही बेहड में थे तो हमें तलाश के लिए टुकडी बेहड में उतारे की तैयारी करली।

जब डी आई साहब स्वयं हमको खोजने बेहड में निकले-

चूकि नेतृत्व डी आई जी साहब था चिंता होना ही थी। दो टुकडी हमें तलाशने के लिए चल दी और डीआईजी साहब अपनी ओपन जीप से हमारी तलाश में चल दिए। हमनें धौलपुर से मंडरायल तक का चम्बल का बेहड नापा हुआ था वापस जाने में कोई परेशानी नहीं थी और अपनी चाल से ओमप्रकाश को होसला देते हुए जा रहे थे तभी थोडी देर में ही जीप की आवाज आने लगी। हमने अपने हिसाब से ओमप्रकाश को दम दिलासा दिला दी कि यह डीआईजी साहब की जीप की ही आवाज है।

हमने बेहड का रास्ता छोडकर फेयर वैदर रोड जिस पर जीप की आवाज आ रही थी उस पर आ गए और रोड पर चलने लगे जल्दी ही डीआईजी की जीप हमारे पीछे आ चुकी थी हम को पाकर विशेष खुश थे। और हम जीप से बैठ कर डांगबसई थाने पर आ गए और डीआईजी साहब को सम्पूर्ण घटना क्रम बताया डीआईजी साहब ने सुनकर शाबासी दी और इनाम अलग से दिया।

आरएसी के ऊपर फायरिंग की हिकमतअमली की दाद दी और इन परिस्थितियों में अपना होसला बनाते हुए साथी ओमप्रकाश को साथ लेकर आए उसके लिए तारीफ की। डीआईजी साहब साउथ एक्सटैंसन में रहने लगे थे हम एक बार मिलने गए तो इस घटना को याद किया था। ऐसे जावांज अधिकारी हमारे बॉस रहे हैं जिन पर आज भी फक्र होता है।

एक दिन लौहरे ब्राहम्ण के अपहरण में कार्यवाही के दौरान अर्जेन्ट में राजस्थान में जाना था पर गाडी व फोर्स उपलब्ध नहीं हो पा रहा था बात कहन सुनन तक पहुँची पर बाहन व फोर्स उपलब्ध नहीं हुआ तो वरिष्ठ अधिकारियों तक बात पहुँची तब शाम को एक खडखडिया गाडी और फोर्स उपलब्ध संबंधित अधिकारी द्वारा कराया गया। फोर्स एस0ए0एफ0 का

साथ उनका खाने का समय हो गया। खाना खाने कोई मना नहीं कर सकता।

सालिगराम नेता जी के रिस्तेदारों पर दबिस-

इस तरह मुरैना से निकलते-निकलते 08 बज गए। चलने पहले गाडी के ड्रॉयवर नेपाली थापा से पूछ ही लिया कि गाडी ठीक है या कुछ गडबड है तो चुप होते हुए मरी सी नेपाली आवाज में बोला कि 'साब' ठीक है। टास्क खराब था कि राजस्थान में सैहपऊ से 16 किमी दूर सुघरा गुर्जर डकैत निवासी बरबासिन थाना देवगढ के रिस्तेदारों को अति महत्वपूर्ण पूछताछ हेतु लाना था। थापा धीरे-2 गाडी चलाकर गंतव्य स्थान पर रात के 12 बजे के बाद पहुँचा देता है और पार्टी टास्क पर प्रारंभ कर देती है।

कार्यवाही स्वरूप सुघरा डकैत की नव विवाहिता उम्र से नाबालिग साथ में एक महिला गवॉ (राज0) के सालिगराम गुर्जर प्रधान जी तथा पूर्व विधायक बयाना की रिश्ते में मामी दोनों को साथ लेकर संबंधित गॉव से करीब एक डेढ बजे निकले पर दो किमी निकलते ही गाडी खराब हो गयी। थापा से बात सीधी बात तो उसने सब बातें बताई कि अधिकारी को बता दिया था गाडी बाहर जाने लायक नहीं पर साब ने कहा जाना होगा, जहॉ खराब हो जाय तो वहीं सो जाना, गाडी जाने कि स्थिति में नहीं है। स्थिति बिकट थी नव विवाहित चलने को तैयार नहीं थी। गुर्जर ठाकुरों के आस पास 24 गॉव थे, यदि भनक लग जाती तो महिलाओं के संबंध में मरने तक चेंटते हैं।

अधिकारी ने खराब गाडी दी थी-

14 किमी पैदल चलकर सैहपऊ रोड पर आए और वहॉ गेंहूँ के बोरे से भरे ट्रक को रूकवाकर फटा फटा सभी को बिठाया और धौलपुर तरफ रवाना हो गए। महिलाओ सुरक्षा को ज्यादा महत्व दिया और हम डाले में उनके साथ बैठ गए। कब नींद का झोका आया, कब धौलपुर पहुँच गए, कब नेताजी जी की मामी ने कब ड्रॉयवर से बात करली। ऑख खुलते ही मामला समझने में देर नहीं हुई। मामी ने मदद नेता जी से मांगने हेतु ड्रॉयवर को भेज दिया, किसी भी नेता जी की सिमन्दी आकर दोनों महिलाओं को छुडाकर ले जाती।

कुछ भी हो सकता था-

गेंहूँ के बोरों पर फोर्स के जवान सो रहे थे और जागने का नाम नहीं ले रहे थे, चिल्ल पौं कर जगाया और उनकी खोपडी में बात बैठाई तब आनन फानन में मुरैना तरफ को जाने वाले ट्रक को रूकवाकर सभी को बिठाया और चल दिए तभी पीछे से दो तीन जीप व एक ट्रक हथियार बन्द लोगों से भरे बाहन पीछा करते दिखे। पीछे से इक्का दुक्का फायर की आवाज भी सुनाई दी। उन्होंने चम्बल नदी एम0पी0-राज0 के बार्डर तक पीछा किया। फोर्स व हथियार के होते हुए भी कोई नया टंटा न बने, समय को टाल दिया।

देवगढ में जाकर पूछताछ प्रारंभ किया लौहरे की पकड को छोडने की बात आने लगी पर वरिष्ठ अधिकारी का आदेश जौरा के अनुविभागीय अधिकारी आर0सी0पटेल के माध्यम से प्राप्त हुए और दोनों महिलाओं को बिना कार्यवाही के रूखसत किया गया जो हमारे उसूल

के खिलाफ था, पर परिस्थितियॉ यही कह रहीं थीं। अगले दिन मुरैना में जाकर गाडी देने वाले अधिकारी से कडी झपट हो गयी और ज्यादा तन गयी और गुस्सा इतना था कि कुछ भी करने की ठान ली थी। तना तनी में वो फिल्मों के वो सीन सामने आए जैसे फिल्म का हीरो विलेन साहूकार की बेटी से ही प्यार करता है और अन्त में हीरो की जीत होती है।

शत्रुता मित्रता में बदली-

हमारी स्थिति भी वो ही बनी कि अधिकारी की बेटी से मित्रता हो गयी। जो खराब स्थिति थी समाप्त हो गयी। मित्र ने अपने स्तर पर शादी की असफल कोशिश की थी, उनकी मम्मी ने समझाया कि वो जाट हैं और हम ब्राहमण कैसे भी शादी नहीं हो सकती, हमारा समाज तुम्हारे पिताजी को समाज से निष्काषित कर देगा। इस प्रकार शादी का विषय समाप्त हो गया। हमें इसका कोई इल्म नहीं था। वैसे भी वो नाबालिग थी। इसका अंदाजा 36 साल बाद हुआ, इसकी चर्चा हम आगे करेंगे।

संबंधित अधिकारी के मन में क्या रहा होगा, कुछ ज्ञान में नहीं आ पाया, उक्त विषय पर कभी बात नहीं आई। जैसा कि हम ऊपर लिया लिख चुके कि हमारी एंगेजमैंन्ट हो चुकी थी। हमने उसके बाद कोई बात ही नहीं की और न उसकी ओर से कोई बात आई। भविष्य जो मोड आया उसका लेखा बाद में हम करेंगे।

हम लौहरे की पकड में जी जान से जुटे रहे पर दिन यह आया कि गैंग रमजी गुर्जर ने किसी अन्जान व्यक्ति से सूचना भिजवाई कि रूहल थानेदार उनका जीना दूभर कर दिया है और लौहरे के परिवारीजन के पास दो लाख से नीचे उतर कर 60 हजार की फिरौती चिटठी भेज दी और यह भी कहल वाया कि यदि रूहल थानेदार को बताया तो पकड (लौहरे) की मुण्डी काट कर देवगढ भिजवा देंगें।

जब हमने स्वयं को हटाने के लिए अद्‌र्धशासकीय पत्र लिखा-

अच्छी व बुरी दोनों तरह की सूचना मुखविरों की ओर से प्राप्त हो रही थी। यहॉ तक गैंग से शर्त लगा कि 60 हजार रू0 लेने बाद भी पकड को तब छोडेंगे जब गैंग को यह खबर मिल जायेगी कि रूहल थानेदार देवगढ थाने को छोडकर चला गया है। इन सूचनाओं से मनखटटा हो रहा था, लौहरे के घर वाले इतना भरोसा करने लगे थे कि अपने साथ एक ही थाली में खाना खिलाने लगे थे, यहॉं तक कि चिटठी की बात सबसे पहले हमको बताई।

तत्कालीन पुलिस अधीक्षक श्री आसिफ इब्राहिम से हमने पूर्ण ब्यौरे लिखते एक अद्‌र्धशासकीय पत्र जारी कर गुजारिश कर दी कि हमारी वजय से किसी के बच्चे की जान गैंग ले ले तो हम अपने आप को कभी मॉफ नहीं कर सकेंगे, और पुलिस अधीक्षक को स्वतंत्र कर दिया कि हमें देवगढ के मामले से विरत कर दें। इस बीच लौहरे के घर वाले अड गए कि पैसे नहीं देंगे।

डीआईजी साहब ने निर्णय लिया-

पुलिस अधीक्षक निर्णय नहीं ले पा रहे थे, डीआईजी एम0डी0 शर्मा जी साहब मुरैना विजिट पर आए थे हमें सराय छोला पदस्थ करने का कह गए थे। दो दिन तक हम सरायछोला थाने

पर नहीं पहुॅचे तो तत्कालीन डीआईजी साहब श्री एम0डी0 शर्मा ने पु0अ0 मुरैना से जबाब मॉग लिया कि अभी तक रूहल से सरायछोला थाना ज्वांनिग क्यों नहीं दी? डीआईजी के वायरलैस के बाद हमारी तलाश कर जंगल से बुलाया गया और थाना प्रभारी सराय छोला ज्वांइन करा दिया।

6

थाना प्रभारी सरायछोला जिला मुरैना-

1983 की बात है, सरायछोला थाने में चार्ज लेने के बाद भी हमारी नजर अपहरित लौहरे के ऊपर रही। तीन चार दिन बाद ही लौहरे 60 हजार की फिरौती देने के बाद रमजी गुर्जर गैंग के कब्जे से मुक्त हुआ। उसके बाद की प्रक्रिया चली। तत्कालीन सीआईडी इंसपैक्टर श्री मोहन लाल शर्मा ने विस्तृत कथन लिया और कॉपी प्रत्येक थाने को भेजी गयी, लौहरे के कथन में शर्मा जी ने लिखा है कि गैंग रूहल से डरता था। सरायछोला थाना राजस्थान के बॉर्डर का थाना आये दिन की घटना, गैंग डकैतान के मूव्हमैंट, हर किस्मी वारदातों का सिलसिला चल रहा था, उस पर कडा नियंत्रण किया।

रेलगाडियों के काटने पर रोक-

जब हमने थाना सराय छोला की कमान संभाली को रेलगाडियों के काटने की घटना हो रही थी। तत्कालीन पुलिस अधीक्षक श्री सैयद आसिफ इब्राहिम ने हमको निर्देश दिए कि रेलगाडियां कटना बन्द हो जाना चाहिए। उन्होने बताया कि रेलगाडियां ऐदल सिंह नायक पुरा तथा उसके दाहिने हाथ उम्मेदा गुर्जर मसूदपुर का गैंग काटता है पुलिस वाले जानते है पर रोक नहीं पा रहे हैं क्यों? पता करके ठोस कार्यवाही करें।

गैंग बडा था इन लोगो को बुलवाकर समझायस दी तो घटना बन्द हो गई पर उसके बाद भी दो घटनाएं हुई एक रेल कटी में जो डिब्बा काटा था उसमें सूअर के बच्चे निकले और दूसरी घटना में गोरखपुर प्रेस की भगवत गीता के गुटके मिले उसका कारण यह रहा कि आखिरी सदस्य तक सूचना नहीं पहुँची होगी। दोनों ही घटनाओं की रिपोर्ट रेल विभाग या अन्य ने नहीं की । तब से अभी तक रेल गाडी काटने की घटना नहीं हुई।

जब माधौ सिंह उर्फ बापू हिरासत से भाग गया-

ऐदलसिंह ने राजनीति में प्रगति की सरपंच, जनपद अध्यक्ष, एमएलए, मंत्री के पद तक पहुँचा हैं। हमारे अच्छे संबंध रहे हैं। इनका खानदानी घर है। अन्य गुर्जरों को वह अकबर खां व दरयाव खां की औलाद बताते हैं। यहां स्व0 लोचन सिंह का नाम लिया जाना जरूरी है वह खानदानी होकर अच्छे इंसान थे। उनका बेटा होनहार है और वकालत कर रहा है।

जब इनका इलाके में वर्चस्व तो हमसे पहले शक्कर की स्मलिंग के चक्कर में ये लोग तत्कालीन डीएसपी इन्द्रबहादुर सिंह चैहान पर गोली चला चुके थे। कई केस चले। आदतन

अपराधी होने से ऐदल सिंह के भाई जिसे बापू के नाम से लोग जानते थे। हमने एक बाद उसे पकड कर थाने पर बैठा दिया था, उसकी सिफारिश में ऐदल सिंह स्वयं न आकर स्व0 रवि भदोरिया एडवोकेट को भेजा था।

माधौ सिंह ने वारंट तामील में बेतहाशा मदद की-

संतरी को आगाह के बाद भी जब हम रवि भदोरिया को निवास पर चाय पिला रहे थे तो बापू उर्फ माधौ सिंह भाग गया। स्टाफ को भला बुंरा कहा डांटा भी, बाद पु0अ0 को इस घटना के बारे में बताया तो बोले कि उससे काम लो। हमने वो ही किया और उसका डर दूर किया और उससे बातचीत कर उसकी मदद ली। विश्वास से परे हो जाती है जब हम यह बताते है कि क्षेत्र के जितने भी फरारी या स्थाई वारंटी या अदम तामील वारंटों की तामील उम्मीद से ज्यादा की।

उसकी मदद से वर्षों से फरार अपराधी गिरफतार हुए। उसने कहने से कुछ लोग हाजिर हुए, कुछ पकडवा दिए जो इस परिधी बाहर रहे उन्हें खुद पकड कर या रस्सी से बांध कर थाने में लाकर पटक दिया। वह परलोकवासी हो गया है उसका लडका राजेन्द्र नेता हो गया है। राजेन्द्र की पत्नी मंडी की अध्यक्ष रह चुकी है और राजेन्द्र भी बीएसपी से दिमनी मुरैना विधायक का चुनाव लड चुका है।

10 हजारी सरनाम सिंह की गिरफतारी एक विश्वासः-

सरनाम सिंह गुर्जर निवासी ग्राम तिघरा के पास पुरा जिला धौलपुर राजस्थान जो 1983 में 10 हजार रू0 का इनामी डकैत था। राजस्थान, उत्तर प्रदेश तथा मध्य प्रदेश की पुलिस उसे गिरफतार करने में नाकाम नहीं रही। अपहरण करना और फिरौती लेकर छोडना मुख्य धंधा था। उसकी शरण स्थली चम्बल नदी के भरके थे। बडी दविश पडती तो स्थान छोड कर अन्य या प्रान्त में चला जाता था।

एक दिन पु0अ0 मुरैना सैयद आसिफ इब्राहिम को सूचना मिली कि तीनो प्रान्तों की पुलिस सरनाम सिंह गुर्जर को गिरफतार करना तो दूर की बात है पुलिस उसे छू भी नहीं सकती, यदि मुरैना एस पी चाहे तो सरायछोला के रूहल थानेदार के पास हाजिर हो सकता है तीनों प्रान्तों की पुलिस में भरोसे वाला कोई अधिकारी नहीं है, रूहल थानेदार कह दे कि हाजिर हो जा उसे कोई नहीं मारेगा तो वह हाजिर हो जाएगा। आसिफ साहब ने हमें बताया और पूछा कि सरनाम गुर्जर को जानते हो या कोई संपर्क है? हमनें बताया कि नहीं।

आसिफ साहब ने निर्देश दिए कि उसे हाजिर कर गिरफतार कर जेल भिजवा दो तुम और सिर्फ तुम पर भरोसा कर रहा है। उन दिनों मोबाइल नहीं थे, टेलीफोन भी सब जगह नहीं थे, हमने अपने एक विश्वस्त सूत्र को उसकी तलाश में भेजा। चम्बल में यूं ही कोई इनामी डकैत मिलने से तो रहा, फिर भी हमारे सूत्र ने उसका पता लगा लिया और हमारी बात उसके पास पहुॅचा दी। बात चीत का परिणाम यह रहा कि हमारे सूत्र को उसने यह कहकर चलता कर दिया कि वह अपना आदमी रूहल थानेदार के पास भेजेगा और बात करके हाजिर होगा।

यही हुआ उसका आदमी आया, बात हुई तो बेहड से ले जाने को कहा, हमने मना कर दिया,

और कह दिया कि अपने पैरों से चलकर आ जाए तो हाजिर कर लेंगे। यही हुआ कि तीसरे दिन वह अपने आदमी व हमारे सूत्र के साथ सरायछोला थाना प्रभारी के चैम्बर में उपस्थिति था, पु0अ0 को बताकर उसकी लिखा पढी कर जेल भेज दिया। पुलिस अधिकारी का विश्वास किसी भी सूरत में टूटना नहीं चाहिए।

डकैत सूबेदार सिंह 3000 रू0 इनामी की गिरफतारीः-

सूबेदार सिंह तोमर पुत्र जगन्नाथ सिंह तोमर निवासी खडिया बेहड थाना सिहोनियॉ जिला मुरैना उस समय डकैत गैंग बनाकर ताबडतोड वारदात कर रहा था। मृगपुरा गॉव में खांद वाली माता पर नव दुर्गा के त्यौहार बडा मेला लगता है। मेला में दंगल भी होता है। कमोवेश जिले के थानों में मेला नव दुर्गा के मेले हैं, फोर्स भी कम मिल पाता है।

मेला अपने पीक पर था, दंगल प्रारंभ होने वाला था तभी एक कोटवार ने एक चिट्ठी लाकर दी जो उसको डकैत सूबेदारसिंह तोमर ने दी थी, लिखा था कि वह मिलना चाहता है, समय नहीं का उस चिट्ठी की पुस्त पर ही हमने लिख दी कि सीधे मन्दिर में पुलिस कैम्प में आकर मिलो और चिट्ठी कोटवार को पकडा दी।

थोडी देर में ही सूबेदार माता के मन्दिर पर आ गया, उसने यह कर जाना चाहा कि उसके साथ पूरा गैंग है वह भी हाजिर हो जाएगा लेकिन ऐसा नहीं हो सकता तुम गिरफतार हो चुके हो, दंगल प्रारंभ हो गया था। मेला पूर्ण कर मय सूबेदार के थाना वापस आया। खतरनाक डकैत था पकडे जाने की खबर दूर तक चली गई।

आई जी साहब के सामने पेशी-

कुछ पुलिस अधिकारी गण जातिगत दुश्मनी में उसे मरवाना चाहते थे, यहॉ तक कि वरिष्ठ अधिकारियों से मिलकर भी हिरासत से निकाल कर मुटभेड में मारने की योजना बनाली पर हमारे रूख से उनकी योजना सफल नहीं हो पायी। उल्टी सीधी शिकायत की तो आई जी पी कुरेशी ने मुरैना सर्किट हाऊस हमें तलब किया तब हमने हकीकत साहब को बताई तो संतुष्ट हुए और निर्देश दिए कि सजा करा कर रिपोर्ट कीजिए।

डकैत सूबेदार को सजा आईजी साहब ने दिया नगद इनाम-

हमने उसके कब्जे से मिले .315 बोर व राउण्ड में ही उसे 25/27 आर्म्स एक्ट एवं 11/13 एम पी डी पी के एक्ट में गिरफतार किया था संबंधित थाना प्रभारी गण ने अपने वांछित मामलें में उसकी गिरफतारी की थी। अभियोजन सफल रहा जिसकी रिपोर्ट आईजीपी कुरेशी को वितंतु संदेश के माध्यम से भेजी, फलस्वरूप आई जी पी साहब ने खुश होकर नगद इनाम 200/-रू0 वायर लैस से ही आदेश कर दिए। उस समय में सजा के मामले में बडा इनाम था।

मृगपुरा के ओछा खटीक के पोते का हत्या कांडः-

मृगपुरा के खटीक के लडके का मर्डर एक संवेदनशील मामला बन गया। मुल0 नामजद थे पर उनमें एक मुल0 बडे पैसे वाला था, नाम था कप्तान सिंह परमार। पहले तो मुल0 भागते रहे, विवेचना क्रमिक चल रही थी। खॉडोली के बिन्दा उर्फ वीरेन्द्र सिंह सिकरवार हमारा एक अच्छा मित्र भाई जैसा है उसकी रिस्तेदारी के अनुसार हम भी कप्तान सिंह को मामा ही

बोलते थे पर पुलिस के नाते रिस्ते कुछ लोग मानते हैं कोई नहीं। हम मामा की मदद करने की स्थिति में नहीं थे।

बडी रिश्वत की पेशकस-

एक भ्रान्ति जनता के बीच फैली हुई है कि पुलिस वाले पैसे लेकर काम ठीक कर देते हैं। हमारा भी इस मामले में टैस्ट लिया गया। एक तरफ नेता गीरी शुरू हो गयी थी और दूसरी तरफ मामी एक सूट केस में 50 हजार रू भरकर हमारे किराए के रूम में लेकर आ गए और सीधी पेशकश कर दी कहा लला लो ये 50 हजार रू0 हैं इतने ही और दे जाउंगी। गुस्सा तो बहुत आया पर कुछ नहीं कहा, बस ही कहा मामी ये सब लेकर वापस जाओ। इतने में मामी ने नोटों से भरे सूट केस को खोलकर पलट दिया, कमरे में नोट ही नोट बिखरे पडे थे। सन 1983 में एक लाख रूपए बहुत बडी रकम थी पर हमारे लिए उसकी वैल्यू जीरो ही थी।

गुस्सा बहुत था मामी समझ नहीं रही थी। हमने यह भी डराया कि यह रिश्वत देने का मामला है इस में आप मामा से पहले जेल चली जाओगी। कमरे के दोनों गेट खुले थे। बात सुनकर सामने से चक्की चलाने वाले लडके और गैलरी वाले गेट से चाची आ गई। विकट समस्या सामने थी। मामा कप्तान सिंह को हाजिर करने को कहो तो तैयार नहीं। चक्की वाले सेठ के लडको ने समझाकर वापस किया। बिखरे नोटों को समेट कर सूट केस में भरकर चाची की मदद से मामी को समझाकर घर वापस किया।

मुरैना में हमारा ठिकाना-

यहाॅ यह बता दें कि हम किराये से नहरावली निवासी श्री शंभू सिंह सिंकरवार पटेल के गंज स्थित मकान में रहे हैं। मकान मालिकिन को हम चाची कहते हैं आज भी संबंध हैं। हमारी वजय से जब भी किसी पुलिस अधिकारी को जमानत पर छुडवाना हो तो हमारी वजय से जमानत पटेल साहब ही देते रहे हैं चाहे हम हों या एम0एल0 ढोंडी आदि की जमानत हो।

इसके बाद दूसरा रूम ठाकुर साहब पंचम सिंह दण्डोतिया जारह वालों यहां जीवाजी गंज में रेंट से लिया और रहे। मुरैना की नौकरी में थाने पर शासकीय क्वाटर हो या न हमने रेंट का रूम रखा। ठाकुर पंचम सिंह बडे जागीरदार होकर सज्जन व्यक्ति थे जिनकी रिस्तेदारियां भी बडे बडे लोगों में हैं कभी किसी पुलिस वाले को रेंट पर रूम नहीं दिया केवल हम को ही दिया। वह वो घर है जिसमें रात भर घुंघरू की आवाज सुनाई देती थी।

ठाकुर साहब के पिताजी एम आर सिंन्धिया के पिताजी जीवाजी राव दोनों बहुत बडे ऐयास थे दोनों घनिष्ठ मित्र थे और उस समय रंडियां नचाना और उनके साथ रंगरेलियां मनाना। ठाकुर पंचम सिंह बहुत ही नेक इंसान थे गत वर्ष वह परलोकवासी हो गए। वह कहते थे कि रूहल हम छोटे थे कैसे यह जागीर बचाई आपको क्या बतावें? कुछ बाते उन्होने हमें बताई और बताते बताते उनकी आंखे नम हो जाती थी। एक बडी जागीर जाजऊ की वेश्या के नाम पिताजी ने कर दी थी जिसे वो प्रयास के बाद भी प्राप्त नहीं कर सके।

हमने कई बार ठाकुर साहब से पूछा कि आपके दोनों पुत्र सौनू और मौनू शील स्वभाव के हैं यदि और इन्हें पढने को बाहर भेजते तो ये दोनों आयएएस व आयपीएस बन जाते। ठाकुर

साहब बात करते हुए गमगीन हो जाते थे और यही कहते थे कि वो बच्चों को अपनी नजरों से दूर नहीं भेज सकते। ठाकुर साहब की रिस्तेदारियां बडे घरों में हैं जैसे पूर्व सांसद स्व0 राधाचरण उनके समधी हैं। पूर्व डीआईजी सुरेश शर्मा के छोटे भाई सुद्धी को एक बिटिया ब्याही है। एक रिस्तेदारी कालीचरन शर्मा व एक रिस्तेदारी पहलवान के यहां है।

मृगपुरा काण्ड में नेता गीरी-

पैसा वाला मुलजिम से कई छुट भैया नेता लग गए जिनकी बागडोर जौरा के पूर्व विधायक सूबेदार सिंह सिंकरवार निवासी खांण्डोली ने संभाल ली और सफल नेता गीरी के आधार पर बाद मामला सीआईडी विभाग को सौंप दी। कथित विवेचक निरीक्षक शुक्ला ने मुल0 नामजद होने व चार साक्षियों के कथन 164 जा0फौ0 के तहत अदालत में कलमबंद होने के बाद भी अपनी विवेचना से यह सिद्ध कर दिया कि घटना नामजद मुलजिमानों ने नहीं की बल्कि अज्ञात बदमाशान ने की है। यह मामला मृगपुरा के ओछा खटीक के पोते का हत्या कांड के नाम से मशहूर हो गया था।

सुधी पाठको के ज्ञान में यह भी आना चाहिए कि सी आई डी विभाग में विवेचकों का उदगम कहां से होता है तो समझें कि फील्ड में जो भी उप निरीक्षक या निरीक्षक अन्य अधिकारी आय पी एस को छोडकर जिनकी वि0जॉच लंबित हों, आपराधिक मामला न्यायालय में लंबित हों या अन्य कोई कारण जिसके कारण से उन्हें फील्ड में अधिकारी न रखना चाहें तो उन्हें सी आई डी विभाग, प्रशिक्षण विभाग या पुलिस मुख्यालय में शिकायत विभाग में पदस्थ कर दिया जाता है। जबकि इन विभागों में विशेष भर्ती से अधिकारी नियुक्त कर पदस्थ किए जाना चाहिए अन्यथा की स्थिति में ऐसी ही विवेचना होंगीं, उदाहरण उपरोक्त रूप में यह मामला विद्यमान है।

एक विश्वस्त सूत्र के मुताविक यह विवेचना शुक्ला जी को खूब फली अपनी दो बेटियों की शादी के कपडे व मुरादाबाद से बर्तन मुल0 के पैसे खरीदकर व पैसे नगद लेकर अच्छी शादियॉ कर दी। उक्त जॉच के आधार पर मामले में तत्कालीन थाना प्रभारी जगराम सिंह कुशवाह ने खात्मा रिपोर्ट कता कर थाने में लंबित कर रख दी स्वीकृति हेतु न्यायालय नहीं भेजी।

उधर सीआईडी जॉच के आधार पर हमारी जॉच संस्थित कर दी, यह भी नहीं देखा गया कि खात्मा रिपोर्ट न्यायालय से स्वीकृत नहीं हुई थी लेकिन वि0जॉ0 असत्य आधारों पर संस्थित हुई थी, जॉच अधिकारी डीएसपी रमेश बाबू शर्मा जो इमानदार, कानूनविद, निष्पक्ष आदि गुणों से भरपूर ने असिद्ध पायी और पु0अ0 सुरेन्द्र सिंह ने जॉच नस्ती बद्ध कर दी।

जब मजिस्ट्रेट से खात्मा रिपोर्ट पर संज्ञान लिया-

दूसरी ओर मृतक परिवार गरीब था पर जिसका कोई न हो ऊपर वाला उसकी मदद करता है। बिजीलैंस पुलिस अधीक्षक रहे जे0पी0 शर्मा निवासी मुरैना के छोटे भाई ने गरीब की मदद की, और थाने से खात्मा रिपोर्ट तलब करवा ली, न्यायालय ने हमें भी तलब किया और हमारा कथन भी लिपिबद्ध किया तथा मामले में संज्ञान लेकर मामला सत्र न्यायालय को सुपुर्द

कर दिया और मुलजिमान के विरूद्ध वारंट जारी हो गए। एक बार फिर मामले में गर्मी आ गई और मुलजिमान फरार हो गए। तलाश पर भी नहीं मिले।

मामी ने घर बुलाया-

एक बार फिर मामी ने हम को सूचना भेजी कि अर्जेन्ट बात करना है। हमने यह सोचा था कि मामी मुल0 की हाजिरी की बात करेगी। हम कप्तान सिंह मामा के गंज स्थित निवास पर गए। मामी मिली बैठाया। हमने पूछा कि आप क्या कहना चाहती हो? क्या मुल0 हाजिर कराने की स्थिति बन रही हैं? बोली अभी बात करती हूँ पहले चाय बनाती हूँ तब बात करती हूँ। लडकी पानी का गिलास दे गई। चाय नाश्ता लगाकर चली गई। थोडी देर हमने इन्तजार कि चाय पीने की मामी बोलेगी तभी चाय पियेंगे।

बाद देर तक मामी नहीं आई तो देखा कोई नही तो बडे घर के बाहरी गेट के पास लडकी खडी थी तो उससे पूछा तो उसने बताया कि मम्मी उससे कह गई थी कि तुम दरोगा जी को चाय पिलाओ वो जल्दी आती है। लडकी ने बडे ही आदर सत्कार से कहा आप बैठो चाय पियो। वह बोली चाय ठंडी हो गई होगी गर्म कर देती हूँ। हमने कुर्सी पर बैठ गए और चाय का कप हाथ में लिया और एक सिप लेकर मेज पर रखा तो लडकी न कहा ठंडी हो गई चाय, हमने कहा नहीं हुई चलेगी और ठंडी चाय को भी गर्म की भांति पीने लगा।

दिमांग घूमने लगा-

चाय भी पी ली बहुत देर हो गई पर मामी नही तो कई प्रश्न दिमाग में घूमने लगे। तब से लडकी खडी ही थी तो हमने उससे कुर्सी पर बैठने का इशारा कर दिया तो वह बैठ गई। हमने सीधे प्रश्न किया कि तुम्हारी मम्मी कहां चली गई हमारे पास इतना समय नहीं है अभी तक क्यों नहीं लौटी? एडजैक्ट शब्द बताओ कि मम्मी क्या कह कर गई थी और अभी तक क्यों नहीं लौटी? लडकी ने उतना ही बताया पर इतनी देर तक नहीं आने का कारण नहीं बता पा रही थी। लडकी समझदार थी बात करती-करती गमगीन सी होने लगी और रोने लगीं।

हम कुर्सी से खडे हुए कुछ नहीं समझ पा रहे थे, तरह-तरह के प्रश्न जहन में उठ रहे थे। उस समय कुछ सोच पाता तब तक लडकी रोती हुई कुर्सी से खडी होकर गाय की तरह डकराई और जोर जोर से रोती हुई कन्धे से लगकर रोने लगी। कुछ नहीं समझ पा रहा था कि माजरा क्या है? कैसे भी बच्ची को समझाया और अपने से दूर किया। हमारा शरीर काटो तो खून नहीं, अज्ञात भय से पसीने से बर्दी भीग गई। कुछ बात भी नहीं कह पा रहा था। मामा की लडकी मायने बहन पर फिर भी हम अपने को किसी जाल में फंसे पंछी की तरह महसूस कर रहा था।

लडकी को समझाने की कोशिश की और इतना कह कर कि आज हमारी जगह कोई और दरोगा होता तो क्या होता? इतना कहकर लडकी को रोती छोडकर चला आया। उसके बाद उस घर तरफ मुंह नहीं किया। मामी ने क्या सोचा था?, क्यों नहीं लौटी?, उसके साथ तो कोई घटना घट गई, आज तक कुछ जानकारी नहीं मिली। बिन्दा को पूरी बात बताई तो कच्ची कोरी बात होने से दोबारा उससे कोई चर्चा नहीं हुई। आज तक नहीं समझ पाया कि मामी

किसी जाल में फंसाना चाहती थी? क्या मामी का दिमांग काम नहीं कर रहा था? क्या कोई कुचक्र मामी के जहन में पनम रहा था? अकेली बच्ची को कैसे छोड कर चली गयी? आज तक भी नहीं समझ पाया। राम बडे हैं।

मामा कप्तान सिंह आदि बरी-

बाद में मामले में ट्रायल हुई और दो लाख में मुल0 बरी हो गए जैसा कि तत्समय चर्चा शहर मुरैना में चली और पूरे शहर मुरैना में फैल गई। बरी होने पर माननीय न्यायालय में भी कुछ कार्यवाही हुई पर वहॉ से मुल0 सजा से बच गए। उसके बाद गरीब मृतक परिवार की ओर से एक पत्र सुप्रीम कोर्ट को लिख दिया तो फिर एक बार पुनः ट्रायल हुई और एडवोकेट विद्याराम गुप्ता बगैरा ने पैरवी की। फिर एक बार अफवाहों का बाजार गर्म रहा कि कप्तान सिंह एक बार फिर पैसे के बल पर बरी हो गए। हमारे सामने ऐसा कोई साक्ष्य नहीं आया था। गरीब को न्याय नहीं मिल सका यह तो सबको दिख रहा था।

डिप्टी कलेक्टर झांसी के वाहन का चालान-

थाना सराय छोला की तैनाती में एक दिन ऐसा आया जब हमने अपने ज्येष्ठ पुत्र पुष्पराज का दस्टोन किया था। खाना मिलने वाले व ईष्ट मित्रों तक सीमित था पर जब इलाके के लोगों को पता चला कि थानेदार के लडके का दस्टोन है तो भारी तादात में बिना बुलाए लोग गए तो सभी को खाना खिलाया और रात्रि के 12 बजे गए पर खाना बन्द नहीं हुआ।

करीव एक बजे हम, उप-निरीक्षक बी0के0 परिहार, विजय जाहर सिंह शर्मा आदि मित्रों के साथ धौलपुर गए। मित्रो की बीयर की डिमाण्ड पूरी और खाना भी खाया। खाना खाने के बाद वापस लौट रहे थे तभी एक संदिग्ध एमबैस्डर कार ने हमारे वाहन को पास किया। गाडी विजय चला रहा था उसे पूछा कि उक्त वाहन को पकड सकते हो तो उसने हां में उत्तर दिया और वाहन एमबैस्डर के पीछे फर्राटा भरने लगा।

कुछ देर बाद ही विजय ने देवपुरी बाबा के पास एमबैस्डर को पास कर दिया और थाना सराय छोला के सामने उक्त वाहन को रोककर चैंकिग की गाडी के कागजात नहीं होने और गाडी में एक तिरंगा झण्डा मिलने पर उसका समाधान कारक उत्तर न मिलने से गाडी को थाने पर ले आया।

पूछताछ पर और विवरण मिला और हकीकत भी समझ में आई जब उसने बताया कि वह झांसी मे डिप्टी कलेक्टर है और उसके कमिश्नर हैं और आपके पु0अ0 के पिताजी हैं। इस पर हमने पु0अ0 श्री आसिफ को इतनी रात में ही जगाकर दूरभाष से चर्चा की तब साहब ने बार्डर गस्त की गाडी से भिजवाने को कहा। थोडी देर बाद बार्डर गस्त की गाडी आ गई उससे उस मुरैना पु0अ0 के पास भिजवा दिया।

ऐसे देवता एसपी भी होते हैं-

अगले दिन पता चला था कि उसकी बात सुनकर कार्यवाही के लिए आस्वस्त किया था रात में चाय पानी का इन्तजाम कराया और सुबह डिप्टी कलेक्टर साहब को विदा किया था। पु0अ0 ने इस संबंध मे बिना स्पष्टीकरण एक चेतावनी के आदेश जारी किए थे जिसकी प्रति

कमिश्नर झांसी को प्रेषित की थी।

ऐसे देवता पु0अ0 के साथ काम करने का मौका मिला यदि दूसरे पु0अ0 होते तो इन हालात में हमारे हालात जरूर बिगाड देता। हमारा साहब आई बी के डायरैक्टर होकर से0नि0 होकर पीएमओ में कुछ दिन काम किया लेकिन बीजेपी शासन में न होती तो किसी राज्य के राज्यपाल होते।

डकैत नृपत गुर्जर गैंग से मुठभेडः-

एक मामले में ग्राम रजई के नृपत गुर्जर गैंग की सूचना पर उसकी घेरा बन्दी की गैंग अंधेरे का फायदा उठाकर बेहड ने निकल कर रेल की पटरी पार कर ग्राम पिपरई में घुस गया और क्यौंकि धौलपुर के नेता सालिगराम की ससुराल पिपरई में थी, उनकी पत्नी की भतीजी की शादी में ही गैंग खाना खाने आया था।

द्रोपदी पत्नी सालिगराम के इशारे पर ही नृपत गैंग को पुलिस से बचाते हुए आश्रय दिया और नृपत गैंग से मुठभेड होने मे ग्राम की भोली जनता को बरगला कर पुलिस पर आक्रमण करा दिया और और कई पुलिस भी चोटिल कर दिए, और गैंग को सेफ कर निकाल दिया। उल्लेखनीय कि डकैतो की सूचना कोई भला इंसान ओपन नहीं दे सकता। पैसे के बल पर ज्यादातर मुखिविर बनजे हैं पर हमारे साथ स्थिति अलग ही रही। हमारे मुखविर हमारे मित्र तथा शासकीय अधिकारी व कर्मचारी ही रहे।

द्रोपदी आज भी जिन्दा-

जनता को वचाव करते हुए पुलिस चला रही थी, पर गॉव की भ्रमित जनता को अपनी गोली का निशाना भी नहीं बना सकती थी। हमने पुलिस मुटभेड, पुलिस पर कातिलाना हमला, फरारी गैंग डकैतों को आश्रय देने के संबंधित धाराओं में ग्राम के पटेल सहित मुलजिमान का अभियोजन के लिए आरोप पत्र विशेष न्यायालय मुरैना (द/उ) पेश कर दिया। पता चला है कि डिफैंस कॉन्सिल की मदद से द्रोपदी को मृत बताकर मामले से विरत करा लिया है, मुरैना पुलिस अभी तक उसकी तस्दीक नहीं कर पायी हैं।

जब सांसद को थाने से भगाना पडा-

पिपरई की मुटभेड के बाद धर पकड में पकडे गए अपराधियों को छुडाने के लिए तत्कालीन सांसद बाबूलाल सोलंकी तथा रामेश्वर सिंह गुर्जर थाने पर आया, उन्हें केस की हकीकत व गरिमा के बारे में समझाया किन्तु समझने को तैयार नहीं थे, तब उन्हें सरकारी भाषा में समझाया गया। पाठको को सरकारी समझ आती है कि नहीं बताना जरूरी होगा।

गुस्से में पास में खडे सन्तरी की रायफल लेकर उसमें एक कारतूस भरकर उन्हें डराया कि कि एक मिनट में थाने से नहीं गए तो प्रतिकूल क्रिया के लिए आप लोग जिम्मेदार होंगे, इस प्रकार उन्हें भगाना पडा। नेतागीरी शुरू हो गयी। उधर सालिगराम के एप्रोच करने पर वहॉ के तत्कालीन मुख्य मंत्री शिवचरन माथुर ने मध्यप्रदेश के तत्कालीन मुख्य मंत्री कुंवर अर्जन सिंह से हमारे तबादले के लिए कह दिया।

कुंवर साहब ने डीजीपी को तुरंत बोल दिया कि देखें ये क्या मामला है? चकरी घूमने लगी,

डीजीपी ने चम्बल रेंज के डीआईजी एम डी शर्मा को बोला तो शाम को ही मुरैना के अतिरिक्त पुलिस अधीक्षक मुरैना एम एल श्याम को जॉच के लिए थाना सरायछोला को भेज दिया। जॉच कर उन्होंने अपनी रिपोर्ट पुलिस अधीक्षक मुरैना को प्रेषित कर दी जो ऊपर तक अपने फेवर में पहुँच गयी और माननीय मुख्य मंत्री को भी बता दिया।

कुंवर साहव ने डीजीपी से बोल दिया कि मुरैना के कलैक्टर व एस0पी0 से बोलो कि बात करें। डीजीपी का फोन पुलिस अधीक्षक को जब आया तब वह व कलैक्टर के साथ किसी वीआईपी के आगमन के संबंध में बने मंच पर खडे थे, इत्फाक से हम मंच के नीचे ही खडे थे क्यों कि हमारी डियूटी मंच पर ही थी और फाइनल रिहर्सल था।

जब पु0अ0 व डीएम के मुख्य मंत्री से प्रशंसा की-

तत्कालीन पुलिस अधीक्षक सैयद आसिफ इब्राहिम तथा कलैक्टर मेहता साहब थे उन्होंने जब मुख्य मंत्री से बात की तो सुनने के बाद आखों से आंसू निकल पडे। पता है आप को उन्होंने क्या कहा-“सर यदि रूहल को सरायछोला से इन हालात में हटाया तो गुर्जर लोग मुरैना शहर में आकर लूट व डकैती डालेंगे।” इतनी बात होने के बाद कुछ दिन हम और सरायछोला में पदस्थ रहे।

जब दो मुख्य मंत्रियों के कहने पर तबादला हुआ-

कुछ दिन में ही राजनीति फिर गरमाई और मध्यप्रदेश के व राजस्थान के गुर्जर लोग राजस्थान के मुख्य मंत्री शिवचरन माथुर को जयपुर में घेरा और कुंवर साहब अर्जुन सिंह को माथुर साहब ने यह कह कर कि-“कुंवर साहब क्या एक थाना प्रभारी के तबादले के लिए प्रधान मंत्री मैडम से कहना पडेगा?” बात बडी हो गयी तो कुंवर साहब ने चम्बल रेंज के डीआईजी से बोला कि ऐसे थानेदार को हमारी रेंज में भेज दो और डीआईजी साहब ने अपने अधिकार क्षेत्र से बाहर जाकर हमारा तबादला रीवा जिला कर दिया।

तबादला जिला जिला रीवा-

प्रशासन पर भारी दबाब था हमें तुरंत ही जिला रीवा के लिए रिलीव कर दिया। हमने रोडवेज बस पकडी और रीवा जाकर ज्वाइन कर लिया। यहॉ स्पष्ट करदें कि तत्कालीन मुख्यमंत्री शिवचरन माथुर वहीं हैं जिनके हैलीकॉप्टर में राजा मान सिंह डीग (भरतपुर) ने अपने जोंगा से टक्क्र मारकर नुक्सान पहुँचाया था उस कारण से अगले दिन राजा मान सिंह को डी एस पी कान सिंह भाटी के नेतृत्व में पुलिस मुटभेड में मार दिया।

इस पर बडा बवंडर हुआ आन्दोलन हुआ और राजा मान सिंह की बेटी सांसद श्रीमती दीपा कौर ने मामले में जाच कराकर करीब 20 पुलिस वालों के विरूद्ध हत्या का मामला चलवाया और मथुरा सत्र न्यायालय से कानसिंह भाटी सहित 14 पुलिस वालो को 35 साल बाद आजीवन कारावास सुनाया। तीन बरी हुए तथा तीन ट्रायल के दौरान मृत्यु को प्राप्त हुए।

बर्खास्त आरक्षक द्वारा एसपी आफिस में किया गाली गलोंज-

रीवा में पु0अ0 रामलाल वर्मा थे उनसे सौजन्य भेंट करने पहुँचे तो वहॉ एक बर्खास्त आरक्षक पु0अ0 को भारी गाली गलौंज कर रहा था, बडे बाबू से सबब पूछा तो बतायाकि साहब ने

अभी-2 बर्खास्त किया है। हम पु0अ0 के चैम्बर में चले गए, भेंट की और एक चिटठी जो आई0बी0 श्रीवास्तव ने आपको देने के दी थी पेश की।
चिटठी पढने के बाद अपनी जेब में रख ली और हमें आदेश दिया कि रूहल आने बाहर माजरा देख लिया होगा, अभी उस आरक्षक को बर्खास्त किया है तभी से ऊधम, गाली गलौंज कर रहा है पर यहॉ फोर्स भी ऐसा है कि उससे कोई बोल नहीं रहा न गाली गलौंज को मना कर रहा, आप इसे मेरे जोंगा में डाल कर सिविल थाने में ले जाकर बन्द करा दो।

जब थाना स्टाफ भाग गया-

चैम्बर से बाहर निकले और उस आरक्षक से बडे अदब से साथ चलने को कहा पर उस पर कोई असर नहीं हुआं। वहॉ और उपस्थित पुलिस स्टाफ ने हमें ही उल्टा समझाने की जुरत की। हमने स्थिति भॉप ली फिर हमने उसे जबरजस्ती पकड कर पु0अ0 के जोंगा में पटका और सिविल लाइन थाने में पहुॅचे, आप यकीन नहीं करेंगे, जैसे ही हमने उस आरक्षक को जोंगा से उतारा और उसके बारे में पु0अ0 के निर्देश बताए को एक-2 कर थाना सिविल लाइन रीवा का पूरा स्टाफ भाग गया।

मन चाहे थाने की पोस्ंटिग का मना कर दिया-

हालात पु0अ0 को दूरभाष बताए और निर्देशानुसार उसे हवालात में बन्द कर वापस हो गया। पु0अ0 ने आदेश दिया कि मेरा जोंगा ले जाओ और रीवा से बाहर जाने वाली प्रत्येक रोड पर 25-25 किमी तक जहॉ-2 कंजरों के डेरे पडें हों उनकी जानकारी लेकर और थानों की विजिट करने के बाद बताना कि तुम्हारी पोस्टिंग कि थाने में करना हैं, वहीं कर दूंगा। पोटिंग हमने मना कर दी कि हमको यहॉ नहीं रहना।

इंचार्ज पु0अ0 रीवा ने डीजीपी से मिलने की अनुमति नहीं दी-

अगले दिन पु0अ0 अवकाश पर चले गए, इंचार्ज पु0अ0 सीएसपी से डीजीपी से मिलने की अनुमति मांगी तो मना कर दिया,कहा कि पु0अ0 से ही अनुमति लेना होगी। अगले दि मंत्री राजेन्द्र कुमार का आगमन था, उनसे एक मुलाकात थी जब व मरहूम महेश अग्रवाल मुरैना वाले के लैब का उदघाटन में ग्वालियर में गए थे, उनसे मिलने की योजना बनाई।

भोंसले ने मंत्री से मिलवाया-

हमारे बैच मेट जे0डी0 भोंसले जिला में पदस्थ थे उसका अच्छा रूतवा कायम था और वह मंत्री जी से भी परिचित थे, उसने मंत्री जी से मिलाने की जिम्मेदारी ली और मंत्री जी राजेन्द्र कुमार के आगमन पर मुलाकात भी करा दी, हमने अपनी ग्रीवांस मंत्री को बताई को सुनकर बताया कि दो दिन बाद सोमवार को भोपाल बंगले पर आ जाना कुंवर साहब से बात कर लेंगे। उल्लेखनीय है कि कुवर साहब मंत्री के रिस्तेदार थे।

डीआईजी रीवा से भेंट-

अगले दिन हमने पुनः सीएसपी रीवा जो पु0अ0 चार्ज में थे मिले तो भोपाल की अनुमति नहीं दी और कहा रीवा में डीआईजी बैठते हैं उनसे आप मिल सकते हैं। अगले दिन हम डीआईजी देऊस्कर से मिले, उन्होने हमको तन्मयता से सुना कहा कि अभी अवकाश पर चले जाओं में

कुछ करता हूँ।
आठ दिन का अवकाश स्वीकर कर दिया और हम रवाना होकर भोपाल पहुँच कर मंत्री जी से मिले। मंत्री जी ने बहुत अच्छे से हमें सुना और हमें आश्वस्त कर वापस किया कि तबादला हम करा देंगे। अवकाश का लाभ लेकर हम फिर रीवा ज्वाइन कर लिया और तबादले का इंतजार करते रहे पर वह केवल आश्वासन ही निकला।
तीन चार दिन बाद हम फिर डीआईजी के सम्मुख खडे हो गए, डीआईजी साहब ने गौर से सुना और पूरा मामला समझ कर पी ए को बुलाया और अपनी ओर से तबादला कैंन्सिल करने के लिए जो वितन्तु डीआईजी चम्बल को भेजा था उसका एक रिमाण्डर भेज दिया और हमको निर्देश दिया कि तुम बोर हो जाओगे मैं आपको कोतवाली पदस्थ कर देता हूँ काम करो और आठ दिन बाद मेरे पास आना।
आठ दिन काम किया पर कोई आर्डर नहीं आया तो डीआईजी साहब के पास पेश हो गया, तब डीआईजी साहब ने तबादले के संबंध दिए गए वायलैस व उसके रिमाण्डर का हवाला देकर हमारा तबादला कैन्सिल कर मुरैना ज्वाइन करने का निर्देश दे दिया। ऐसे भी फील्ड में कम ही हैं। हमें ऐसे अधिकारियों पर फक्र है जिनकी वजय से पुलिस इमेज बढी है।
कोतवाली रीवा का कार्यकाल-
डीआईजी श्री देऊश्कर ने रीवा कोतवाली में पदस्थापना के आदेश कर दिए और हमने कोतवाली ज्वाइंन भी कर ली। जाते ही कोतवाली में एक सज्जन थाना प्रभारी निरीक्षक मिले जो वर्षों डीसीबी में रहे थे। एक दिन उनकी काम करने की स्थिति से रूबरू हुआ। अगले दिन उन्होने बताया कि आपसे से पहले मुरैना निवासी शर्मा जी यहॉ पदस्थ थे उनका तबादला पीटीएस रीवा हो गया है उनकी लंबित केस डायरी लेकर देख लो जो कुछ निकाल कर सको तो ठीक रहेगा।
शर्मा जी का बस्ता हमने चैक किया करीब दो दर्जन लंबित केस डायरी थी। उनमें से एक केस डायरी पर दृष्टि पडी को उसको लेकर थाना प्रभारी से चर्चा की तो हालात ऐसे मिले कि बलात्कार जैसे मामले में छः महीने कोई कार्यवाही नहीं हुई। तीन विवेचक बदल गए थे पर मुल0 की गिरफतारी नहीं हुई थी। राजनैतिक दबाब हर मामले में आम बात हो गई पर कार्य सरकार तो करना ही होगा। मुल0 कोतवाली के पास ही स्थित सरकारी अस्पताल में बने झोंपड पट्टी में निवास करता था जो कोतवाली से एक फर्लांग की दूरी पर था। हमने सबसे पहले उसकी गिरफतारी की योजना बनाई।
फरार बलात्कारी गिरफतार-
एच सी एम से फोर्स तैयार करने को कहा तो एक प्र0आर0 व तीन आर0 उपलब्ध थे बुला लिए। फोर्स से रायफल लेने को बताया तो हंसने लगे और सभी ने कहा यहॉ रायफल की आवश्यकता नहीं है यहॉ डण्डा पर्याप्त है। चूकिं हम चम्बल संभाग से रीवा पहुँचे थे और हम बिना रायफल के इलाका में जाना उचित नहीं मानते थे। हमारे समझाने पर एचसीएम से तीन रायफल मय एमुनिशन के निकाल दी। एक रायफल मय बिण्डोरिया के हमने ले ली और

एक हवलदार जी ने और एक आर0 ने ले ली, दो डण्डे वाले आर0 गण को लेकर अस्पताल में पहुँच गए और कथित मुल0 को उसके झोंपड पटटी निवास से गिरफतार कर लिया।
बस फिर क्या था चिल्ल पौ हुई और मुल0 के आस-पास रहने वाले लोगों ने हमें घेर लिया। समझने में देर नहीं हुई कि वह लोग गिरफतार शुदा मुल0 को हमारी से छुडाना चाहते थे। हम उन लोगों को समझाने लगे पर उन पर कोई असर नहीं हो रहा था। दुर्भाग्य पूर्ण क्षण थे जब हमने पीछे खडे अपने साथी फोर्स को देखा तो नदारत था वह हमारा साथ छोडकर भाग चुका था। नजर दोडाई तो पूरे कैम्पस में नहीं था। एक आर0 अस्पताल कम्पाउण्ड वाल के बाहर मैन गेट के पास दिखा। ज्यादा समय सोचने का नहीं था। भीड बढ रही थी।
भीड का नेतृत्व करता हुआ एक छुटभैया नेता पास में आया तथा उसने अपनी नेतागीरी पकाने के हिसाब हमें असफल समझाने की कोशिश की उसका कहना था कि मुल0 को छोड दो बाद में हाजिर करवा देगें पहले भी पुलिस आई थी तब भी हमने इस पुलिस को भगा दिया था और मुल0 को छुडा लिया था। गुस्सा तो बहुत आया था ऐसा लग रहा था इस नेता को दो हिस्से में बांट दूं पर गुस्से का नहीं। हमने नेता को बताया कि नेतागीरी करना है तो पहले बात को समझना सीखो। पहले भीड को दूर करो और उसे बताओ कि हम बात करते हैं। नेता ने ऐसा ही किया।
भीड जैसे ही नेता से दूर हुई हमने सीरा पोता फरते हुए समझाने की कोशिश की पर कामयाबी नहीं मिली। फिर हमने कानूनी दांव पेच बताया तो कुछ समझ में आया। उसे हिन्दी में बताया कि यह नेतागीरी का मुद्दा नहीं है फालतू में शासकीय कार्य में बाधा का केस कायम होगा और तारीख कर-कर के वावला हो जायेगा। उसने बताया पहला 353 ता0हि0 का मामला अभी तक नहीं निबटा। नेताजी ने हाथ जोडे और हमसे बोला अपना ख्याल रखना ये कुत्तों की भांती हैं। पहले भी एक सिपाही का सिर फाड दिया था वह तो जा रहा है।

चम्बल का जलवा पेला-

नेता के हटते ही भीड बिना नेता की हो गयी थी। आगे बढकर भी में से चार-पांच लोग बोले साहब मुल0 को तो छोडना होगा आप अकेले हो कुछ भी नहीं कर पाओगे। हम फोर्स के बारे में सोच रहे थे कि ये डर के मारे भाग गए हैं तो कोतवाली पर बताएंगे और बल आ जाएगा पर ऐसा नहीं हुआ। सोचने का वक्त भी नहीं था हमने मुल0 एक किशोर था उससे कान में कहा कि तुम भागना मत नहीं तो मारा जाएगा।
इतना कहकर वायें पैर से मुल0 के दाहिने पैर दबा कर जीवन शक्ति भवानी अपनी रायफल को लोड कर शक्ति से भीड की ओर चिल्लाया और बताया दिया कि हम रीवा पुलिस के थानेदार नहीं हैं चम्बल घाटी से आए हैं किसी ने आगे बढने की कोशिश की बिना मौत मारा जाएगा कारतूतों से बिन्डोरिया भरी है।
भीड को जैसे सांप सूंघ गया हो एक क्षण तो शान्ति छा गई उसी समय हमने उक्त मुल0 को रायफल के बट से टहोका दिया और उससे कहा कि सीधे कोतवाली चलना और हमने चम्बल स्टायल से रायफल को कन्धे पर रखा जिसकी बैरल भीड तरफ थी और मुल0 के

पीछे कोतवाली तरफ चल दिए।
अब हम शान्त थे तभी एक पत्थर भीड की ओर से आया और मुल0 के वांये कन्धे पर लगा। अब क्या था रायफल की बैरल थोडी आसमान की ओर उठी और एक हवाई फायर हो गया। हम बिना डरे अस्पताल के गेट तरफ बढ रहे थे और कुछ ही क्षणों में मेन रोड पर आ गए थे जहां हमारा साथी फोर्स खडा था।

निरीह टी आई होना भी ठीक नहीं-

बिना रूके कोतवाली पहुॅच गए भीड पीछे नहीं आई। वापसी पर कोतवाल जी को रिपोर्ट दे दी। आर्म्स एमुनिशंस जमा कोथ किया मुल0 बन्द हवालात किया। अब सीन था साथी फोर्स के हालत देखने का चारों के चारों हमारे पैर पकडे थे और एक ही रट " एक बार मॉफ कर दो साहब कभी गल्ती नहीं होगी।" कोतवाल साहब चैम्बर से बाहर निकल आए और बोले रूहल साहब रीवा का फोर्स ऐसा ही है इस लिए कोई कार्यवाही नहीं हो पाती मॉफ कर दो इन्हें। कोतवाल साहब की बात सुनकर हंसी आई और दुःख भी हुआ।

रात्रि गस्त चैकिंग खजाना गार्ड का आरक्षक गायब-

अगले दिन ही कोतवाल साहब बोले आप रात्रि गस्त चैकिंग कर लेना। हमें कोई परेशानी नहीं थी। रात्रि गस्त 12 बजे रवाना किया। करीब एक बजे गस्त चार्ट लेकर कोतवाली की जीप में एक आर0 रायफल वाला बैठा कर चैकिंग में निकल पडे और गस्त पौइंटस चैक करते हुए खजाना गार्ड को चैक करने खजाने पर पहुॅच गए गार्ड चैक किया तो गार्ड का एक आरक्षक गायब। रायफल पूरी थी। आर0 के बारे में कोई जानकारी देने को तैयार था।

रिपोर्ट अकिंत की और संबंधित थाने में सूचना दे दी। इससे काम नहीं चला तो गार्ड से पुनः पूछताछ की फिर भी कोई जानकारी नहीं दी। इससे यह आभाष हुआ कि आपस में तालमेल कर एक एक करके ये भागते होंगे इसी कारण से उसके गांव या निवास का पता भी गार्ड ने नहीं दिया।

वहां कन्टोल रूम पहुंचा और रात्रि में ही एस0पी0 आफिस खुलवाया और एसआरसी से सर्विस बुक निकलवा कर उसके निवास का गांव की जानकारी ली और उसके गांव पहुंचा तो घर में सोता पाया तब उसे साथ लेकर खजाना गार्ड पर छोडा। इस तरह भागने का कारण पूछा तो बताया "साहब घर नहीं जाएं तो महरिया भाग जाएगी।" ऐसा है रीवा का फोर्स।

वापसी जिला मुरैना-

हम एक महीने के भीतर ही पुनः मुरैना में आकर ज्वाइन कर लिया। अगले ही दिन पूर्व मंत्री एवं संसदीय सचिव स्व0 जाहर सिंह शर्मा उर्फ कक्का ने खबर करके बुलवाया, हम गए तो रामेश्वर सिंह कंसाना कक्का के पास बैठा था। दो दिन में ही गुर्जर समुदाय में ऐसी चर्चा फैल गयी कि गूजर जाये को रूहल नहीं बख्सेगा और एक रूमर फैला दी कि दो-दो मुख्य मत्री गण ने रूहल का तबादला किया था वो भी कैंस्लि कराकर आ गया वह प्रधान मंत्री इन्दिरा गॉधी जी का आदमी है नहीं तो कैसे कैंसिंल हो जाता।

इसी कारण से रामेश्वर सिंह कंसाना कक्का के यहॉ सिफारिश कराने को आया था, कक्का

के पैर पकडे था और इस आश्वासन पर पैर छोडे कि हम रामेश्वर को परेशान नहीं करेंगे। पुलिस पु0अ0 सैयद आसिफ इ ब्राहिम ने हमें एक विशेष टास्क देकर थाना प्रभारी बरगवां बना दिया। आसिफ साहब ने विशेष टास्क मे चिरौंजी लाल शर्मा और डकैत रमेश सिंकरवार थे।

थाना प्रभारी बरगवां जिला मरैना-

बरगवां का मिशन पं0 चिरोंजीलाल निवासी बरगवॉ जो एक सफेद पोश अपराधी था जिसने डकैत सोबरन सिंह से रमेश सिंह सिकरवार तक के सभी डकैतों का लूट डकैती व अपहरणों की फिरौती का पैसा खाया और खुद सेठ और साहूकार बन कर गरीबों को पैसे कर्जे के रूप में देकर उनकी जमीनों की रजिस्ट्री करवा कर या अन्यान तरीके से बंधक बनाकर कब्जे में रखना उसका काम था। बडी बात तो ये थी कि पुलिस उसके विरूद्ध रिपोर्ट आने पर भी कार्यवाही नहीं करती थी।

डकैत सोबरन सिंह रूपोश ही रहा-

पंडित जी का जो डकैतों से मिलने और आश्रय देने का जो तंत्र था धीरे-2 तोडा गया। कार्यवाही के डर से चिरोंजीलाल का श्योपुर में आना जाना बठ गया। इसके बाद भी पंडित जी का गरीब, अनुसूचित जाति व अनुसूचित जन जाति के लोंगों पर अत्याचार कम नहीं हुआ, कारण रिपोर्ट नहीं होती क्योंकि पंडित जी पुलिस व अन्य अधिकारियों को पटा कर रखते थे। सोबरन सिंह डकैत का रूपोश होना या कश्मीरा सरदार द्वारा मारकर उसकी टीएमसी ले जाने की कहानी चिरोजीलाल के आस-पास घूमती रही पर अभी तक उसका पटाक्षेप नहीं हो सका।

जागदा डकैती विद मर्डर व अपहरण कांड-

बरगवां का दूसरा मिशन था रमेश सिंह सिंकरवार निवासी लहरौनी जिलां मुरैना हाल जिला श्योपुर जिसने अपराध की दुनियॉ में तहलका मचा रखा था उस पर कडी कार्यवाही। सैकडों कत्ल, डकैती, अपहरण की वारदात कर चुका था और कर रहा था। गत वर्षों में ग्राम जागदा में एक पटेल के यहॉ डकैती डालते हुए दो लोगों की हत्या कर उसकी एक बहू का अपहरण कर ले गया था।

डाकू रमेश का तनेजा बस कांड-

सन 1982 में कराहल घाटी से तनेजा बस कान्ड कर दिया। मामले में बस को जंगल में ले गया और पकडा बिछाकर सभी सवारियों को लूट लिया और 16 व्यक्तियों का अपहरण करके जंगल में चम्पत हो गया था, और सघन कार्यवाही के वावजूद भी प्रत्येक अपहरित व्यक्ति को फिरौती लेकर छोडा था। उल्लेखनीय है कि इसमें एक छोटा बच्चा किसी बैंक के मैनेजर का था वह रमेश से ऐसे हिल गया था कि फिरौती मिलने के वावजूद भी घर वालों के पास जाने को तैयार नहीं था। बा मुश्किल एसे घर छुडवाया।

डकैत रमेश का 13 मारवाडी हत्या कांड-

इसके बाद 13 मारवाडियों की इकजायी नृसंश हत्या की थी और उस क्षेत्र से इधर-उधर

जाने का नाम नहीं ले रहा था एंव अन्य स्थानों में जाकर घटना करना अपहरण करना और लौटकर उसी क्षेत्र में आना क्षेत्र के लोग द्वारा रमेश सिकरवार के डर से व प्रेम से आश्रय दे रहे थे। कोई भी क्षेत्र का उसकी सूना देने की स्थिति में नहीं था। उसका पैदाइसी गांव लहरोनी उसके पास पर्तबाडा आदि ज्यादातर गांव ठाकुरों के थे। बचे आदिवासी वो बेचारे अपना पेट पालन कर रहे थे

बरगवां की तैनाती में तत्कालीन पुलिस अधीक्षक श्री सैयद आसिफ इब्राहिम के सफल निर्देशन में ताबड तोड दबिश व कारगर कार्यवाही से गैंग स्थान छोडने पर मजबूर हुआ, गैंग ने अपना क्षेत्र थाना टेंटरा, सबलगढ़, विजयपुर बना लिया उन्हीं विषम परिस्थितियों में डकैत रमेश सिकरवार के आवागमन क्षेत्र थाना टेटरा में लेखक की पदस्थापना की गयी। उसका गॉव लहरौनी इसी क्षेत्र में होने, फौरेस्ट विभाग में नौकरी करने से एक-2 पेड की जानकारी होना व क्षेत्रीय होने से लोगों का आश्रय मिलना स्वाभाविक ही था।

चिरोंजी लाल के विरूद्ध आदिवादी पर अत्याचार का मामला-

चिरोंजीलाल शर्मा का अत्याचार कम नहीं हो रहा था, इसी क्रम जब पानी सिर से ऊपर बहने लगा तो एक आदिवासी थाने में आकर रिपोर्ट करता है और हमने उस रिपोर्ट पर संज्ञान लेते हुए चिरोजीलाल के विरूद्ध प्रकरण कायम कर विवेचना हेतु मामला हरिजन विभाग को भेज दिया। सूचना पर हमने चिरोजीलाल शर्मा को अपनी हिरासत में लेकर थाने पर बिठा दिया था। बस अब क्या था जैसे ही चिरोंजीलाल के नीयर व डीयर्स को पता चला को नेतागीरी प्रारंभ हो गयी, श्योपुर के तत्कालीन विधायक अपनी टीम के साथ पंडित जी की मदद के लिए अग्रसर हो गए।

जब एमएलए ने वायरलैस से बात की-

विधायक जी बरगवां थाने पर तो नहीं आए पर वह थाना कराहल पर पहुॅच गए और थाना प्रभारी श्री पवैया की मेहरवानी से थाने पर लगे वायर लैस से थाना बरगवां में लगे वायर लैस से चर्चा करने को आ गए और हमसे बात करना चाही तो सबसे पहले कराहल के थानेदार को झाडा कि आप सरकारी वायर लैस का उपयोग विधायक से कैसे कर सकते हो लेकिन वो शायद उनके चमचे हुआ करते थे।

एमएलए के सामने डीआईजी बौना हुआ किया तबादला डीआरपी-

हमने विधायक को पूरा मामला समझाया उनकी समझ से परे रहा बस एक ही रट थी कि चिरोंजीलाल शर्मा को तुरंत रिहा कर दो, हमने मना कर दिया तो नाराज होकर डीआईजी से हमारा तबादला कराने के लिए कराहल से सीधे ग्वालियर को प्रस्थान कर दिया और पता नहीं डीआईजी श्री दिनेश कुमार जुगरान साहब को क्या घुट्टी पिलाई कि डीआईजी बौना हो गया और हमारा बरगवां से तुरंत डीआरपी मुरैना को वायर लैस से ही तबादला कर दिया, हमने भी वायर लैस के आदेश के पालन में तुरंत चार्ज छोड दिया और चार्ज देने का वायर लैस पु0अ0 मुरैना को पास कर दिया।

बस से उतार कर दिया थाना प्रभारी बनाने का आदेश-

वायर लैस मिलते ही पु0अ0 आसिफ साहब अपनी गाडी उठाकर ग्वालियर डीआईजी के पास। बताते हैं कि दोनों मे अच्छी नोकं झोंक हुई, मुद्दा था कि वो पु0अ0 है तो उनके ज्ञान में लाना था, उनका कहना था कि उसने अपने क्षेत्र में अपनी पावर यूज की है, डीआईजी साहब ने इतना भी कह दिया कि उसे रूहल से कोई शिकायत नहीं है आप उसे जहॉ चाहे पोस्ट कर दो।

पु0अ0 से मुरैना पहुॅच कर हमें थाना प्रभारी टेटरा पोस्ट करने के आदेश का वायर लैस पास कर दिया। उधर हम रोडवेज से मुरैना जा रहे थे, टेटरा पर टेटरा पुलिस ने हमें बताया कि हमको अभी थाना टेटरा ज्वाइन करना है, पहले तो ऐसा लगा कि कोई विशेष घटना घट गई है उसमें फोर्स चैकिंग वगैरह कर रहा होगा पर वायरलैस देखा तो स्थिति भिन्न थी। हमने तुरंत चार्ज लेकर कार्य सरकार प्रारंभ कर दिया।

थाना प्रभारी टेंटरा जिला मरैना-

टेंटरा थाने का चार्ज लेने के बाद थाने की जनरल पुलिसिंग के साथ-2 रमेश सिंह सिकरवार का मूव्हमैंन्ट होने व उसके द्वारा नित नए अपराध घटित कर रिकार्ड पै रिकार्ड बनाता जा रहा था, उसके लिए दविश, सर्चिंग, विशेष चैंकिंग आदि कार्यवाही युद्ध स्तर पर चल रही थी।

रमेश सिंह सिकरवार जिसके ऊपर शासन द्वारा 50,000 रूपए का ईनाम घोषित हो चुका था। ऐसी बीच एक ब्लाइंड मर्डर कैमारा की पुलिया के पास हो गया। उसके संबंध में पहले मर्ग की सूना पर दर्ज कर जॉच की तो ब्लाइंड होने से हत्या का मामला अपराध क्रमांक 11/83 धारा 302 ता0हि0 कायम कर विवेचना प्रारंभ कर दी। मामले का सूक्ष्म विवरण दिया जाना उचित रहेगा। मामला खुला और उस मामले का नाम बेदरिया धोबी हत्या काण्ड पडा।

बेदरिया धोबी का अन्धा कत्ल काण्ड-

वर्ष 1983 में एक उल्लेखनीय घटना श्योपुर रोड कैमारे की पुलिया पर एक अज्ञात लाश की सूचना थाना टैंटरा पर मिली लेखक द्वारा उस पर मर्ग कायम किया जाकर नियमानुसार मृतक की शिनाख्ती के पुरजोर प्रयास किये लेकिन लम्बे समय तक शिनाख्ती नहीं हो पायी, आस पास के गांव और आने जाने वाली बसों व अन्य राहगीरों से लाश दिखाकर शिनाख्ती के प्रयास किये गये अज्ञात मृतक की बॉडी पर 114 चाकूओं के निशान थे कत्ल का मामला होने से अपराध क्रमांक 11/84 धारा 302 ताहि. की विवेचना की गयी लेखक द्वारा अपने पूर्ण विवेक और क्षमता के साथ विवेचना चेलेन्ज के रूप में स्वीकार किया।

लाश शनाख्ती ढाई महीने बाद-

विवेचना को पूर्णता की ओर ले गए और करीब ढाई महीने बाद लाश को उसके भाई के द्वारा जो दिल्ली में सरकारी नौकरी करता था जप्त शुदा कपडों और फोटो से लाश पहचान करायी अज्ञात मृतक बेदरिया धोबी निवासी राजस्थान निकला विवेचना के क्रम में मृतक के मौत का कारण उसकी पत्नी उसके साढू की मिली भगत से उसके ताऊ के लडके को सुपुर्द करना और ले भागना पाया।

गहन विवेचना कर बेदरिया के साढ़ू रामचरण धोबी निवासी वीरपुर जिला मुरैना तथा ताऊ का लडका चिरमौली धोबी निवासी राजस्थान की गिरफ्तारी करने के लिए बडे ठट कर्म करने पडे। चिर्मोली बेदरिया की पत्नी जो रामचरन की साली थी को ले जाकर उत्तरप्रदेश के जिला आगरा के एक गांव में एक थ्रैसर मालिक के यहां गैंहू निकालने का ठेका ले लिया। बिजली रात में आती थी ता रात भर थ्रैसर चला कर दिन में सोते थे।

उत्तर प्रदेश के एक खलिहान से की गिरफतारी-

चिर्मोली को पकडने के लिए दूसरे गांव से एक ट्रेक्टर मांगा और अपने तीन आरक्षक सभी सिविल वर्दी में होकर ट्रेक्टर को स्वयं चला कर सीधे उसी थ्रैसर पर पहुंच गए और सोते हुए दोनों को हिरासत में ले लिया। थाना वापस आकर विवेचनापूण्र कर दोनों का अभियोजन कराया और अभियोजन से माननीय न्यायालय संतुष्ट हुये दोनों अभियुक्त को आजीवन कारावास का दण्ड दिया।

पारासर जी महाराज टेंटरा-

थाना टेंटरा की तैनाती के समय एक महत्वपूर्ण तथ्य यदि नहीं लिखेंगे तो भूल होगी। ग्राम टेंटरा के निवासी पारासर महाराज जो पहले थाना नगरा क्षेत्रान्र्गत ग्राम शिकहरा में अध्यापक थे, उन्हें एक दिन हनुमान जी ने ज्ञान दिया कि तुम क्या कर रहे हो? पढाने वाले और बहुत हैं और जो आप को करना है वो करो। शिकहरा के लोग बताते है कि स्टाफ व विद्यार्थियों को राम राम करके स्कूल छोड दिया और कभी स्कूल की ओर मुंह भी नहीं किया। ज्ञान के मुताविक रामजीलाल पारासर बाबा घनघोर जंगल में थाना वीरपुर व ग्राम से 29 किमी की दूरी पर धौरेट स्थान पर हनुमान जी छोटी सी मढिया बनाकर वर्षों तक घोर तपस्या की और बाद में मूल निवास ग्राम टेंटरा में अपनी बगिया में मन्दिर बनाकर तपस्या में लीन हो गए।

पारासर जी बाबा की ख्याति दूर दूर तक फैल गयी थी और दूर दराज से बाबा के दर्शन करने आते थे। कई लोग बाबा से अपनी समस्या बताते थे और बाबा समस्या का समाधान भी बताते थे। बाबा कभी किसी व्यक्ति से एक पैसा भी नहीं लेते थे लेकिन जिनकी समस्या सुलझ जाती थी वो लोग वापस लौट कर बताते थे और बाबा के मन्दिर पर अपनी इच्छा और हैसियत से भंडारा करते थें।

हांलाकि टेंटरा थाने की तैनाती में हमें भी फुरसत नहीं। जनरल पुलिसिंग के अलावा गैंग बदमाशान की पतारसी, एम्बूश, दबिश व सर्चिंग में विजी रहे खास तौर यह रमेश सिंकरवार गैंग के लिए करते रहे और अन्त में उससे अन्तिम मुटभेड में घायल होकर अस्पताल पहुँच गए। जब कभी हम थाने पर शाम को रूकते थे तो बाबा के दर्शन करते थे।

धौरेट बाबा पर रामायण शेर की आवाज-

बाबा से चर्चा करने के बाद तत्कालीन विजयपुर सी आई हाकिम सिंह ने बताया कि रूहल साहब धौरेट बाबा के स्थान पर रामायण कराना हैं आपका सहयोग चाहिए। खैर धौरेट बाबा के स्थान पर रामायण कराई गई। रात को भी वहाॅ विश्राम किया। उस में बाबा के चमत्कार

भी देखे। कई लोग थे कोई कुछ कोई कुछ फरमाइस कर रहे थे। एक कह रहा था शेर की आवाज सुनवाओ एक तो बोला बाबा शेर को बुलाओ। बाबा ने लोगों से कहा रूहल साहब जो कह देंगे वो ही करेंगे।

हमसे पूछा हमने बाबा से निवेदन किया कि आपने शेर बुला लिया और वह आपे से बाहर हो गया तो आफत हमारी होगी, अपना थाना क्षेत्र भी नहीं है किसी को खा लिया तो हमारे बाजे बज जाऐगे। बाबा ने बताया ऐसा नहीं होगा। बाबा से हमने निवेदन किया हम आपकी शक्ति नहीं परखना चाहते आप तो शेर की आवाज सुन वा दो और बाबा ने शेर की आवाज सुन वा दी। घोर जंगल था कई लोग ऐसे भी जो रात में डरते थे कि शेर आ जाऐगा तो क्या होगा। बाबा ने सभी को आश्वस्त किया कि शेर नहीं आएगा, आराम से सो जाओ।

बाबा की चिलम-

वहॉ से लौट कर जब भी शाम को थाने पर होते तो बाबा के दर्शन करने जरूर जाते। बाबा गॉजा पीते थे एक दिन बाबा ने हमको चिलम पकडा दी। हमने बाबा से कहा कि बाबा हमने गॉजा कभी नहीं पिया। बाबा ने कहा कोई काम पहली बार से ही प्रारंभ होता है। अब तो नित्य प्रतिदिन हम बाबा के पास जाते से वह हमारे थाने से निकलते ही अपने चेला से बोल देते थे कि दरोगा जी आ रहे है चिलम भर ले।

इस बात का पता बहुत दिन बाद चला तो बात चारों ओर फैल गयी। कई लोग हमसे पूछने भी लगे कि आपके आगमन की सूचना बाबा कैसे जान लेते हैं। कोई यह बात पूछने की की हिम्मत नहीं करता था। हमने एक दिन बाबा से पूछ लिया पर बाबा ने बताया कि यह एक सिद्धी है। हमने बाबा से निवेदन किया कि हमें कुछ सिखा दो तो बाबा बोले नहीं तुम इसके चक्कर में मत पडो तुम को सरकार के बहुत काम करना हैं। ऐसे कई सन्त चम्बल संभाग में पैदा हुए हैं। एक दूसरे बाबा सफेद दाग वाले थे। उनका हमारे थे पर कभी कभार थाने आना होता था।

बाबा एक दिन टेंटरा थाना पर आया इत्तफाक से थाना प्रभारी वीरपुर सुरेश बाबू शर्मा हमारे पास बैठे तभी बाबा आ गए उनको चाय पिलाई तभी थाना प्रभारी दिमनी अभय सिंह कुशवाह आ गए तो बाबा ने कुशवाह जी से कहा तू यहॉ मरने को क्यों आया है? भाग जा यहां से।

डकैत रमेश सिकरवार गैंग का डकैती काण्ड एवं मुटभेड-

थाना टेंटरा की तैनाती में ग्राम टाटूपुरा मानपुर में रमेश सिकरवार गैंग द्वारा सशस्त्र डकैती डालते हुये तीन व्यक्तियों का अपहरण कर जलेली खोह में समा गया उसके पश्चात लगातार दबिश कर कार्यवाही करते हुये गिरफ्तारी के प्रयास कर ही रहे थे, घटना के तुरंत बाद जब तक और फोर्स आता हमने एसडीओपी श्योपुर ग्याप्रसाद मिश्रा जो इसी डिवीजन में थानेदार, सी आई रहे व बाद एसडीओपी रहें हैं, के साथ खोह में सर्चिंग प्रारंभ कर दी और सुबह पॉच बजे से साढे नौ बजे तक लगातार सर्चिग की। अभी तक पेट जबाब दे गया था। जलेली खोह में रास्ता भूल गये।

जब एसडीओपी ने नाश्ता कराया-

मिश्रा जी बोले रूक जाओ और थोडा विश्राम करो और रास्ते के बारे में मनन करो। फिर भूख जोर से लगने लगी तो मिश्रा जी ने पेड की छांव में एक विशेष पत्ती वाला छोटा पेड बताया कि इसकी जड खोदो तो खाने को मिल जाएगा। ऐसा ही हुआ इस प्रकार के पेडों की जडें खोदी तो मूगफली की तरह जडों में निकला और उसे खाया पेट का काम हो गया, स्वादिष्ट भी लगा। अब मिश्रा जी को रास्ता भी या आ गया और उस रास्ते का पकड कर थाने का रास्ता ढूंढ लिया, जंगल में कभी-2 ऐसा भी होता है।

कम्पनी कमाण्डर्स की इज्जत-

पैरा मिलिट्री फोर्स की दो कम्पनी एक सीआरपीएफ दूसरी बीएसएफ की एक-2 कम्पनी हमको मदद के लिए उपलब्ध कराई गयी थी। एक कम्पनी एस ए एफ की पहले से ही उपलब्ध थी। उल्लेखनीय है कि पैरा मिलिट्री फोर्स की कम्पनी का कमाण्डर असिस्टैंट कमाण्डेंट होता है, जबकि एमपी एसएएफ में निरीक्षक रैंक का अधिकारी कम्पनी का कमाण्डर रहता है। थाने की पदस्थापना के मुताविक हमारे अलावा एक एएसआई तथा दो प्र0आर0 थे, जिनमें से एक प्र0आर0 मौहर्रिर था जो विशेष परिस्थितियों में ही थाना छोड सकता है।

बीच का रास्ता निकाला-

सीआरपीएफ व बीएसएफ के फोर्स को इलाका में ले जाने के लिए कोई भी फोर्स भेजें तो कम्पनी कमाण्डर हमारे साथ जाने को सहर्ष तैयार रहे पर एएसआई के साथ सर्चिग के लिए जाने को तैयार नहीं थे, बाद में दोनों से चर्चा कर रास्ता निकाला कि सीसी इलाके में न जाकर अन्य रैंक के अधिकारी लेकर सर्चिंग आदि की कार्यवाही की गई। कुछ दिन बाद बीएसएफ के एक प्र0आर0 के गुमने पर कम्पनी ही वापस चली गई।

पुलिस अधीक्षक श्री सैयद आसिफ इब्राहिम का तबादला श्री बी.एल. हांडा पुलिस अधीक्षक मुरैना पदस्थ-

इसी बीच राजनैतिक हस्तक्षेप के कारण पुलिस अधीक्षक श्री सैयद आसिफ इब्राहिम का तबादला हो गया और उनके स्थान पर श्री बी.एल. हांडा पुलिस अधीक्षक मुरैना पदस्थ हुये, कुछ दिन के लिये कार्यवाही ढीली हुयी पुनः श्री हांडा पुलिस अधीक्षक मुरैना के सफल निर्देशन में पुरजोर मेहनत की मुखबिर तैयार किये गये।

दिनॉक 19 जुलाई 1984 को गत दिनों टाटु पुरा मानपुर के केस की विवेचना कर रहा था, टाटूपुर से निकल कर कैमारा जाकर एक अन्य मामले की विवेचना कर रहा था कि एक मुखविर सी आई विजयपुर हाकिम सिंह यादव के माध्यम से डी आई जी श्री जुगरान साहब से मिला और दविश की तैयारी प्रारंभ हो गयी।

रमेश सिंह सिकरवार से मुटभेड-

दविश में हमको जाना होगा इस आशय का वायर लैस जो डीआईजी चम्बल रेंज की ओर से जारी किया गया था, साधन कम हुआ करते थे, एच सी एम टेंटरा ने आरक्षक रामेश्वर सिंह रायठौर के माध्यम से हमारे के पास आया। उस समय ग्वालियर से श्यौपुर जाने वाली नैरो

गेज पर छोटी लाइन पर चलने वाली कैमारे के पास रूक गयी।

छोटी लाइन की रेलगाडी को धक्का-

गॉव के लोगों ने बताया कि इसका तो रोजाना का काम है, अब उसमें से पैसेंजर उतरेंगे और पटरी पर रेत, धूल, मिट्‌टी आदि डाल कर धक्का देकर पहाडिया वाले क्षेत्र को पास करेंगे, लोगों ने ऐसा ही किया, हमारे लिए यह किसी कौतूहल से कम नहीं था। ट्रेन रवाना हो गयी और हम वायर लैस के आदेश के पालन में थाने पहुॅचे। थाने पर निर्देश के मुतावि क दो गाडी फोर्स रैडी था तुरंत रवाना होकर थाना विजयपुर पहुॅचे।

एस पी के साथ दबिस में रवाना-

फोर्स दविश के लिए जा चुका था केवल पु0अ0 मुरैना श्री बी0एल0 हॉण्डा की पीजो जीप स्टार्ट खडी थी, हॉडा साहब खुद बैठे थे बस हमारा इंतजार था हमें देखते ही सभी बोले जल्दी आओ जी में बैठो, और जीप में पीछे बैठ गए और जंगल की ओर चल दिए। रास्ते में मुखविर से बात होती रही। शाम के 7 व 8 बजे का समय होगा। एक स्थान पर जीप को छोड पैदल चल दिये। बताया कि अन्य पार्टियॉ लगने को जा चुकी हैं।

स्ट्राइंकिंग पार्टी-

हमारी पार्टी स्ट्राइकिंग पार्टी थी जिसमें पु0अ0 मुरैना हॉडा साहब, सी आई हाकिम सिंह यादव, हम, थाना प्रभारी विजयपुर नाथू सिंह चैहान, डीआईजी साहब का गन मैन, मुखविर, एक जी एफ रायफल वाला एक आरक्षक, 17 बटालियन का प्रधान आरक्षक क्रंमांक 301 कप्तान सिंह तोमर व तीन एस ए एफ के जवान थे। उस प्रकार 11 लोग उस पार्टी में थे। जोरो की बरसात शुरू हो गई। थोडी देर में ही मूसलाधार बरसात होने लगी, बरसात के पानी से जल जंगल एक हो गया। मुखविर के मुताविक आम खो पहाडी पर पहुॅचना था जहॉ रमेश सिंह सिकरवार का गैंग पैर पसार कर सो रहा था।

मूसलाधार धार बरसात आर0 की रायफल पानी में बह गई-

मूसलाधार बरसात, जंगल, बरसाती नाले, रास्ते में बरसाती पानी की वजय से चलना मुश्किल हो रहा था, वहीं एक तेज बहाव में एक आरक्षक बह गया, जिसने जैसे तैसे अपनी जान बचाई लेकिन उसकी रायफल पानी में बह गयी। पूरी पार्टी रायफल ढूडने में लगी तब एक घंटे में आरक्षक रायफल मिल सकी। करीब दो बजे बरसात बन्द हुई। कपडे भीग कर तर बतर थे ऊपर से ढंडी हवा चलने लगी। पार्टी का चलना जारी रहा।

जब मुखविर रास्ता भूल गया-

एक पहाडी के पास पर मुखविर रूक गया और बोला कि वह रास्ता भूल रहा है तब सी आई हाकिम सिंह यादव ने आगे होकर पु0अ0 से बात कर पूछा कि वो मुखविर को ले जाकर रैकी करते हैं। पु0अ0 हाण्डा न हॉ कह दी। सी आई साहब ने हमसे कहा कि आप पु0अ0 के पास रहें, प्र0आर0 कप्तान सिंह तोमर व मुखविर को साथ लेकर चले गए। करीब आधा घटे बाद तीनों वापस लौटे। सी आई साहब ने पु0अ0 को बताया कि गैंग ऊपर पहाडी पर है अभी गैंग के चार सदस्य जिनमें रमेश का भाई राम सिंह शामिल पानी भरने के लिए जा रहे हैं, हम

तीनों ने देख लिया है, मुखविर ने पुष्टि की कि राम सिंह के साथ तीनों भी गैंग के सदस्य हैं।

गैंग की पुष्टि पर एक्सन नहीं-

प्र0आर0 ने बताया था कि गैंग ने शायद हमको देख लिया है, उसकी रेंज में है वह टीम के एक बस्ट से चारों को मार सकता है पर सीआई हाकिम सिंह यादव पुरानी सर्विस के अधिकारी थे, उन्होंने कोई रिश्क नहीं लिया क्योंकि चार तो मर जाते पर उसमे रमेश नहीं था फिर तरह-2 की बातें होती हैं और बाद में हुई भी, लेकिन वो आपके निर्णय से ही कार्यवाही करेगें ऐसा मौके पर निर्णय लिया था। इस तथ्य को लेकर तरह -तरह की बातें चली कि हाकिम सिंह मौके पर निर्णय लेते तो प्रधान आरक्षक कप्तान सिंह हत्या न होती। इस मुददे को पाठकों पर छोडते है कि क्या निर्णय लेना चाहिए था या जो हुआ वही सही था?

गैंग को देखकर मुखविर गडबडाया-

फिर मुखविर पहले से ही गडबडाया हुआ था पार्ट गैंग को देख कर तो मानो उसकी नानी मर गई हो और पहाडी के ऊपर का जाने का रास्ता नहीं बता पा रहा था। बाद में उसने जो रास्ता बताया वह मौत के मुंह में जाने का था पर पुलिस की आधी कार्यवाही में मुखविर का ही आदेश, निर्देश या उपदेश चलता रहा है और सेवा पुरा की आम खो पहाडी को ऊपर चढने के लिए पहाडी के सामने से चढने को बताया और व मान्य भी हुआ। रास्ता नही था जानवरों के पहाडी के चढने की पतली सी टेढी मेढी गडार बनी थी उसी के सहारे चढ रहे थे।

कप्तान सिंह शहीद-

सबसे आगे मुखविर व उसको दम दिलासा दिलाते हुए सीआई यादव, उनके पीछे जी एफ जी एफ रायफल वाला आरक्षक, फिर नाथूसिंह चैहान प्रभारी विजयपुर, फिर प्र0आर0 कप्तान सिंह, फिर हम, फिर पु0अ0 हॉण्डा साहब, फिर डीआईजी साहब का गनमैन, फिर अन्य साथी जवान थे। करीब 8-10 फीट पहाडी पर चढने को रह गया था, तभी एक बंशी धोबी की 303 की रायफल की गोली सांय-2 की आवाज करती कप्तान सिंह को छाती फाडती हुई निकल गई, हमने तुरंत कप्तान से पूछा, कप्तान क्या हुआ? कोई जबाब नहीं आया, आता भी कैसे वह कर्तव्य की बलिवेदी पर शहीद हो चुका था।

गोली से हम घायल-

सभी जहां के तहॉ पोजीशन में आकर फायरिंग करने लगे। इत्तफाक यह था कि खुड्डी का रास्ता लहराया हुआ था जो कभी पहाडी के पास से कभी थोडा दूर हो जाता था जब कप्तान को गोली लगी वो तथा हम पहाडी से दूर थे और दुश्मन पहाडी पर खडा देख रहा था। आरक्षक जीएफ वाला घबरा गया तब सी आई यादव ने जी एफ फायर किया पर गोला फटा ही नहीं, तभी रमेश सिकरवार ने 303 रायफल से हमारे ऊपर जान लेवा निशाना लगाकर फायर कर दिया जो पोजीशन में पडे हमको सिर के वायें तरफ लगी जिससे हमारे सिर की बाएं तरफ की पैराइटल बोन को कई टुकडों में तोडती हुई सांय करती हुई पहाडी में घुस गई।

गोली चलाते हुए बेहोश-

होश गंवाने तक हम गोली चलाते रहे। कब बेहोश हो गए पता नहीं। करीब पौन घंटे बाद जब

हमको होश हो आया तो हम खडे हो गये। उस समय पु0अ0 हॉडा साहब फील्ड टैक्टिस के हिसाव से कमाण्ड दे रहे थे, एक कम्पनी बायें से, एक कम्पनी दाहिने से। हमने हस्तक्षेप कर बोले कि गोली चलाना बन्द करो, गैंग कोसों दूर निकल चुका होगा। गोली चला बन्द किया तभी डीआईजी साहब के गनमैन ने चिल्लाना शुरू कि "रूहल साहब के गोली लग गई" लेकिन हमें पता नहीं चल रहा था कि हमें गोली है पर जब वर्दी पर हाथ फेरा तो पता चल गया। तभी सीआई यादव ने एक साफी हमारे सिर में बॉध दी।

पौन घंटे में होश आया जब पु0अ0 फील्ड टैक्टिस के मुताविक कमांड कर रहे थे-

कप्तान सिंह की अभी किसी को पता नहीं थी, हमने बताया कि कप्तान को सबसे पहले छाती में गोली लगी है और शायद वह शहीद हो गया है तब उसें देखा, वह स्वर्ग सिंधार गया था। इन हालात में कोई भी होता होश बिगड जाते ऐसे ही पार्टी के होश उड गए। किसी को कुछ सूझ नहीं रहा था। हल्की फुल्की सर्चिग कर यह पुष्टि की कि गैंग भाग चुका था।

जब कप्तान सिंह की लाश जंगल में छोडी-

योजना बनी कि कप्तान सिंह की लाश को छोड कर चलें क्योंकि कि डैड बॉडी उठा नहीं पा रहे थे जवान। हमको जल्दी ले जाना चाह थे पर हमने कप्तान की डैड बॉडी के बिना जाना नहीं स्वीकारा। फिर योजना बनी तब कप्तान की डैड बॉडी के पर तीन जवान छोडकर चले।

घटना स्थल से रवाना-

हालत प्रतिकूल थे हम बेहोशी में भयंकर घायल थे हमको एक तरफ से सीआई यादव तथा दूसरी तरफ से नाथू सिंह पकड कर सहारा दे रहे थे। हॉडा साहब के दोनों कन्धों पर दो-2 रायफल (एक हमारी, दूसरी सीआई यादव की तथा तीसरी नाथू सिंह की) रखे हमारे पीछे-2 चल रहे थे। डीआईजी साहब का गनमैन हाण्डा साहब के पीछे, एक आरक्षक हमारे आगे-2 तथा एक आरक्षक थोडा आगे मुखविर के साथ चल रहा था। सब शान्त थे सीआई यादव हमारा हौसला बढाते हुए चल रहे, हमने भी हौसला नहीं खोया।

मुखविर फिर रास्ता भूला-

फिर एक बार मुखविर रास्ता भूल गया, सभी बैठ कर आराम करने लगे और रास्ते के बारे में युक्ति बनाते रहे। हमसे भी पूछा तो हमने बताया कि दो चार फायर करो। सभी ने मना किया कि इससे क्या होगा। हमने फिर कहा करो रिजल्ट आएगा। ऐसा ही हुआ 4-5 फायर एक जवान ने किए, सन्नाटा फैला तभी अपनी दाहिनी साइड से थोडी दूरी से पु0अ0 वाली जीप आगे को चली गई जिससें रास्ते का आभाष हुआ और पहाडी से उतर कर अगरा वाली रोड पर आ गये।

डीआईजी आधी सेव किए मौके पर-

थोडी देर में डीआईजी जुगरान साहब जिनकी एक साइड की सेव बनी हुई थी दूसरी साइड की नहीं। ये पूरी कार्यवाही उनके ही नेतृत्व में ही चल रही थी। हमको एक जीप में बैठा कर विजयपुर अस्पताल को रवाना कर दिया, पर थोडी दूर जाकर जीप खराब हो गयी। वायर लैस खटकने लगे।

बरसात हो रही थी, कोई साधन नहीं था। पता चल रहा था कि मुरैना से आर आई साहब दामले खुद नई जीप लेकर चल दिए हैं। जहॉ हमारी जीप खराब हुई थी वहॉ से मुरैना करीब 100 किमी दूर था, रोड सिंगल था, करीब दो घंटे में जीप आई और हमको शिफ्ट करके चल दिए और करीब 03 बजे शाम को विजयपुर अस्पताल में पहुँचे। अस्पताल में हमारे मित्र डॉ0 आर0सी0 दण्डोतिया पदस्थ थे।

फस्र्ट एड 09 घंटे बाद विजयपुर अस्पताल में मिली-

डॉ0 साहब ने फस्र्ट एड देकर डैक्स्ट्रोस की बोतल लगाकर हमारे साथ ही ग्वालियर के लिए चल दिए। विजयपुर से भी ग्वालियर करीब 120 किमी दूर है। करीब तीन घंटे का रूट था। गोली की छटपटाहट से जीप की पिछली लम्बी सीट पर हमको लिटा रखा था एक बार हमारी लात जीप में बैठे तत्कालीन थाना प्रभारी राधेश्याम तिवारी सबलगढ की कनपटी पर पड गयी तो उस जालिम पंडित ने हमारे दोनों पैर जीप के डाले से रस्सी से बांध दिए। वह अच्छे अधिकारी रहे है। हमारी स्थिति अच्छी नहीं थी।

थाना चिलवानी मोड पर बेहोश-

छिमछिमा हनुमान जी से आगे थाना चिलवानी का मोड है वहॉ तक हमको होश था उसके बाद बेहोश गए। शाम को हमें थोडा सा होश आया था तब हम जे ए अस्पताल के मेन गेट के सामने वाले लॉन में डले थे, फुल वर्दी पहने हंटर बूट पहले थे। हमसे थोडी कुछ पुलिस वाले खडे थे जो हमको देखने वालों की भीड को भगा रहे थे। हम फिर से बेहोश हो गए थे। फिर हमको एक बार होश आया था तो उस समय ऑपरेशन थियेटर में थे और फिर बेहोश हो गए। 11दिन कोमा में रहने के बाद 12वें दिन हमको होश आया था।

11दिन कोमा में रहने के बाद 12वें दिन होश आया-

होश में आने के पहले व बाद में हमको देखने वालों का तांता लगा रहा। स्पाट पर आई जी पी स्व0 जे0एम0 कुरैशी गए थे और जो हालात पाए उसमें कट आउट पार्टी के न लगने से मिलने वाली सफलता थोडी दूर रह गयी और इसके लिए जिम्मेदार थे मण्डल निरीक्षक युधिष्ठिर सिंह तोमर जो कट ऑफ पार्टी के प्रभारी थे, उनके साथ एसएएफ की एक कम्पनी थी जिसे कट ऑफ में न लगाकर वहां से दूर थाना अगरा के प्रागंण में जाकर सो गए।

आईजी कुरेशी का कनिष्ठ के प्रति बेहतर रूझान-

कुरैशी साहब ने उनके खूब उल्टा सीधा कहा पर नौकरी से नहीं खेले। बताते है कि कुरेशी साहब स्पॉट से लौटने बाद अस्पताल में हमारी हालत देखने आए थे जो बहुत पतली थी। हालत देखने के बाद उन्होंने अपने साथ काम करने वाले तहसीलदार अमृत सिंह जो डिप्टी कलैक्टर होकर से0नि0 हो गए थे के पुत्र डॉ0 रामकुमार सिंह रघुवंशी की तलाश की वो अपने निवास पर थे।

डॉ0 रघुवंशी को घर से बुलवाया गया-

तत्कालीन पु0अ0 ग्वालियर स्व0 ओ0पी0 राठौर से निर्देश देकर उनसे ही बुलवाया। डॉ0 रघुवंशी ने देखकर चर्चा की। बताते हैं कि कुरेशी साहब ने डॉ0 रघुवंशी से कहा था कि यदि

देश से बाहर अमेरिका, रूस, जर्मनी आदि देश में ले जाना हो तो अभी हवाई जहाज लेकर चल सकते हैं। इससे वरिष्ठ अधिकारी का कनिष्ठ के लिए रूझान दिखता है।

डियूटी डॉ0 एन डी वैश्य-

डॉ0 ने बताया था बाहर ले जाने कर स्थिति नहीं है, शरीर में खून नहीं है, यहीं ऑपरेशन किया जाना उचित रहेगा। उस समय डियुटी पर डॉ0 एन0डी0 वैश्य थे पर कुरेशी चाहते थे कि डॉ0 रघुवंशी ऑपरेशन करे। डॉ0 रघुवंशी का कहना यह था कि वैश्य साहब एचओडी हैं और उनसे सीनियर भी, पर कुरेशी किसी भी तरह नहीं माने तब डॉ0 रघुवंशी ने हां भर ली और बोला कि करीब 30-35 खून की इन्तजाम करो। पुलिस विभाग कार्यवाही में जुट गया।

ऑपरेशन किया डॉ0 रामकुमार सिंह रघुवंशी ने 33 बोटल खून लगा-

बताते हैं कि एक गाडी मुरैना से और एक गाडी ग्वालियर पुलिस लाइन से रिक्रूट व नये आरक्षक से भर कर आ गई और सभी ने सहर्ष खून दिया। बताते है खून देने वालों में ऐसे नौ जवान भी थे जो चिल्ला कर अपनी शर्ट उतार कह रहे थे कि "रूहल साहब" को खून पहले मेरा दो। दुःख जब हुआ कि ऑपरेशन के लिए भरे जाने वाले फॉर्म या सहमति पत्र पर पुलिस विभाग से कोई तैयार नहीं हुआ, कारण जो भी रहे हों। किसी ने बताया होगा कि हमारा छोटा भाई गुलाब सिंह हमारे पास ही रह कर पढाई कर रहा था।

राजीव चतुर्वेदी गुलाब को लेकर आया-

हमारी धर्म पत्नी मायके गयी हुई थी हमारा बडा बेटा पुष्पराज करीब एक साल का होकर गोदी में था, तब तत्कालीन उप निरीक्षक राजीव चतुर्वेदी छोटे भाई गुलाब सिंह को लेकर आया था उसने हमारे हंटर बूट व बैल्ट खोले और फॉर्म पर हस्तक्षर किए और डॉ0 रघुवंशी ने 4-5 घंटे में हमारा ऑपरेशन किया। उस समय अन्य के साथ हमारे पुलिस गुरू रमाकान्त तिवारी तथा डॉ0 ओ0पी0 शुक्ला उपस्थित रहे। ऑपरेशन में 33 बोतल खून चढाया गया। 12वे दिन होश आया तो टेंटरा गॉव सरपंच माखनलाल से बात की।

पूर्व सरपंच टेंटरा माखनलाल-

माखनलाल ने हमारे कहने से सीआई यादव के माध्यम से बटुरी काछी गैंग को एक .500 बोर, एक .315 बोर तथा एक 12 बोर बन्दूकें रमेश सिकरवार को निपटाने के लिए दिलवा दी थी। आज तो बच गये अन्यथा की स्थिति में माखन लाल की पतली होना संभव थी। वफादार सरपंच माखनलाल को कोई शिकन चेहरे पर नहीं।

मुस्कराहट के साथ बोले आपने किसी को नाजायज नहीं सताया तो भगवान सब देखता है और खुशी के मार रोने लगा। बाद में बटुरी गैंग के सफाया होने से पहले वो हथियार वापस हो गए थे क्योंकि रमेश सिकरवार को अब मरना नहीं था, उसके आत्मसमर्पण की चर्चा शासन व प्रशासन से प्रारंभ हो गई थी।

डकैत रमेश सिंह सिकरवार का भयंकर खौफ-

डकैत रमेशसिंह सिकरवार का इतना खौफ था कि सरल शब्दों में बताया नहीं जा सकता। इसे समझने के लिए चम्बल रेंज के डी0आई0जी0 का निम्न अद्र्धशासकीय का पढना ठीक

लगेगा और उसके पढने बाद उसका खौफ समझने में आ जाएगा-

प्रतिलिपि- अद्रवशासकीय पत्र क्रमांक/पी.ए./सी.आर./क्यू/83 दिनांक 26 मई 1983 जो उप-पुलिस महानिरीक्षक, चम्बल रेंज ग्वालियर द्वारा पुलिस अधीक्षक मुरैना को लेख किया गया है।

सुविज्ञ सूत्रों द्वारा ज्ञात हुआ है कि रमेश सिकरवार उसके विरूद्व चलाये जा रहे अभियान से बहुत परेशान है और वह कोई भी ऐसी घटना कर सकता है जिससे पुलिस को भारी क्षति उठाना पड सकती है प्राप्त जानकारी के अनुसार गैग में जो चर्चा हो रही है वह किसी भी छोटे बडे पुलिस अधिकारी की गाडी को जंगल में घूमती है उस पर एम्बूस किया जाये अथवा उनके घर पर घात लगाकर वारदात की जाये कोई भी छोटी चैकी या थाने पर जो भीतरी भाग में है, हमला करके क्षति पहुॅचाई जाये और वहां के हथियार कारतूस जिनकी उन्हें आवश्यकता है ले लिये जाये तीसरे कोई भी छोटी मोटी पुलिस पार्टी जो इलाका गस्त में जाती है या इक्का दुक्का सिपाही जो डाक आदि लेकर जाता है उस पर एम्बूस किया जाये।

2- अतः समस्त अधिकारियों को हिदायत दी जाये कि वें अपनी तथा अपनी फेमली की सुरक्षा प्रवन्ध करें साथ ही समस्त थानों एवं चैकिंयों को कडी सुरक्षा व्यवस्था बनाये रखने हेतु हिदायत दें इक्का दुक्का सिपाही थाने से जंगली रास्तों से भेजना बंद करें और यदि आवश्यकता हो तो 4-5 सिपाही हथियारबंद ही भेजे जावे।

कार्यालय पुलिस अधीक्षक जिला मुरैना म.प्र.

गोपनीय/क्रमांक/शी.ले/2/573/83 दिनांक 03 जून 1983

प्रतिलिपि-

1- समस्त राजपत्रित अधिकारी जिला मुरैना।

2- थाना प्रभारी निरीक्षक श्योपुर/अम्बाह/मुरैना/तथा समस्त मण्डल निरीक्षक जिला मुरैना।

3- समस्त थाना प्रभारी जिला मुरैना सूचनार्थ पालनार्थ।

अति. पुलिस अधीक्षक

मुरैना म.प्र.

डकैत गैंग रमेश सिकरवार का आत्म समर्पण तथा लेखक महामहिम राष्ट्रपति द्वारा "वीरता के लिए पुलिस पदक" से सम्मानित-

रमेश सिकरवार गैग से पुलिस मुटभेड यह आखिरी थी। लेकिन वह इतना डर गया कि 27 अक्टूबर 1984 को शासन की नीति के अनुसार गैंग आत्म समर्पण होने को मजबूर हो गया और अपने 08 साथियों के साथ एस.ए.एफ. मैदान मुरैना में डी.जी.पी. म.प्र. के सामने आत्म समर्पण कर दिया।

उल्लेखनीय है कि सिर की गंभीर चोट की वजह से 40 दिन अस्पताल में जीवन और मौत के बीच जूझता रहा इस उत्कृष्ट वीरता, साहस और कत्र्तव्य परायणता का परिचय देने के लिए लेखक को महामहिम राष्ट्रपति द्वारा "वीरता के लिए पुलिस पदक" स्वीकृत किया गया।

इसी क्रम में इस मुठभेड में 17 वाहिनी का हवलदार मौके पर ही शहीद हो गया था शहीद प्र0आ0 कप्तान सिंह को भी मरणोपरांत वीरता के लिये पदक प्रदान किया गया।

जैसे ही लेखक अस्पताल से थाना टेंटरा पर पुनः ज्वांईन किया तो उक्त शासन की नीति से अवगत हुआ और लेखक को गैंग को समूल उन्मूलन करने के आश्वासन के बाद भी नीति के अनुसार लेखक का तबादला थाना टेंटरा से थाना पोरसा कर दिया गया। राष्ट्रपति सचिवालय से वीरता के लिए "पुलिस पदक" के संबंध में जो पत्र जारी हुआ उसकी प्रति निम्न प्रकार है मैडल सेरीमनी राज भवन भोपाल में दिनॉक 26 जनवरी 1987 को संपन्न हुई तत्कालीन महामहिम राज्पाल प्रौ0 के0एम0 चाण्डी द्वारा मैडल प्रदान किए-

राष्ट्रपति सचिवालय

राष्ट्रपति भवन

नई दिल्ली 110004

गोपनीय/तुरन्त

स.एफ.2/2/एच.ए./86/सी.ए. 07 फरवरी 1986

सेवा में,

सचिव,

मध्यप्रदेश शासन

गृह पुलिस विभाग

भोपाल।

विषयः- वीरता के लिये पुलिस पदक का प्रदान

महोदय,

राज्य सरकार द्वारा भारत के गृह मंत्रालय के सचिव को उपर्युक्त विषय में भेजे गये पत्र क्रं./20-1/85/व-2-11 दिनांक 25 मई 1985 के बारे में मुझे कहने का निर्देश हुआ है। कि राष्ट्रपति ने सर्व श्री रणधीर सिंह रूहल पुलिस उप-निरीक्षक जिला मुरैना एवं कप्तान सिंह, हेड कॉंस्टेबल 17वीं बटा. एस.ए.एफ. भिण्ड (मरणोपरांत) को वीरता के लिये पुलिस पदक प्रदान करने का अनुमोदन किया है।

2- शनिवार दिनांक 22 फरवरी 1986 को प्रकाशित होने वाले भारत सरकार के राजपत्र में इसकी घोषणा की जायेगी। अधिसूचना सं. 11-पेज/86 दिनांक 7 फरवरी 1986 की अग्रिम प्रति संलग्न है।

3- ऐसी ही सूचना मध्यप्रदेश के राज्यपाल के सचिव, राजभवन भोपाल को भी भेजी गयी है।

4- कृपया प्राप्ति सूचना दें।

भवदीय

हस्ता.

(सु. नीलकण्ठ)

राष्ट्रपति का उप सचिव

प्रतिलिपिः गृह मंत्रालय नई दिल्ली ।

शनिवार दिनांक 22 फरवरी 1986 के भारत के राजपत्र के भाग।

खण्ड 1 में प्रकाशनार्थ

राष्ट्रपति सचिवालय

अधिसूचना

~~~~~~~~~~~

नई दिल्ली, दिनांक 07 फरवरी 1986

नं. 11-पेज/86-राष्ट्रपति मध्य प्रदेश पुलिस के निम्नांकित अधिकारियों को उनकी वीरता के लिये पुलिस पदक सहर्ष प्रदान करते हैं।

अधिकारियों के नाम तथा पद

1. रणधीर सिंह रूहल

पु0उप-निरीक्षक, जिला मुरैना (म.प्र.)

2. श्री कप्तान सिंह

हेड कांस्टेबल, 17वीं बटा. वि.स.बल भिण्ड (म.प्र.)

सेवा में,

सचिव,

मध्यप्रदेश शासन

गृह पुलिस विभाग

भोपाल।

सेवाओं का विवरण जिनके लिये पदक प्रदान किया गया।

~~~~~~~~~~~~~~~~~~~~~~~~~~~~~~~~

19 जुलाई 1984 को कुख्यात डाकू रमेश सिंह सिकरवार के गिरोह की बरेलिया थाना विजयपुर में उपस्थिति की सूचना मिलने पर पुलिस द्वारा एक छापे का आयोजन किया गया। पुलिस दल को देखकर डाकुओं के गिरोह ने गोली चलाई। पुलिस दल ने भी जवाब में गोली चलाई जो 10-15 मिनट तक चलती रही फिर भी गिरोह घने जंगल में साथियों तथा नाले का लाभ उठाते हुये बचकर भागने में सफल हो गया। उन रास्ते के पास जहां से वे बचकर भागे थे उक्त के कुछ धब्बे देखे गये जिससे संकेत मिला कि गिरोह के कुछ सदस्य घायल हो गये।

पुलिस दल ने मूसलाधार वर्षा तथा घने जंगल में गिरोह का पीछा किया और 20 जुलाई 1984 की प्रातः गिरोह का पता लगा लिया। डाकू आमखोह तथा सेवापुरा पहाडी के बीच कगार पर टांगे फैलाकर आराम कर रहे थे चूंकि गिरोह पहाडी की चोटी पर ऊंचे स्थान पर था। उसने आते हुये पुलिस दल को देख लिया और फौरन गायब हो गया। फिर भी पुलिस

दल ने गोल का कार्य जारी रखा तथा एक बार फिर भयंकर मुठभेड में उन्हें उलझाने में सफल हो गया है। हेड काँस्टेबल कप्तान सिंह तथा उप-निरीक्षक रूहल भारी गोलीबारी के बावजूद अन्य लोगों से आगे बढने की कोशिश कर रहे थे। दुर्भाग्यवश दोनों को एक साथ डाकुओं की गोली लगी। हेड काँस्टेबल कप्तान सिंह को छाती में बायीं ओर गोली लगी फिर भी अंतिम सांस तक वे गोलियां चलाते रहे। उप-निरीक्षक रूहल के सिर पर गोली लगी लेकिन अपने होशो-हवास खोने तक वे आगे बढते रहे। गिरोह के सदस्य फिर बचकर पहाडियों में भागने में सफल हुए उन्हें गिरफ्तार नहीं किया जा सका।

इस मुठभेड में श्री रणधीर सिंह रूहल पुलिस उप-निरीक्षक तथा श्री कप्तान सिंह हेड कांस्टेबल ने उत्कृष्ट वीरता साहस और उच्च कोटि की कत्र्तव्य परायणता का परिचय दिया।

ये पदक पुलिस पदक नियमावली के नियम 4(1) के अन्तर्गत वीरता के लिये दिये जा रहे हैं। तथा फलस्वरूप नियम 5 के अन्तर्गत विशेष स्वीकृति भत्ता भी दिनांक 19 जुलाई 1984 से दिया जायेगा।

(सु. नीलकण्ठ)
राष्ट्रपति का उप सचिव

राष्ट्रपति सचिवालय
राष्ट्रपति भवन
नई दिल्ली
गोपनीय/तुरन्त

स.एफ.02/2/एच.ए./86/सी.ए.11 7 फरवरी 1986
सेवा में
सचिव
म.प्र. शासन
गृह पुलिस विभाग
भोपाल।

विषय- वीरता के लिये पुलिस पदक का प्रदान ।

महोदय,

राज्य सरकार द्वारा भारत के गृह मंत्रालय के सचिव को उपर्युक्त विषय में भेजे गये पत्र क्रमांक/20-1/85/व-2-11, दिनांक 25 मई 1985 के बारे में मुझे कहने का निर्देश हुआ है। कि राष्ट्रपति ने सर्व श्री रणधीर सिहं रूहल, पुलिस उप निरीक्षक जिला मुरैना एवं कप्तान सिहं, हेडकांस्टेबल, 17 वी बटा. एस.ए.एफ. भिण्ड मरणोपरांत को वीरता के लिये पुलिस पदक प्रदान करने का अनुमोदन किया है।

2- शनिवार दिंनाक 22 फरवरी 1986 को प्रकाशित होने वाले भारत सरकार के राजपत्र में इसकी घोषणा की जायेगी अधिसूचना स 11-पेज/86 दिनांक 7 फरवरी 1986 की अग्रिम प्रति संलग्न है।

3- ऐसी ही सूचना म.प्र. के राज्यपाल के सचिव, राजभवन भोपाल को भेजी गयी है।

4- कृपया प्राप्ती की सूचना दें।

भवदीय

हस्ता0

सु. नीलकंठन

राष्ट्रपति का उप-सचिव

प्रतिलिपि-

1- गृह मंत्रालय नई दिल्ली।

शनिवार दिनांक 22 फरवरी 1986 के भारत के राजपत्र के भाग।

खण्ड 1 में प्रकाशनार्थ

राष्ट्रपति सचिवालय

अधिसूचना

नई दिल्ली, दिनांक 07 फरवरी 1986, सं. प्प्-पेज/86- राष्ट्रपति म.प्र. पुलिस के निम्नांकित अधिकारियों को उनकी वीरता के लिये पुलिस पदक सहर्ष प्रदान करते है।

अधिकारियों के नाम तथा पद

1- श्री रणधीर सिहं रूहल

पु.उप निरीक्षक जिला मुरैना म.प्र.

2- श्री कप्तान सिहं

हेडकांस्टेबल 17 वी बटा विसबल

म.प्र.

सेवाओ का विवरण जिनके लिये पदक प्रदान किया गया।

----

19 जुलाई 1985 को कुख्यात डाकू रमेश सिहं सिकरवार के गिरोह की बरेलिया थाना विजयपुर के उपस्थिति की सूचना मिलने पर पुलिस द्वारा एक छापे का आयोजन किया गया पुलिस दल को देखकर डाकुओं के गिरोह ने गोली चलायी पुलिस ने भी जवाब में गोली चलायी जो 10-15 मिनट तक चलती रही फिर भी गिरोह घने जंगल में झाडियों तथा नाले का लाभ उठाते हुये बचकर भागने में सफल हो गया। उन रास्ते के पास जहां बचकर भागे थे

उक्त के कुछ घब्बे देखे गये जिससे संकेत मिला कि गिरोह के कुछ सदस्य घायल हो गये। पुलिस दल ने मुसलाधार वर्षा तथा घने जंगल में गिरोह का पीछा किया और 20 जुलाई 1984 की प्रातः गिरोह का पता लगा लिया डाकू आमखोह तथा सेवापुरा पहाडी के बीच कगार पर टांगे फैलाकर आराम कर रहे थे चूंकि गिरोह पहाडी की चोटी पर ऊंचे स्थान पर था। उसने आते हुये पुलिस बल दल को देख लिया और फोरन गायब हो गया फिर भी पुलिस दल ने गोल का कार्य जारी रखा तथा एक बार फिर भंयकर मुठभेड में उन्हें उलझाने में सफल हो गया हेडकांस्टेबल कप्तान सिहं तथा उप-निरीक्षक रूहल जारी गोलीबारी के बावजूद अन्य लोगों से आगे बढने की कोशिश कर रहे थे। दुर्भाग्यवश दोनों को एक साथ डाकुओं की गोली लगी हेड कान्टेंबल कप्तान सिहं को छाती में बायी और गोली लगी फिर भी अंतिम सांस तक व गोलिया चलाते रहे उप-निरीक्षक रूहल के सिर पर गोली लगी लेकिन अपने होशोहवास में खोने तक वे आगे बढते रहें गिरोह के सदस्य फिर बचकर पहाडियों में भागने में सफल हुये उन्हें गिरफ्तार नहीं किया जा सके।

इस मुठभेड में श्री रणधीर सिहं रूहल पुलिस उप-निरीक्षक तथा श्री कप्तान सिंह हेड कांस्टेबल के उत्कृष्ठ वीरता साहस और उच्चकोटि की कर्तव्य परायणता का परिचय दिया ।

ये पदक पुलिस पदक नियमावली के नियम 4(1) के अन्तर्गत वीरता के लिये दिये जा रहे है। तथा फलस्वरूप नियम 5 के अन्तर्गत विशेष स्वीकृत भी दिनांक 19. जुलाई 1984 से दिया जायेगा।

सु. नीलकण्ठन
राष्ट्रपति का उप सचिव

मध्य प्रदेश शासन
गृह पुलिस विभाग

क्रमांक/20-1/व-2/11 भोपाल दिनांक 20 फरवरी 1986

प्रति,
पुलिस महानिदेशक एवं महानिरीक्षक
म.प्र. शासन।

विषय- वीरता के लिये पुलिस पदक प्रदान करने के सबधां में।

संदर्भ- आपका पत्र क्रमांक/अ.अ.वि./डकैती/39-84/51/86 दिनांक 29.01.86
-0-

उपरोक्त विषय में सर्व श्री रणधीर सिहं रूहल उप निरीक्षक जिला मुरैना एवं कप्तान सिहं प्र.आर. 17 वीं वाहिनी विसबल भिण्ड को भारत सरकार द्वारा वीरता के लिये पुलिस पदक प्रदान करने बावत् अधिसूचना जारी कर दी गयी है राष्ट्रीय सचिवालय के पत्र संख्या/ एच-2/2/एच.ए./86-सी.ए./11 दिनांक 07.02.86 के साथ संलग्न पत्रों की प्रतिलिपि

आवश्यक कार्यवाही हेतु अग्रेसित है।

हस्ता/-

डी.आर.एम. चैधरी

उप सचिव

कार्यालय पुलिस मुख्यालय म.प्र. अ.अ.वि. भोपाल

क्रमांक/अ.अ.वि./डकैती /39-84/108/86 दिनांक 22.02.86

प्रतिलिपि-

1- पु.मु. नि. ग्वालियर की ओर सूचनार्थ।

2- उ.म.नि.च.रे. ग्वालियर की ओर सूचनार्थ।

3- पु.आ. मुरैना की ओर दोनों कर्मचारियों को सूचित करने एवं एवं उनके वचन पत्र भरवा कर भेजने हेतु।

4- म.प्र.नि.वि.स.बल. पु.मु. भोपाल की ओर सूचनार्थ।

हस्ता/-

स.पु.म.नि. म.प्र.

अ.अ.वि.म.प्र. भोपाल

कार्यालय पुलिस अधीक्षक मण्डल मुरैना म.प्र.

क्रमांक/अ.अ.वि./द.स./मुरैना/26/86 दिनांक 05.03.86

प्रतिलिपि-

1- आर.आई.वास्ते ओ.बी. मुरैना।

2- रणधीर सिहं रूहल उप निरीक्षक थाना प्रभारी महुआ की ओर सूचनार्थ।

3- स्व. श्री कप्तान सिहं तोमर प्र.आर. 17 वीं वाहिनी की पत्नी को थाना प्रभारी नगरा द्वारा दिये जाने के लिये।

4- एकाउन्टेटं डी.पी.ओ. एम.आर.ए.।

हस्ताक्षर अपठित

दिनॉक 5.3.86

पुलिस अधीक्षक मुरैना

7

थाना प्रभारी पोरसा जिला मुरैना-

40 दिन में जे ए अस्पताल में इलाज कराकर कर और दो सप्ताह अज्ञात वास का समय उरई जिला जालौंन (उत्तर प्रदेश) में काट कर वापस थाना टैंटरा ज्वाइन कर लिया। अगले दिन हमारा तबादला थाना पोरसा कर दिया गया और रमेश सिकरवार के गैंग को सफाया करने की मन की मन में ही रह गयी और तबादले पर थाना पोरसा पहुँच कर थाना प्रभारी पोरसा का चार्ज संभाल लिया।

थाना पोरसा भिण्ड जिले की सीमा पर है। जनरल पुलिसिंग के अलावा क्षेत्र में कई गैंग का आवागमन था। आए दिन लूट व अपहरणों की घटनाएं हो रही थी। जल्दी ही वारदातों पर अंकुश लग गया और जन सामान्य में पुलिस की छवि सुधरने लगीं। अच्छे थानेदार की खूब वाह वाही लूटी। ऐसा थाना जहां प्रत्येक गांव को रोड व रास्ता था। बुलट मोटर साइकिल से एक दिन में पूरा क्षेत्र घूमा जा सकता था।

डकैत रमेश सिंह सिकरवार का गैंग सहित आत्म समर्पण-

दिनांक 27 अक्टूबर 1984 को शासन की योजना के अनुसार डकैत रमेश सिंह सिंकरवार ने अपने आठ साथियों के साथ मुरैना की पांच वीं बटालियन एसएएफ के ग्राउण्ड पर डीजीपी मध्य प्रदेश के सामने सशर्त आत्म समर्पण कर दिया। माननीय मुख्य मंत्री कुंवर अर्जुन सिंह अपरिहार्य कारणों से नहीं आये। इसको इस तरह भी ले सकते हैं कि डकैतों के महिमा मंडन के विरोध में मीडिया ने भी खूब छापा था अतः उन्होंने न ही आना उचित समझा।

भिण्ड के चच्चू की बस-

हमारे सर्किल अम्बाह के डी एस पी जगत सिंह तथा सी आई अम्बाह यू सी पाण्डेय थे। दोनों अधिकारियो के पास एक भिण्ड से दिल्ली जाने वाली बस के अवैध संचालन की शिकायतें लंबित थी कि बस तेजी से जाता है और कई घटना कर चुकी है पर उसे रास्तें कोई रोकता नहीं है कारण बस में मालिक की ओर से एक व्यक्ति जाता है और उसका कहना है कि बस रास्तें नहीं रूकना नहीं चाहिए चाहे आदमी को मारना पडे। दोंनों अधिकारियों ने इसकी तस्दीक करने की जिम्मेदारी हम को दी। हमने दो दिन में ही इसकी रिपोर्ट डी एस पी साहब को दे दी।

वरिष्ठ अधिकारियों को जानकारी देकर सर्किल के दोनों अधिकारी थाना पोरसा पर आ गए

और बस को रोकने लिए सक्षम बैरीकेट्स व अन्य प्रबन्ध किए। बस आई और सभी बैरीकेट्स को तोडती हुई चली गई। दोनों अधिकारी गुस्से में थे। बस का पीछा किया और भिण्ड की सीमा में थाना गोरमी के खलियान में बस को छोडकर ड्राइवर भाग गया और सवारी भी खिसक गयीं।

बस रामौतारसिंह कुशवाह निवासी नुन्हटा की थी। बस में उनकी लडकी बैठी थी। हर प्रकार से समझाने के बाद भी नहीं मानी और बस के साथ ही थाना पोरसा तक आ गई और रात भर बस में ही बैठी रही। सुबह पुनः समझाई तब मानी फिर शासकीय जीप से उसके घर पर पहुॅच वाया। बस के संबंध में वैधानिक कार्यवाही की। बस का अवैध संचालन बन्द हुआ।

नगरा का सोनी कांड-

पोरसा की तैनाती में एक हादसा पडौसी थाना नगरा में हुआ। हुआ यों वहॉ के थाना प्रभारी आत्माराम शर्मा जो एक तेज तर्रार और अपनी अच्छी कार्यवाही के लिए मशहूर थे उन्होनें एक चोरी के मामले में पडौसी जिला भिण्ड के थाना फूफ के कस्वाई क्षेत्र से वहॉ के एक सोनी को गिरफतार किया उससे कुछ बरामद हो गया हो गया था और शेष बरामदगी हेतु थाना नगरा में हिरासत में रखकर पूछताछ की जा रही और हिरासत में ही सोनी की मृत्यु हो गयी। उधर हिरासत में हुई मौत की जॉच प्रारंभ होने लगी दूसरी तरफ फूफ कस्वा में बाजार बन्द हो गया और नेतागीरी प्रारंभ हो गयी।

प्रारंभिक मर्ग जॉच में लाश का पोस्ट मार्टम करा दिया। अब लाश को भिजवाने की बारी थी। अम्बाह के सी आई यू सी पाण्डेय ने निर्णय लिया कि नगरा प्रभारी नगरा आत्माराम शर्मा लाश सुपुर्द करने जाएगा। हालॉकि इस मामले से हमारा सीधा सरोकार नहीं था क्योंकि आत्माराम शर्मा को ही इस घटना के लिए जिम्मेदार ठहराया जा रहा था फिर फूफ में लाश लेकर आत्माराम शर्मा जाएगा तो निश्चित रूप से बडी घटना की आशंका बढ जाती है और फूफ की जनता का रोष झेल नहीं पाएगा और मारा जाएगा, ऐसा सोच कर हमने इस निर्णय का विरोध कर दिया कि आत्माराम शर्मा इन परिस्थितियो में फूफ भेजना उचित नही रहेगा।

लाश सुपुर्द करने को फूफ डियूटी-

जगतसिंह स्थिति को समझ रहे थे और उन्होने हमारी बात का समर्थन किया। अब बात वहीं आ टिकी कि लाश को लेकर फूफ कौन जाएं। एक दो अधिकारियों से जाने को टटोला को पीछे हट गए। सीआई साहब ने सीधे से न कहते हुए डीएसपी अम्बाह के कान में कुछ कह कर उनसे उस दूरूह कार्य के लिए हमारी डियूटी लगवा दी।

हम स्थिति को देखते हुए पोरसा से एस ए एफ का सक्षम बल लेकर बाहर हार सोनी की लाश को उसके घर वालों को सुपुर्द करने हेतु फूफ रवाना हो गए। फूफ पहुॅचे 2 शाम हो चली थी। बाजार तो बन्द ही रहा था जैसे ही हम सोनी की लाश को लेकर थाना फूफ के प्रागंण में पहुॅचे पूरा शहर मानो हमारा ही इंतजार कर रहा था और भीड ने थाने का घेराव किया।

भयंकर नेतागीरी-

नेताओं ने अपना माइक लगाकर अपनी भाषण बाजी प्रारंभ कर दी। अभी लेकर थाने के

थाना प्रभारी राम सजीवन तिवारी अपने फोर्स से कानून व्यवस्था कर रहे थे। रात होने लगी तत्समय के विधायक अरेले भीड का नेतृत्व करने लगे और भीड उग्र होने लगी और भीड में जो अपराधिक तत्व जो ऐसे मौके की तलाश में रहते हैं उन्होने कानून तोडना प्रारंभ कर दिया और थाना स्टाफ पर पत्थर बाजी प्रारंभ कर दी और अरेले के काबू से भीड बाहर हो चली थी। कई छुट भैया नेताओं ने अपने भाषण सेको रोकने की असफल कोशिश की। उसी समय काग्रेस के भिण्ड जिला के अध्यक्ष श्री सोबरन सिंह ने माइक पकडा और उतावली व उग्र भीड को अपने भाषण से रोकने का एक सफल प्रयास किया। सोबरन सिंह नेता जी की जितनी तारीफ की जाए कम होगी। वाह री भिण्ड जिले की जनता। किसी की सुनना ही नहीं हैं।

जब थाना प्रभारी स्टाफ के साथ थाने से भाग गया-

दूसरी तरह फूफ के थाना प्रभारी रामसजीवन तिवारी व थाने का सम्पूर्ण पुलिस स्टाफ भाग चुका था मात्र वायर लैस का एक कर्मचारी आखिरी तक डियूटी पर डटा रहा। अब भीड नहीं मान नहीं थी और हमसे भीड नाराज हो रही थी कि आप क्यों आए जिसने मारा है वो क्यों नहीं आया? नेता जी सोबरन सिंह ने हमारा पक्ष लेकर भीड को समझाने की कोशिश कर रहे थे और उन्होनं यह भी कि रूहल साहब तो अपनी लाश को लेकर आए हैं अपनी डियूटी कर रहे हैं।

वायरलैस से वायरलैस के कर्मचारी के अलावा हमने भिण्ड को सीधे घटना की जानकारी देते हुए अधिकारी व फोर्स की मांग कर दी लेकिन 13 किमी की से कोई अधिकारी या पुलिस बल नहीं आया। इतना बबाल हो रहा था पर जिला मुख्यालय से बल नहीं भेजना बुरा लग रहा था।

अच्छा नेता फेल-

अब सोबरन सिंह भी फेल हो गए और नेतृत्व विहीन भीड में से किसी ने माइक छीनकर घोषणा कर दी गाडी में से लाश उतार लो और जुलूस बनाकर भिण्ड चलो और थाने को आग लगा दो। इस बीच भागे व छिपे थानेदार तिवारी व फोर्स को बुलाने की भरसक कोशिश करने के बाद भी असफलता ही हाथ लगी। सोबरनसिंह हाथ जोड कर चल दिए बोले रूहल साहब अब पेश नहीं जा रहीं ये अरेले ने ड्रामा कर दोजख की आग में डाल दिए, अब आप ही संभालो। इतना कहकर चले गए। वो जहॉ भी रहें उनको शुभकामनाएं। ऐसे नेता अब कम मिलते हैं। बात करने का समय भी नहीं था लेकिन लिखने के लिए समय मिला है। भीड ने अपना काम शुरू कर दिया। एक ग्रुप लाश उतारने को अग्रसर हुआ तो दूसरे ने पथराव शुरू कर दिया। अब वीरता और धैर्यता की परीक्षा की घडी थी।

कोई चारा न होने पर कानून व्यवस्था व थाना कन्टोल अपने जिम्मे-

अपने फोर्स से लाश को जुलूस ले जाने से रोका और थाना कन्ट्रोल अपने जिम्मे लेकर अपना संतरी लगा दिया और एक तरफ एलएमजी माउन्ट कर पोजीशन में फोर्स रैडी कर माइक अपने हाथ मे लेकर हरहिकमतअमली से उग्र भीड को शान्त करने का सफलतम प्रयास

किया। अपने भाषण में अपनी तैनाती पोरसा में, फूफ का थानेदार मय फोर्स भाग गया, हमारे साथ का फोर्स आपके बीच का ही है, भिण्ड से कोई नहीं आया बल्कि हमें भिण्ड बुला रहे है। यदि आप लोगों ने कानून अपने हाथ में लिया, लाश को गाडी में से उतारने की कोशिश की हमारे फोर्स को पत्थर तो बडी चीज है यदि एक कंकडी भी थाने तरफ फेंकी और हमारे फोर्स को लगी तो हमारे हाथ में कुछ नहीं रहेगा फिर एलएमजी चलेगी और जो भी दुर्भाग्यपूर्ण होगा उसके लिए आप लोग जिम्मेदार होंगे।

भीड को कन्ट्रोल किया-

समझने की बात है भीड का कोई माई बाप नहीं है इस समय। सबसे पहले थाना बिल्डिंग से कम से कम 50 कदम पीछे चले जाओ और बैठ जाओ और हमारे साथ के फोर्स को देख लो सभी लोग इसी इलाके रहने वाले हैं। आपस में महाभारत मत करो। साथ के फोर्स को भी दिखवा दिया, सब जान पहचान वाले थे। हमने भीड को इतना आश्वस्त भी कर दिया कि जनता जो चाहेगी वो ही कार्यवाही हो जाएगी। इस प्रकार थाना फूफ को जलने बचा लिया और एक बडे कांड को रोक लिया।

रवाना भिण्ड-

हमारे जान पहचान वाले भी निकल आए। इतनी कार्यवाही कर पुलिस अधीक्षक भिण्ड श्री अनिल श्रीवास्तव के आदेश के पालन मे ऐसे हालात में रवाना होकर भिण्ड पहॅुचा। पुलिस अधीक्षक श्रीवास्तव, एसडीओपी खगपत सिंह सेंगर, नेकराम सिंह गुर्जर तथा परिवीक्षाधीन आयपीएस एस कुमार आदि भिण्ड कोतवाली टीआई के चैम्बर में बैठे मिले (इनके बारे में बाद में नाम व पद की जानकारी मिली)।

किसी भी अधिकारी से सीधा परिचय नहीं था। हमने कप्तान साहब को सैलूट कर अपना परिचय दिया। प्रत्युत्तर में बैठा कर सभी सुनना चाहीं। हम कुर्सी पर ठीक से बैठ भी नहीं पाएं थे कि साइड में बैठे एक सज्जन ने बोला तो तुम्हीं हो रूहल, तुम्हीं ने ही सोनी को मारा है, तुम्हारे बडे चर्चे हैं। रूका नहीं गया हमने एस पी साहब से कहा ये कौन बदतमीज है जिसे बात करने की भी तमीज नहीं है। इस पर एसपी साहब ने बताया कि ये नये आयपीएस पुलिस अधिकारी एस कुमार है यहीं भिण्ड में अतिरिक्त पुलिस अधीक्षक के चार्ज में हैं।

अंजान पुलिस अधिकारी को पाठ पढाया-

गुस्से से लवरेज थे ही, इतना भी हमने बोल दिया कि ये जो भी हों पर इतना तो समझना चाहिए कि जब दो पुलिस अधिकारी बात कर रहें हैं तो ऐसी बात नहीं करना चाहिए थी। इतना सुनकर कुछ बड बडाते हुए चैम्बर से बाहर चले गए। उल्लेखनीय है कि ये वही एस कुमार हैं जिनकी वजय से एक अच्छा थानेदार भारत सिंह सिकरवार विभाग से 13 साल बाहर रहा। अनिल श्रीवास्तव पुलिस अधीक्षक भिण्ड वीर, धीर, गम्भीर होकर बोले नये है समझ जाएंगे। खगपत सिंह सेंगर नेक दिल इंसान थे हमें समझाने लगे और नेकरामसिंह एस कुमार को समझाने चैम्बर से बाहर चले गए।इतने बडे कानून व्यवस्था होने पर भी अधिकारी न पहुंचना शर्मनाक-

पु0अ0 ने कहा कि हमें कुछ बातें तो मालूम हैं और वायर लैस से सब बातें सुन रहे हैं फिर भी हमें बताओं ऐसा क्यों हुआ? हमनें विस्तार से सब बातें बताई। हमने यह प्रश्न कर दिया कि मात्र 13 किमी है आपके पास तीन राजपत्रित अधिकारी मौजूद थे, पुलिस लाइन में भारी भरकम बल भी था फिर ऐसे हालात में भी फूफ कोई नहीं गया।

कहीं ऐसा तो नहीं कि मामला मुरैना जिले का होने से भिण्ड पुलिस ने हल्के से लिया, यह तत्समय मन में आए सोच का भी परिणाम से भी यह प्रश्न दिमांग में घूमा। पु0अ0 श्रीवास्तव सोच में पड गए, हो सकता है कि हमारी कोई बात बुरी लगी हो, लेकिन उन्होंनें महसूस नहीं होने दिया। पु0अ0 ने गंभीर होकर बोले रूहल हम कुछ डिसाइड नहीं कर पाए और आपको यहॉ बुला लिया, वहॉ अब कुछ होगा तो नहीं।

हमने आश्वस्त किया कि अभी हालत ठीक हैं लोकल थाना प्रभारी मय स्टाफ के भाग जाने से और कुछ छुट भैया नेताओ की वजय से माहौल खराब हुआ था, थाना पर हमारा संतरी व फोर्स लगा हुआ है, अब आप जैसा उचित समझें देखें और जनता की सुनकर जैसा हो करवा लीजिएगा। इसके बाद योजना बनी कि नेकराम सिंह बल के साथ फूफ जाएंगे और जनता की मांग सुनकर उसके हिसाब से कार्यवाही होगी। यही हुआ नेकरामसिंह मय बल के हमारे साथ थाना फूफ के लिए रवाना हुए।

परिजन को लाश सुपुर्द-

थाना फूफ पहॅुच कर जनता से बातचीत नेकरामसिंह से कराई और जनता की सभी मांग मान ली गई और पुनः पोस्टमार्टम के लिए भिण्ड लाश कर दी गयी। अभी एपीसोड समाप्त नहीं हुआ बल्कि दो तीन बार भिण्ड और ग्वालियर में पोस्टमार्टम होने के बाद लाश सुपुर्दगी में परिवार वालो ने लीं। भले इंसान की मदद में ये एक्सरसाइज करना पडी।

बाद में अधिकारी व फूप की जनता ने दिल से कार्य की सराहना की तो कठिन डियूटी भी सरल सी दिखने लगी। लेकिन हमारे दिमांग से वो प्रश्न गाहे बगाहे आ जाता है कि मात्र 13 किमी पर भिण्ड मुख्यालय था फिर अधिकारी व फोर्स मांग व स्थिति के हिसाब से क्यों नहीं भेजा गया। आत्माराम शर्मा सीएसपी लश्कर रहे हैं और वहीं से अति0पु0अ0 सी आई डी होकर से0नि0 हो गए हैं जब भी मिलते हैं तो इस घटना को याद कर लेते हैं।

कुकथरी के पटेल का कत्ल-

एक घटना में थाना क्षेत्र में ग्राम कुकथरी में पटेल का मर्डर हो जाता है। पटेल बहुत अच्छे इन्सान थे पूरा गॉव उनके कहे अनुसार काम करता था और सभी सुखी थे। उस गॉव में एक कुशवाह ठाकुरों का परिवार बाहर से आकर बस गया था कुछ अलग तरह के इन्सान थे झगडालू किस्म के।

कई शिकायत पटेल के पास भी उनकी आई तो उन्होंने इस परिवार को समझायस दी और सुधरने की ताकीद दी तो पटेल से खुंनस मान गए और एक दिन झगडा कर दिया और पटेल का मर्डर कर दिया। ऐसी घटना जब इस क्षेत्र हो जाती है तो ज्यादा से ज्यादा मुलजिमान के नाम लिखाने की परम्परा सी बन गयी है चाहे उनमें कुछ लोग मौके पर हों ही नहीं। साथ में

महिलाओं के नाम व लायसैंसी कोई है तो उसका नाम जरूर लिखाते हैं।

इस मामले में भी ये बात सामने आई प्रथम सूचना लेख लिखाने की बात आई तो 10 पुरूष और 6ः महिलाओं के नाम लिखाने की बात सामने आई। यदि थाना प्रभारी थोडा सा भी जनता से मिला घुला होता है तो क्षेत्र की प्रत्येक बात बुरी और अच्छी की सूचना उसे मिल जाती है। इस मामले में भी पूरी स्थिति हमारे ज्ञान में आ गयी थी।

इधर फरियादी पक्ष महिलाओं के नाम लिखाने पर अडा उधर मुलजिमान पार्टी फरार हो गयी और डकैत गैग से सम्पर्क में आ गयी और महिलाओं के नाम जो झूंटे लिखाए तो वह हाजिर नहीं होंगे और दो कत्ल करके ही हाजिर होगें। थाना प्रभारी को ही निर्णय लेना होता है। वरिष्ठ अधिकारी अपने स्तर पर अच्छा मार्गदर्शन देते हैं पर अच्छा है तो सबके लिए ठीक अन्यथा की स्थिति में ठीकरा थाना प्रभारी के सिर ही फूटता है।

कानून के अनुसार संज्ञेय अपराध की सूचना पर बिना मीन मेख के एफआईआर तुरंत लिखना चाहिए और फरियादी को उसकी एक प्रति निःशुल्क दी जाना चाहिए। उधर एक भी गलत नाम लिखने पर शिकायत फिर वरिष्ठ अधिकारी द्वारा जॉच और नामजद मुलजिम के नाम निकाल कर चालान पेश किया जाना और माननीय न्यायालय द्वारा निकाले जाने वाले मुलजिमान के नाम धारा 319 जा0फौ0 के प्रावधान या अन्यथा जोडकर ट्रायल किया जाना और विपरीत टीप जारी फिर अनुसंधान अधिकारी व थाना प्रभारी की वि0जॉ0 होना। यह सभी बातें थाना प्रभारी के दिमाग में एफ आई आर लिखते समय रील की तरह घूम जाती है।

फिर समझाने का दौर चलता है जो पूर्णतया थाना प्रभारी के ऊपर रहता है। हकीकतन जो 10 मुलजिमान में शामिल थे उन्हीं के विरूद्ध कत्ल कायम किया गया। मुलजिमान फरार क्योंकि वह लोग गैंग डकैतान से संपर्क में आ चुके थे। जाप्ता की कार्यवाही ठीक चल रही थी। पुलिस के स्तर पर भी फरारी कार्यवाही इनाम घोषित करा दिया गया। गैंग के बारे में वरिष्ठ अधिकारी चैकन्ने रहते हैं। उल्लेखनीय है कि दस्यू पीडित क्षेत्र में कई काम बिना कानून के भी करना पडते हैं उनका जिक्र हम यहां नही करेगें।

ऊपर से दबाब प्रारंभ कि गैंग नहीं बनना चाहिए मुलजिमान तुरंत गिरफतार हो जाना चाहिए। सबको हां में उत्तर की आदत होती है। उधर फरियादी का दबाब मुलजिमान तेरहवीं से पहले गिरफतार हो जाए अन्यथा मुलजिमान तेहरवीं में बिघ्न बाधाएं उत्पन्न करेंगे। सभी की बातें अपनी जगह सही थीं और अब बारी थी थाना प्रभारी की परीक्षा की, कि किस प्रकार इस स्थिति से निबटता है?

तेहरवीं से पहले मुलजिमान गिरफतार-

हम भी कमर कस फोर्स के साथ फरारी मुलजिमान की तलाश में बेहड में उतर गए और तलाश व पतारसी में मशगूल हो गए। जनता से अच्छे संबंधों का फायदा उठाया और गैंग डकैतान से मुलजिमान को कैसे भी अलग कर वाया और तेरहवीं के दिन सुबह 10 बजे के करीब गिरफतार कर सभी 10 मुलजिमान को दास्त हवालात करके पटेल की तेरहवीं में गॉव

कुकथरी में शामिल हो गया।

जैसे ही हमने गिरफतारी की सूचना दी तो फरियादी व गॉव के अन्य लोगों ने जो फूल मालाओं से सम्मान किया हम कभी नहीं भूलेंगे। तेरहवीं को जश्न के रूप में मनाया। कई घटना हमने जनता के बल पर सुलझाईं। पोरसा क्षेत्र की जनता के हम हमेशा आभारी रहेंगे।

पोरसा थाने के सामने गली में झगडा-

1984 की बात है शाम के समय थाने पर पहॅुचे थाने पर कोई रिपोर्ट झगडे की आई थी उस पर उपस्थिति बल को भेज दिया था। बताया था कि झगडा थाने के सामने वाली में हो रहा था। कुछ देर बाद थाने का बल जो झगडे की सूचना पर भेजा था उसमें से दो तीन होम गार्डस तथा एक आरक्षक चोटिल होकर हॉपते हुए थाने पर आए और बोले कि साहब काछी और कोरी लोगों में झगडा हो रहा है उनको समझाने की कोशिश की तो नहीं माने, दोनों ओर से लाठी, बल्लम, हाकी, कट्टे चल रहे है उनको भी मारा है।

आवश्यक कार्यवाही की-

एक दम कुछ समझ में नहीं आया तो सामने खडे थाना सतंरी की रायफल व बिण्डोरिया लेकर उससे यह कहकर कि दूसरी रायफल ले लो। घायलों में से कम घायल होमगार्ड को लेकर तुरंत पैदल उक्त घटना स्थल पर पहॅुचा। अंधेरा हो चला था। जमकर दोनों पक्षों की ओर से हथियारों का उपयोग हो रहा था।

फोर्स नहीं दिख रहा था। चिल्ल पों हो रही थी कोई किसी की सुन नहीं रहा था, हमारी भी नहीं। लग रहा था कि एक दो कत्ल अभी होने वाले हैं। रायफल हाथ में थी ही रायफल से बिना समय गंवाएं ताड-ताड दो हवाई फायर कर दिए। अफरा तफरी शान्त हुई।

एक आवाज आरक्षक रबूदी सिंह की आई उसने चिल्ला कर कहा था सर मेरी ओर गोली मत चलाना। हमने उससे पूछा कि तुम कहॉ हो, जबाब आया सर में ट्रेक्टर के नीचे हॅू। रबूदी सिंह वफादार पुलिस अधिकारी रहा है उप निरीक्षक होकर कार्यरत रहा। जब वह जिला भिण्ड के ऊमरी थाने में थाना प्रभारी था तो अनहोनी हुई और एक एक्सीडैन्ट में उसकी मृत्यु हो गयी। उसमें से कुछ ने भागना शुरू कर दिया तभी एक पक्ष हमारे पास आया बोला साहब दूसरे पक्ष के लोग ट्रौली से गोरमी से आये थे और ट्रौली पीछे की ओर बम्बे पर खडी है उसी से वो लोग भाग जाऐगे।

इतनी बात सुनकर उस पक्ष को थाने पर जाने की सलाह देकर दूसरे पक्ष को घेरा और पकड कर थाने पर लाए। दोनों पक्षों कोरी व कुशवाहा के खूब चोट थीं। दोनों की रिपोर्ट लेकर क्रास अपराध कायम किये जाकर विवेचना की और दोनों पक्षों की अच्छे खबर ली, बताते हैं कि दोनों पक्षों में क्या पोरसा के उस क्षेत्र में अभी तक झगडा नहीं हुआ।

शहर पोरसा की जनता ने पुलिस की बहुत तारीफ की कि कत्ल जैसी घटना को रोक लिया, पुलिस हस्तक्षेप न करती तो कत्ल होने में कोई कसर नहीं रह गयी थी। वरिष्ठ अधिकारी गण ने सूझबूझ से बडी घटना होने से रोक दिया पुलिस पोरसा की तारीफ की व उच्चाधिकारियों को भी तथ्यों से अवगत कराया।

बारंटी की पिटाई-

रामबरन सिंह बैस थाना पोरसा में प्रधान आरक्षक होकर हमसे पहले से पदस्थ थे। अच्छी कार्यवाही चल रही थी। अपराधों पर पूर्णतयाः कंट्रोल, डकैत बदमाशान का इलाके में आना प्रतिबंधित कर दिया तो वारंट तामील पर कार्य प्रारंभ किया। इसी दौरान एक वारंटी को रामबरन सिंह पकड कर थाने पर लाते हैं और हमें रिपोर्ट भी दे दी कि एक वारंटी पकड लाएं है परेशान कर रहा था थोडी सी पूजा कर दी हैं। हमने उसे कैजुअल लिया और फोर्स की पीठ थोक कर रात्रि विश्राम में चले गए।

रामबरन सिंह बैस वफादार पुलिस अधिकारी रहा है उप निरीक्षक होकर थाना प्रभारी महुआ होकर से0नि0 हो गया और महुआ देव की शरण में रहता है। महुआ देव के आश्रम में चार चांद लगाने में उसका सराहनीय सहयोग रहा है। सुबह थाने पर रोजाना की तरह पहुॅचे तो नजारा बदला हुआ दिखा पर किसी ने कुछ नहीं बताया।

डीएसपी व सी आई का थाने पर आगमन-

थाने पर डीएसपी अम्बाह व सी आई का आगमन और संबंधित वारंटी के संबंध में जॉच प्रारंभ होने लगी। दोनों अधिकारियों नें भी कुछ नहीं बताया। तभी पुलिस अधीक्षक मुरैना श्री बी0एल0हॉडा का टेलीफोन डीएसपी जगत सिंह के पास आया कि वारंटी व थाना प्रभारी पोरसा को लेकर तुरंत उनके ऑफिस में मुरैना पहुॅचे।

ऐसा ही हुआ पु0अ0 अपने बंगले पर मिले वहीं नरेश सिंह तोमर बाबू जी नगरा वाले मिले। हॉडा साहब ने पूछा रूहल क्या हो गया? उत्तर कुछ नहीं। आपकी इस वारंटी से बात हुई तो हमने मना कर दिया। इस की पुष्टि वारंटी ने कर दी कि रूहल साहब से कोई बात नहीं और ही इनसे कोई शिकायत नही हैं।

अब बाबू जी का दिमाग चला बोले कि थाना प्रभारी के कहने पर ही थाने की कार्यवाही चलती है इस वारंटी को भी इन्होंने बुरी तरह पिटवाया है और वारंटी की पीठ खोल कर दिखा दी। उसकी पीठ पर अनगिनत चोटों के निशान थे। चोटों को देखकर हमें भी बुरा लगा और हॉडा साहब भी हमें देखने लगे।

रूहल बोलो। हमनें कहा हम थाना प्रभारी हैं । हमारे ज्ञान में यह मार पीट का मामला नहीं आया। हम अपनी गलती मानते हैं और जो भी निर्णय लेना चाहें तो ले सकते हैं। बाबू जी किसी वरिष्ठ अधिकारी से पु0अ0 को टेलीफोन कराकर ही बैठे थे।

तबादला थाना केलारस-

पु0अ0 हमारा तबादला करना नहीं चाहते थे पर अन्ततः हमारा तबादला पोरसा से बडे थाना कैलारस में कर दिया। थाना स्टाफ व पोरसा की जनता ने मन से बिदाई दी और पुलिस की कार्यवाही की सराहना की। हमारे बाद हमारे ही बैच के मित्र व भाई समान चन्द्रपाल सिंह तोमर की पोस्टिंग हुई थी।

थाना चार्ज तोमर को व ब्रीफिंग-

तोमर को थाने के बारे में ब्रीफ करने के अलावा तीन विशेष रूप से बताई थीं-एक आप तोमर

हैं इलाका भी तोमरों का है उनका विशेष ध्यान रखना, दूसरा तरसमा के प्रेमसिंह तोमर चोर के बारे में कि उसें चोरी व नकबजनी के बिना चैन नहीं मिलता तीसरा कौंथर गॉव में होड में 51 बोरा शक्कर की तेरहवीं के मुकाबले में 101 बोरा शक्कर की तेरहवीं का आयोजन निकट है उसमें कानून व्यवस्था व चोरी चकारी का विशेष ध्यान रखने की आवश्यता है। इतना ब्रीफ की आवश्यकता नहीं थी पर क्योंकि चन्द्रपाल सिंह हमारा बैच मेट भाई सम मित्र था इसलिए जरूरी था।

इन तीनों बातों के अलावा ग्राम किर्रांयच का तोमर तत्समय थाने पर किसी अपराध के सिलसिले में बुलाया था और हिरासत में था, हमने उसका निराकरण दूसरे थाना प्रभारी के आगमन पर पर उचित नहीं समझा। काश ऐसा हो जाता तो उचित ही रहता। भविष्य के परिणाम खराब रहे।

थाने पर विजीलैंस की रेड हुई, जबरन रिश्वत देने के प्रयास में थाना प्रभारी तोमर को लांछित किया। क्योंकि कुछ गलत हो रहा था तो थाना स्टाफ ने विजीलैंस पार्टी की जम कर धुनाई की। इस प्रकार मित्र को एक की जगह दो-दो अपराधों का सामना करना पडा। सत्य कभी पराजित नहीं होता वह जीते पर कितना हैरेसमैंन्ट हुआ उसकी कोई भरपाई नहीं। मित्र तोमर डीएसपी होकर सेवा निवृत होकर पैंशन लाभ ले रहे हैं।

थाना प्रभारी कैलारस जिला मरैना-

कैलारस जिले का बडा थाना है। 1985 में पोरसा से तबादले पर यहॉ ज्वाइन किया। हर किस्मी अपराध यहॉ होता हैं। जनरल पुलिसिंग का बहुत स्कोप है। प्रत्येक पग पर चैलेन्ज है। थाना क्षेत्र में गॉव सुजरमा हर मामले में बडा है। अपराध जगत का सिरमोर गॉव। हमसे पहले एम एल ढोंडी जिले का जांबाज थानेदार पदस्थ रहा है।

सुजरमा का दंगल और झगडा-

उनके समय सुजरमा में एक बडा दंगल हुआ उसमें कानून व्यवस्था बिगडी और कई लोग उस झगडे मे घायल हुए जिसमें थाना प्रभारी भी शामिल थे। करीब डेढ दर्जन लोगों के विरूद्ध हत्या का प्रयास व बल्वा की धाराओं में पंजीबद्ध किया गया पर कोई गिरफतारी नहीं हुई। यह मामला ही थाना प्रभारी एम एल ढोंडी के तबादले का कारण बना। गॉव इस मामले को लेकर एक हो गया और नामजद मुलजिम को गिरफतारी से बचाने पर उतारू था। पुलिस अधीक्षक व कलैक्टर मुरैना का मुल0 की गिरफतारी के लिए भारी दबाब रहा। विधि संगत साधारण कार्यवाही से कोई असर नहीं पडा। फिर सामूहिक रूप से इस क्षेत्र की सबसे प्यारी चीज हथियारों के लायलैंस रिपोर्ट देकर निलंबित करा दिए और दो दिन में जमा कराने के आदेश डी एम मुरैना की ओर से जारी हो गए, आदेश में यह भी स्पष्ट किया गया कि यदि आदेश की अवज्ञा हुई तो अपराध दर्ज कर वैधानिक कार्यवाही होगी। हमने गॉव सुजरमा में जाकर सार्वजनिक तौर से ग्राम कोटवार से डोंडी पिटवाकर आम ओ खास को सूचना दे दी और इसका एक पंचनामा के साथ तामीली प्रतिवेदन डीएम मुरैना की ओर प्रेषित कर दिया।

गांव के आर्म्स लायसैंस निलंबित-

पहले दिन कोई हलचल नहीं हुई। रात के समय हलचल हुई और गॉव के भले मानस करीब आधा दर्जन लोग हमारे पास आए और मदद की गुहार लगाई। हथियार जमा करने को तैयार नहीं हो रहे थे गॉव वाले। हमने स्थिति साफ की कि हथियार तो जमा करने ही होंगे, इसके साथ साथ हमने इतना आश्वासन गॉव वालों को दे दिया कि अपराधियों को छोडकर अन्य हथियारों को वापस कराने के लिए मुल0 की गिरफतारी के बाद एक सप्ताह में ही शिफारिश कर देंगे।

अगले दिन समस्त हथियार थाने में हो गए। मुखविर लगा दिए थे तो दो मुल0 पडौसी गॉव में सोते मिल गए उन्हें गिरफतार कर उनकी शख्ती से पूछताछ की तो गॉव के भे लोगों का एक समूह हमारे पर आया और शेष अदम गिरफतार मुल0 को हाजिर करने के लिए पेश कस की और अपना निवेदन भी कर दिया कि सभी मुल0 डरे हुए है।

हमने अपने स्तर पर यह आश्वासन भी दे दिया कि कल हाजिर होते हैं तो किसी की मार पिटाई नहीं होगी। सभी लोग गॉव वापस चले गए व अपने स्तर फरार मुलजिमान से संपर्क किया और डर निकालने की कोशिश की। बताते हैं कि उन भले लोगों ने कहा था कि रूहल साहब ने कह दी वो पत्थर की लकीर है, और क्यों न हो थानेदार जाट ठाकुर है।

सभी मुलजिमान गिरफतार-

गॉव के भले लोगों की बात का असर हुआ और अगले दिन शेष सभी मुल0 हाजिर हो गए जिन्हें विधि जाप्ता गिर0 कर पेश अदालत कर दिया। गॉव का अमन चैन लौट आया और जिले के अधिकारियों का तनाव समाप्त हो गया। अपराधियों को छोडकर शेष लायलैंस के वापस करने की अनुशंशा कर रिपोर्ट भेज दी जिस पर पु0अ0 ने अपनी टीप लगाकर डीएम मुरैना की ओर भेज किया तो डीएम साहब ने रिपोर्ट के मुताविक लायसैंस बहाली के आदेश कर दिए। अगले दिन हथियार वापस कर दिए।

वायदा किया और पूरा किया-

वरिष्ठ अधिकारीगण, आम जनता, गॉव वालों ने पुलिस कार्यवाही की सराहना की। पुराने लोगों ने तो यहॉ तक कहा कि रूहल थानेदार न होता तो हालात बद से बदतर हो जाते और नाहक में एक गैंग बन जाता और अपहरण उद्योग शुरू हो जाता। पुलिस अधिकारी को हमेशा विवेक से कार्य करना चाहिए। तनी या दबी को ज्यादा नहीं खीचना चाहिए अन्यथा की स्थिति में विपरीत परिणाम परिलक्षित होते हैं।

नाबालिग की शादी-

दूल्हा 34 वर्ष का दुहेजा और दुल्हन 9 वर्ष की शादी हो रही है रूहल साहब। ऐसी रिपोर्ट गॉव के सरपंच के पंचनामा के साथ आई। हमने वरिष्ठ अधिकारियों को सूचित किया तो तुरंत कार्यवाही करने को बताया। हमने उपलब्ध बल लेकर जहॉ खेतों के बीच बाल विवाह हो रहा था रेड डाल दी। यज्ञ वेदी प्रज्वलित थी छोटी 09 वर्षीय दुल्हन व अधबूढा 34 वर्षीय दुल्हा दुपटटे से गांठ बॉध कर सात फेरों के लिए तैयार, बरात बडी थी, बल के नाम पर एक हवलदार व तीन आरक्षक।

दूल्हा व उसका पिता गिरफतार-

ज्यादा सोचने का समय नहीं था, ढिलाई की तो पिटाई के डौल ज्यादा करो तो जॉच, कार्यवाही न करो तो कायरों की भॉति हीं हीं करते फिरो। बिना समय गंवाए उसी बल से घेरा बन्दी की और, और जोर से चिल्ला कर एक लात दूल्हे की कमर में जड दी। दूल्हे का मुंह यज्ञवेदी में घुस गया। इतने में बराती भाग गए। हमने दुल्हे को अपने कब्जे में लेकर उसका चेहरा कपडे से साफ किया। साथी बल ने भागते हुए दूल्हे के बाप को पकड लिया। पुरूष इन दोनों को छोड सभी बराती व घराती बेहड व खडी फसल का फायदा लेकर भागने मे सफल हो गएं।

छोटी सी बच्ची दुल्हन बनाई मां को सुपुर्द किया-

मौके की कार्यवाही कर छोटी सी बच्ची जिसे दुल्हन बनाया गया था उसे उसकी मॉ के सुपुर्द कर थाने पर पहुॅच कर करीब ढाई दर्जन बरातियों के विरूद्ध प्रकरण कायम कर विवेचना प्रारंभ कर दी। सभी अधिकारियों व क्षेत्र की जनता ने पुलिस की कार्यवाही को सराहनीय बताया।

वरिष्ठ अधिकारियों ने पीठ ठोकते हुए आदेश दिए कि दो दिन में शेष बराती घराती मुलजिमान को तुरंत गिरफतार कर चालानी कार्यवाही करें। दो दिन में ही सभी मुलजिमान गिरफतार कर चालान तैयार कर कोर्ट मौहर्रिर को दे दिया। दो तीन दिन बाद कोर्ट मौहर्रिर ने बताया कि चालान को पेश करने में कठिनाई आ रही है।

चूंकि मामला सभी अधिकारियों के संज्ञान में था। कोई टीका टिप्पणी की स्थिति में नहीं था। चर्चाएं होती रही और हमने अधिकारियों को अपनी राय दे दी थी कि मामले की अग्रिम कार्यवाही संबंधित मजिस्टेªट से अनुमति लेकर ही की जा सकती हैं। हम यह जानते हैं कि कानून की भूल क्षम्य है पर तथ्यों की भूल क्षम्य नहीं हैं। पर यहां ऐसा नहीं हुआ और इस नाबालिग की शादी को रोकना हमें मंहगा पडा और तबादले का कारण बना।

चर्चा का दौर चल ही रहा था तभी तत्कालीन एसडीओपी जौरा श्री आई0बी0 श्रीवास्तव का दूरभाष पर संदेश मिला कि शेष कार्यवाही आगंतुक जोर सिंह भदौरिया करेगे आपको मुरैना मेला का थाना प्रभारी बनाया है। थाना स्टाफ व जनता के मौज्जिद लोंगों ने धूम पार्टी देकर कैलारस से विदा किया। कार्यकाल की पुलिस कार्यवाही को लोगों ने सराहा।

कनिष्ठ उप-निरीक्षक कोतवाली मुरैनाः-

थाना कैलारस से आने के बाद हमको कोतवाली कनिष्ठ उप-निरीक्षक कोतवाली मुरैना पर पदस्थ किया गया। उसी समय हमने विधि सम्यक प्रावधानों के अनुरूप अपनी पदोन्नति का पहला प्रयास किया। कोतवाल अंगद सिंह कुशवाह थे उन्हें यह शौभाग्य मिला कि हम उनके 21 दिन कनिष्ठ उप-निरीक्षक रहे।

पदोन्नति का प्रथम प्रयास-आधार-वर्ष 1960 के नियम के तहत नामांकन-

पुलिस रैग्यूलेशन पैरा क्रमांक 973 के प्रावधान जिसमें पदोन्नति नियम 1960 के आधार पर 18.09.1985 को तत्कालीन पुलिस अधीक्षक श्री बी.एल. अटल को आवेदन पत्र प्रस्तुत किया एवं उनके द्वारा उप-निरीक्षक से निरीक्षक पद पर पदोन्नति हेतु नामांकन पत्र प्रेषित

किया गया। आवेदन का प्रारूप निम्न प्रकार है। -

कार्यालय नगर निरीक्षक मुरैना म.प्र.

क्रमांक/5067/85 दिनांक 18.09.85

प्रति,

श्रीमान पुलिस अधीक्षक महोदय

मुरैना म.प्र.

विषय - प्रार्थी रणधीर सिहं रूहल उप-निरीक्षक की पदोन्नति हेतु नामांकन भिजवाने विषयक ।

-0-

महोदय,

निवेदन है कि प्रार्थी रणधीर सिहं रूहल उप निरीक्षक कोतवाली मुरैना में पदस्थ है प्रार्थी की सर्विस 6 साल पूरी हो गयी है प्रार्थी को डाकुओं के गिरोह से निपटने कर्तव्यों के प्रति असाधारण साहस और निष्ठा का परिचय दिया है विशेष रूप से डाकू रमेश सिहं सिकरवार के गिरोह से निपटने में दिनांक 20.07.84 मुठभेड में प्रार्थी को सिर में गोली लगकर गंभीर रूप से घायल हुआ था वरिष्ठ अधिकारियों के सहयोग व दुआओं से नई जिन्दगी प्राप्त हुयी है।

अतः पुलिस रेग्यूलेशन के पैरा क्रमांक 973 के प्रावधानों के आधार पर प्रार्थी को पदोन्नति हेतु नामांकन भिजवाने की कृपा करें दिनांक 20.07.85 की मुठभेढ में कर्तव्यों के प्रति असाधारण साहस और निष्ठा दिखाने के लिये वीरता के पुलिस भारतीय मैडल की सिफारिश की गयी है पदोन्नति हेतु नामांकन भेजकर प्रार्थी को अनुग्रहित करे प्रार्थी सदैव आभारी रहेगा।प्रार्थी

रणधीर सिहं रूहल

उप-निरीक्षक मुरैना

उपरोक्त आवेदन पर से तत्कालीन पुलिस अधीक्षक श्री बी.एल. अटल द्वारा भारी नोंक झोंक के बाद पुलिस रेग्यूलेशन के पैरा न. 973 जिसमें उप-निरीक्षक की मण्डल निरीक्षक के रूप में पदोन्नती हेतु दस्यु समस्या क्षेत्र में 08 साल की तरह 06 साल में नामांकन भेजने का प्रावधान है उसी क्रम में आवेदन पत्र अनुशंसा सहित वरिष्ठ अधिकारियों को अग्रेषित किया। संदर्भ के लिये पुलिस रेग्यूलेशन के पैरा न. 973 टीप निम्नानुसार है। -

पैरा रेग्यूलेशन न. 973 -

परिशिष्ट "क" "पदोन्नति नियम"

(क) असैनिक पुलिस (सिविल पुलिस)

(4) उप-निरीक्षकों की मण्डल निरीक्षक के रूप में पदोन्नति -

(1) पुलिस अधीक्षक उन उप-निरीक्षकों के नामांकन भेजेगा जिन्होने यदि ये सीधे नियुक्त हुये हो तो आठ वर्ष की और यदि पदोंन्नति किये गये हो तो पांच वर्ष की सेवा पूरी

कर ली हो। तथपि उन उप-निरीक्षकों की दशा में अपवाद किया जा सकता है। जो कि डाकुओं के गिरोह से निपटाने में अपने कर्तव्यों के प्रति असाधारण साहस और निष्ठा का परिचय देते है। उनकी दशा में न्यूनतम सेवा को कर ले।

(क) यदि सीधे भर्ती किया गया हो तो 6 वर्ष तथा और।

(ख) यदि पदोन्नति किया गया हो तो चार वर्ष की सीमा तक घटाया जा सकता है।

उप निरीक्षक की समिति इन अधिकारियों से साक्षात्कार करेगी तथा जून के अन्त तक एक दक्ष सूची तैयार कर लेगी 20 प्रतिशत अंक साक्षात्कार के लिये एवं 80 प्रतिशत अंक अभिलेखों के लिये सुरक्षित रहेगें नामांकन पुलिस अधीक्षक द्वारा प्रतिवर्ष एक मई तक प्रस्तुत कर दिये जावेगें। स्थाई आदेशो के अनुसार उप-निरीक्षक के बारे में जिन्होने 9 से 12 वर्ष तक की सेवा कर ली हो किन्तु उनका नामांकन न किया गया हो तो एक रिपोर्ट में ऐसा न करने के कारणों सहित उप-निरीक्षक को भेजेगा।

(2) किसी विशेष वर्ग में नामांकित अधिकारियों की क्रमबद्धता उनकी उप-निरीक्षक के रूप में की गयी सेवा की अवधि के अनुसार होगी इस उद्देश्य के लिये पदोन्नति संभावित की सेवा उनके उप-निरीक्षक के रूप में भारसाधक होने के दिनांक से गिनी जावेगी।

(3) दक्ष सूची में लगाये गये अधिकारियों को म.प्र. पुलिस प्रशिक्षण महाविद्यालय सागर में पूर्व पदोन्नति पाठयक्रम अध्ययन करना होगा नामांकन के वर्ष में कोई व्यवधान डाले बिना अनुत्तीर्ण को एक अतिरिक्त अवसर प्रदान किया जावेगा।

(4) उप-निरीक्षक से निरीक्षक पद पर पदोन्नति योग्यता सूची पर नाम लाते समय उप निरीक्षक की सेवाओं का मूल्यांकन इस आधार पर किया जाना चाहिये कि पदाधिकारी ने विशेष शाखा अथवा अपराध अन्वेषण विभाग में कम से कम तीन वर्ष सेवा की है अथवा नहीं इस तथ्य को दृष्टि रखते हुये अब यह निर्णय लिया गया है उप-निरीक्षक के पद से निरीक्षक के पद पर पदोन्नति होते उप निरीक्षक में यह अनिवार्य योग्यता होनी चाहिये कि उसे विशेष शाखा अथवा अपराध अन्वेषण विभाग की कार्य प्रणाली का कम से कम तीन वर्षो की सेवा बाधित का अनुभव है केवल बहुत ही विशेष परिस्थितियों को छोडकर तीन वर्ष सेवाकाल उप-निरीक्षक के नाम मण्डल निरीक्षक योग्यता सूची पर किसी भी स्थिति में लाना सम्भव नहीं होगा। थाना प्रभारी महुआ जिला मरैना-

थाना महुआ जिसमें थाना प्रभारी आत्माराम शर्मा थे, स्थानीय महुआ देव जो क्षेत्र का शिव मंदिर होकर आस्था का केन्द्र है। महुआ देव पर अनुसूचित जाति के लोंगों द्वारा कांवर चढाने के ऊपर से ठाकुरों व अनुसूचित जाति के लोंगों में आपस में तन गयी। ठाकुरो के द्वारा अनुसूचित जाति के लोगों की कांवर नहीं चढाने दी और क्षेत्र की कानून व्यवस्था बिगड गयी। कानून व्यवस्था को कौन ठीक कर सकता है तो बडे घोरमथन के बाद हमारी पोस्टिंग थाना प्रभारी के रूप में की गयी।

स्थिति बिगडने के कारण पुलिस जनता समन्वय न होना और पु0अ0 का जातिगत कमैंट- मुरैना से हमें तुरंत महुआ के लिए रवाना किया गया। हमने महुआ पहुँच कर थाना प्रभारी

महुआ का चार्ज संभाला। स्थिति विष्फोटक थी। पूर्व थाना प्रभारी से हमने जानकारी ले ली थी। कानून व्यवस्था के बिगडने का कारण खोजा तो अन्य कारणो के साथ दो मुख्य कारण सामने आया प्रथम पुलिस और जनता के बीच समन्वय नहीं था दूसरा कारण था कि तत्कालीन पु0अ0 मुरैना बी0एल0 अटल ने जातिगत कमेंट ठाकुरों के ऊपर कर दिया था जिससे ठाकुर लोग बिगड गए थे और पु0अ0 अटल व पुलिस के खिलाफ हो गए थे जिसका परिणाम यह हुआ कि ठाकुर समाज ने अपने हथियार उठाने की तैयारी करली, अपने रिश्तेदार बुलवा लिए और हर किस्मी हथियार जिसमें बन्दूक, कटटे, गोला बारूद, तलवार, बरछी, बका, लाठी आदि उपलब्ध कर लिए।

विषम परिस्थितियां-

ऐसी सम्पूर्ण तैयारी करने के बाद जगह 2 छोटी 2 पंचायत अनुसूचित जाति के लोगों पर पूरे क्षेत्र में आक्रमण कर कत्ले आम करना हैं। एक ग्रुप पु0अ0 अटल को मारने को सज्जित हो गया था। विकट समस्या से थाना क्षेत्र के अलावा भी कानून व्यवस्था चरमरा रही थी। भारी भरकम फोर्स मय अधिकारियों के कैम्प रहा था। किसी की समझ में कुछ नहीं आ रहा था कोई अधिकारी सर्चिंग की बात करता तो दूसरा एम्बूश की बात करता। मूल बात करने को कोई तैयार नहीं था यहां तक कि पुलिस का कोई अधिकारी जनता के बीच में जाने को तैयार नहीं था।

जब मित्र व संपर्क काम आए-

क्योंकि हम 1984 में थाना प्रभारी पोरसा रह चुके थे और उसी के आधार पर हमें यहां पदस्थ किया था, हमने अपने ताल्लुकात को याद किया और रातों रात पोरसा व सिहोनियां थाना क्षेत्र से कुछ संपर्की बुला लिए और उनको लेकर गॉव 2 जाकर लोगों से संपर्क किया और उनको कानून व्यवस्था सुधारने में सहयोग करने को तैयार किया।

जब पुलिस ने ही सुर्री छोडी-

दो तीन दिन में सतत संपर्क कर पुलिस की हारी बाजी को जीत के दायरे में लाने की सफल कोशिश कीं। समझाने के बाद लोग मानने को तैयार हो गए। धीरे 2 उन रिश्तेदारों को जो सिमंदी बन कर इलाके में रह रहे थे उन्हें विदा कराया। यहां कुछ पुलिस अधिकारियों ने फालतू सुर्री छोड दी कि रात में पुलिस चिन्हित घरों में पुलिस छापे मारेगी और घरों में छिपे असलहा बरामद करेगी।

उक्त बात आग की तरह इलाके में फैल गयी थी और फिर एक बार ऐसा लगा कि फिर गडबड होती है। हमने अपना धैर्य नहीं खोया और अपनी बुलैट मोटर सायकिल पर एक आरक्षक बैठाकर इलाके में कूच कर दिया और दो दिन में पूरे इलाके में भ्रमण कर जनता को विश्वास दिलाया कि उनके प्रति कोई भी कार्यवाही बहसियाना तरीके से नहीं होगी। धीरे 2 सामान्य स्थिति बहाल होने लगी।

जब पु0अ0 को इलाके में आने को मना किया-

सूचना मिली की पु0अ0 के ऊपर दबाब है है कि वह स्वयं महुआ जाकर स्थिति का जायजा ले

पर इसमें हमने विरोध किया और इस संबंध में तत्कालीन डीआईजी एवं आई जी साहवानों से चर्चा कर निवेदन किया कुछ दिन अटल साहब को महुआ आने को मना करें और हमारी बात मानी गई। सामान्य होने से जो सुख मिला उसके बारे में लिखने को शब्द नहीं हैं। अधिकारियों ने हमारी को खूब सराहा। तोमर घार के वीर रणबांकुरे हैं समझाने से मान जाते हैं यदि बिगड जाएं तो दुश्मन तो दुश्मन अपना भी नुक्सान कर लेते है।

महुआ में हमारा निवास-

महुआ देव की कृपा से शान्ति हुई। महुआ थाना गांव महुआ से करीब एक डेढ किमी दूर महुआ देव को क्रौस कर हार में बना हुआ था। स्टाफ के लिए कुछ निवास बनु हुए थे और स्टाफ रहता था लेकिन थाना प्रभारी के लिए कोई निवास नहीं बना था। हमने थाने से करीब एक डेढ फर्लांग दूर महुआ रछेड रोड पर महुआ के एक कृषक का मकान पाटौर नुमा बना हुआ था उसमें एक कमरा खाली था जिसके सामने छान डली हुई थी वो ही किराए पर ले लिया। उसी मकान में हमारे पीछे आरक्षक रामकुमार सिंह परिवार के साथ रह रहा था। हमने अपने परिवार को उसी छान वाले कमरे में शिफट कर दिया और रहने लगे। परिवार में हमारी पत्नी श्रीमती पुष्पा रूहल और तीन का बेटा पुष्पराज उस समय थे।

उल्लेखनीय है कि यह थाना दस्यु प्रभावित क्षेत्र में आता है दाऊ मान सिंह राठौर, रूपा पण्डित के अलावा कई डकैत गैंग की शरण स्थली रहा है। थाना क्षेत्र बार्डर दो साइड से उत्तर प्रदेश तथा एक साइड से राजस्थान का बार्डर लगता है। बार्डर चम्बल नदी से बनता है। चम्बल नदी पांज होने पर चारों तरफ रास्ते खुल जाते है और डकैत बदमाशान का आगमन सुचारू रूप चलता रहता है।

जब बेटू ने बुलट चलाई-

बरसात में नदी में पानी आने रास्ते सभी बन्द हो जाते मात्र नाव घाट प्रारंभ हो जाते हैं और उत्तर प्रदेश के लिए उसैद घाट पर पौन्ट्रंस पुल बनाया जाता है उससे आवागमन न यातायात चलता है। उस समय महुआ थाने से एक रोडवेज बस मुरैना जाती थी और वही वापस आती थी। रछेड से महुआ तक रोड में भारी गडढे थे। यहां बेटू के बारे में बताना जरूरी होगा कि अम्बाह और रछेड के बीच बुलट की टंकी पर बैठ कर हैंडिल पकड कर कई किमी बुलट को चलाता था।

जब बेटू को कुत्ते खा लिया-

थाना छोटा था फोर्स कम था इसलिए स्वयं ही अनुसंधान कार्य, पतारसी बदमाशान, वीआईपी व कानून व्यवस्था संभालना पडती थी और टूर इलाका या बाहर बना ही रहता था। पत्नी जी बेटू साथ आधियाना एकेले ही रहते थे। एक दिन जब हम घर पर न होकर टूर पर थे एक पागल कुत्ता ने बेटू को खा लिया। उस समय रैवीज के इंजैक्सन पेट में और 14 लगवाने पडते थे। इंजैक्सन अम्बाह या मुरैना नहीं लगते थे बल्कि ग्वालियर लगते थे। एक दिन छोड लगवाना पडते थे।

जब श्रीमती जी ने भेडिया को पागल कुत्ता मानकर भगाया-

कुछ दिन एक घटना में जब हम मुरैना गए थे तो छान में भेडिया आ गया वीरांगना श्रीमती ने उसे पागल कुत्ता समझकर दरकार कर डंडा पडंगा कर भगा दिया और शोर भी मचाया तो और लोग भी लाठी डंडे लेकर आ गए और उसका पीछा किया। आवाज सुनकर रामकुमार सिंह की पत्नी छत पर आ गई थी उसने था कि वह पागल कुत्ता नहीं परन्तु भेडिया था।

जब पडौसी थाने में एक सरपंच ने था0प्र0 के विरूद्ध रिपोर्ट की-

थाना महुआ सामान्य तौर से चल रहा था। सीमावर्ती थाना नगरा में जहां उप-निरीक्षक अशोक भारद्वाज पदस्थ थे कुछ ठीक नहीं चल रहा था। थाना प्रभारी भारद्वाज से एक सरपंच से किसी बात पर विवाद चल रहा था। एक दिन यह आया कि उक्त सरपंच थाना नगरा में आकर रिपोर्ट करता है कि थाना प्रभारी नगरा अशोक भारद्वाज ने उसके रिहायसी मकान में आग लगा दी है रिपोर्ट लेकर कार्यवाही की जाए। इस घटनाक्रम की आवाज दूर तक पहुँच रही थी। मशविरा लिया जा रहा था कि ऐसी स्थिति में क्या किया जाए? हमसे भी पूछा तो हमने यही कहा कि रिपोर्ट लेना चाहिए। तबादला थाना प्रभारी नगरा-

थोडी देर बाद ही एक वितन्तु संदेश डीएसपी अम्बाह की ओर से प्राप्त होता है जिसमें हमारा तबादला थाना प्रभारी नगरा तथा उप-निरीक्षक अशोक भारद्वाज थाना प्रभारी महुआ बनाया गया था। सूचना पु0अ0 मुरैना को दी गई थी। डीएसपी अम्बाह का यह तबादला आदेश उनके अधिकार क्षेत्र से बाहर था। हमने विरोध करते हुए डीएसपी अम्बाह आर0 बी0 शर्मा को टेलीफोन लगा दिए तो उन्होनें बताया कि यह आदेश उनके आदेश से ही उनके द्वारा जारी किए गए थे। हमने यह पुष्टि पु0अ0 मुरैना से कर ली और नगरा के लिए प्रस्थान कर दिया।

थाना प्रभारी नगरा जिला मरैना-

हमने उक्त आदेश के पालन में थाना प्रभारी नगरा का चार्ज संभाल लिया और पूर्व थाना प्रभारी से संक्षिप्त जानकारी क्षेत्र के बारे में प्राप्त कर ली। पूर्व थाना प्रभारी अपने गंतव्य के रवाना होगए। थाना नगरा मुरैना जिले का महत्वपूर्ण थाना रहा है। यही वो ग्राम व थाना है जहां कुंख्यात डकैत लाखनसिंह तोमर पैदा हुए और छोटी अदावत की बदौलत गांव के रघुवीर सिंह के घर के व रिस्तेदारों का बीन 2 कर मार दिए।

रघुवीर सिंह के 11 लोगों को व अपने खास भाई का कत्ल-

लाखन ने एक बार में ही 11 लोगों को लाइन में खडा करके गोली से उडा दिया था। लाखन ने अपने खास भाई हजूरी सिंह जो उसके गेंग का दमदार सदस्य था उसके नीच कर्मों की वजय से गोली से उडा दिया था। हजूरी सिंह को आदत पड गयी थी कि जहां डकैती डालता वहां उसे जो औरत अच्छी तो उसका बलात्कार जरूर करता था। उसे बहुत समझाया पर वह नहीं माना। इसके बारे में जया भादुरी के पिता तरूण भादुरी ने अपनी पुस्तक "चम्बल द वैली ऑफ टैरर" में लिखा है कि वह डकैत से मिले थे और उसका इन्टरव्यू लिया था।

उनि अशोक भारद्वाज तबादले पर गए-

थाना नगरा अपनी अपराधिक गतिविधियों के लिए मशहूर रहा है। आए दिन कत्ल, लूट,

अपहरण, मारपीट बल्वा आदि होते रहते थे। जिस कारण से पूर्व थाना प्रभारी अशोक भारद्वाज को ट्रांसफर कर हमको यहां पदस्थ किया था उस विषय के बारे में सबसे पहले ग्राम नगरा से ही जानकारी ली तो संबंधित सरपंच के बारे में अच्छी रिपोर्ट नहीं मिली। पूरे तंवरघार में हमको छोडकर कम ही अधिकारी रहे हैं जो अकेले दुकेले गांव में जा सकें। हालत यह रहे कि अकेले दुकेले व छोटी पुलिस पार्टी पर हमेशा जनता के लोग हावी होने की कहानी सुनने में आती रही हैं।

आगजनी केस की गहन विवेचना-

विवादास्पद मामले के संबंध दर्ज आगजनी के मामले के प्रपत्र लेकर एसएएफ की एक टुकडी साथ लेकर संबंधित सरपंच के गांव के समीपवर्ती दो गांवों में सरपंच व संबंधित घटना का जायजा लेते हुए सूचना संकलन कर घटना वाले गांव में प्रवेश कर गांव के भले लोगों से चर्चा कर घटना की और हकीकत जानी और उसके बाद घटना स्थल पर पहुंच कर आगजनी की जॉच में मशगूल हुआ। सूचना कर्ता व उसके गवाहान तथा स्वतंत्र साक्षियो के कथन लिपिबद्ध किए। सम्पूर्ण जॉच से अपने घर में आग की घटना पूर्व थाना प्रभारी अशोक भारद्वाज न की जाकर सरपंच द्वारा की जाना पाया गया।

जब गांव में सरपंच को पेड से बांधा-

उस संबंध में गांव की भीड भी एकत्रित हो गई थी। ओपन घोषणा की तो सरपच ने भागना प्रारंभ किया पर असफल रहा, साथी फोर्स की मदद से उसे गिरफतार किया और गिरफतारी में विरोध करने पर आवश्यक जूत पत्रम शीश मध्यम करना पडा और हिरासत में लेकर गांव में पेड से बांध दिया।

ऐसी कार्यवाही तंवरघार में करना खतरे से खाली नहीं था पर यह उल्लेखनीय है कि इस क्षेत्र की जनता अपराधियों के विरूद्ध की गई कार्यवाही पर बहुत खुश होती हैं। शेष कार्यवाही कर वापस थाना आया और विधिवत कार्यवाही को अंजाम दिया।

उस घटना से पूरे तंवरघार में अच्छा मैसेज गया। वरिष्ठ अधिकारियों ने की गई कार्यवाही को सराहा। नगरा के नरेश सिंह बाबू जी उक्त सरपंच के पक्ष धर थे पर इस इलाके के संबंध में साधू सिंह तोमर निवासी मटियापुरा हाल पोरसा सत्य बात कहने वाले नेता भी थे जिनकी बात में दम थी। वरिष्ठ अधिकारी भी उनकी बात को सही मानते थें।

गुण्डे की गिरफतारी से जनता खुश-

उसी समय क्षेत्र का एक दूसरा गुण्डा जो आए दिन कुछ न कुछ उत्पात करता था उसे एक मामले में उसे विधिवत गिरफतार किया और उसके गिरफतारी के विरोध में उसकी अच्छी मूज बनाई। यहां यह बात लिखना प्रासंगिक होगा कि तंवरघार के लोग यदि पुलिस गुण्डों के प्रति ठोस कार्यवाही करती है तो सराहना करते है इस मामले में भी पुलिस कार्यवाही की सराहना की गई थी।

डीएसपी का थाना नगरा पर आगमन-

अम्वाह मुख्यालय नगरा से करीब 30-32 किमी दूरी पर था। थाना पर पहुंच कर लिखा पढी

पूर्ण कर की ही थी, करीब 15 मिनट बाद ही डीएसपी अम्बाह की जीप फर्राटे मारती हुई थाने पर आकर रूकी। हमारा निवास थाने के एक हिस्से में ही था अलग से थाना प्रभारी का निवास नहीं बना था। जीप की आवाज सुनकर हम थाने पर आ गए। डीएसपी साहब जीप से उतर कर सीधे हवालात पर पहुंचे और उस गुण्डे को देखकर बडे जोश में पूछा कि इसे क्यों बन्द कर दिया, किस मामले में बन्द किया है? हमने आव भगत कर डीएसपी साहब को कुर्सी पर बैठाया और एक गिलास पानी ऑफर दिया। डीएसपी को गुण्डे को दुडाने का मौका नहीं मिला-

उल्लेखनीय है कि डीएसपी अम्बाह आर0 बी0 शर्मा विद्वान अधिकारी रहे हैं, हम पहले से ही उन्हें जानते थे। हमारे साथ उप-निरीक्षक ट्रैनिंग में सागर पुलिस महाविद्यालय में करीब दो माह साथ 2 ट्रैनिंग की थी। डीएसपी साहब ने थाने के रोजनामचा का अवलोकन किया और संबंधित व्यक्ति की गिरफतारी विधि जाप्ता दर्ज देखकर अपनी स्टाइल से मुस्कराए। संतरी से संबंधित को हवालात से निकलवा कर पूछताछ की और उस पर गुस्सा होकर डांटा और उससे कहा तेरे को पता नहीं चला कि गुण्डों का काल थानेदार तुम्हारे आ गया है। हमसे निर्देश दिया कि इसे अभी पेश करा दो। हमने एक आरक्षक के साथ उन्ही की जीप में उसे संबंधित मजिस्ट्रेट के सामने पेश कराने हेतु भिजवा दिया।

डकैत रघुराज सिंह ने किए दो कत्ल-

नगरा थाना क्षेत्र में अमन चैन चल रहा था। अभी दो माह का समय ही गुजरा होगा कि कैलारस थाना क्षेत्र में गांव बिलगांव क्वारी में डकैत गैंग रघुराज सिंह सिंकरवार ने दो कत्ल कर कानून व्यवस्था को ठेंगा दिखा दिया। अगले ही दिन हमें और उप-निरीक्षक भगत सिंह जाट को पु0अ0 मुरैना बी0एल0अटल ने अपने बंगले पर तलब किया और अपनी परेशानी बताई की और कहा कि दोनों की पदस्थापना रघुराज के मूव्हमैंट क्षेत्र में कर रहा है उसे देखना है।

और हमारी पोसटिग चिन्नोंनी तथा भगत सिंह जाट की थाना कैलारस कर दी और तत्काल जाकर चार्ज संभालने के निर्देश दिए। आदेश कि प्रति लेकर हम दोनों तुरंत ही गंतव्य स्थानों को रवाना हो गए।

8

थाना प्रभारी चिन्नौनी जिला मुरैना-

हम दोनों भाई एक ही बुलैट मोटर सायकिल पर सवार होकर थाना कैलारस पहुॅचे और भगत सिंह जाट को थाना कैलारस में ज्वाइन कराया और वह रवानगी डालकर थाने पर उपस्थित एसडीओपी जौरा डॉ0 हरिसिंह यादव के गन मैन थापा को लेकर हटीपुरा गांव तरफ जहां एसडीओपी कैम्प कर रहे थे। दोनों भाई गनमैन को साथ लेकर तीनों एक ही मोटर साइकिल पर कैलारस से रवाना होकर गांव हटीपुरा पहुंचे और वहां यह पूछताछ ही कर रहे थे कि एसडीओपी कहां रूके हैं तो कोई आवाज का उत्तर नहीं दे रहा था। भगत सिंह जाट ने हमसे बताया कि उस गांव में उनके मिलने वाला आदमी है उससे पूछकर आता हूं।

जब हम दोनों भाइयों पर की फायरिंग-

भगत सिंह मोटर सायकिल से उतरकर अपने आदमी की ओर चले तो गैंग रघुराज ने फायरिंग हमारे ऊपर करना शुरू कर दी। बाद में पता चला कि क्योंकि रघुराज डकैत कई बार बुलट मोटर सायकिल पर आता था इस लिए गांव वालों ने रघुराज समझकर फायरिंग की थी। हम बचाव की मुद्रा में थे कोई दिख नहीं रहा था। फायरिंग बन्द होने पर और हमारा परिचय मिलने पर भी गांव वाले घरों से नहीं निकले।

फिर भगतसिंह अपने मिलने वाले के यहां गए आकर एसडीओपी के कैम्प का पता लेकर आए तब उनके पास पहुंचे और पु0अ0 के आदेश के पालन में उन्हें रिपोर्ट दी। रघुराज ने प्राण सिंह का पुरा में एक घर को आग लगा दी थी उसी घटना स्थल पर एसडीओपी उप-निरीक्षक हेमन्त शर्मा व पुलिस बल के साथ कैम्प किए हुए थे।

डॉ0 हरि सिंह यादव से पहली मुलाकात-

डॉ0 हरि सिंह यादव से यह पहली मुलाकात थी जो अभी तक जारी है। क्योंकि हमको थाना चिन्नौनी के थाना प्रभारी का चार्ज संभालना था अतः भाई साहब भगत सिंह को लेकर चिन्नौनी पहुॅचा और थाना चिन्नौनी का चार्ज लेकर कार्य सरकार प्रारंभ कर दिया। जनरल पुलिस के साथ 2 रघुराज डकैत के संबंध में दबिश, सर्चिंग, एम्बूश आदि में रात दिन एक कर दिए।

बुलट के तार महल तक-

खोजते 2 रघुराज डकैत जिस बुलट को चलाता था और वारदात के लिए उसे उपयोग करता

था उसे ट्रेस उसे जप्त कर विधिवत कार्यवाही को अन्जाम दे दिया। बुलट खिडौरा के एक सिकरवार ठाकुर की थी जिसकी जडें गहरी होकर जयविलास तक पहुॅचती थी। अगले दिन ही उक्त सिकरवार ठाकुर नि0 खिडौरा ने महल से एक पत्र हमारे नाम से लिखवाया। पत्र एम0 आर0 सिन्धिया पूर्व मंत्री भारत सरकार के निज सचिव नरेन्द्र सिंह जाट के हस्तलेख से लिखा हुआ था और पूर्णतः निजि प्रकृति का था और किसी माध्यम से हमारे पास तक पहुंचवाया।

पत्र पढकर हमने पत्र वाहक को अपना मैसेज नरेन्द्र सिंह के पास भिजवा दिया कि बुलट अदालत से ही छुट सकती है। दो दिन बाद नरेन्द्रसिंह हमारे पास आए गाडी छोडने को कहा और यह भी कहा कि महाराज साहब ने कहा है कि हमारे लोगों को अकारण परेशान न करें। हमने अपने स्तर पर नरेन्द्र सिंह को समझाया और वह समझ भी गया पर उसका मन खिन्न सा लगा और वह वापस चला गया।

जब भर्रा गांव में पु0अ0 पर कुत्ता लहकाया-

कुछ दिन बाद रघुराज की पतारसी व सर्चिंग के दौर जब सर्चिंग में पु0अ0 मुरैना बी0एल0अटल स्वयं शामिल थे और हम पुलिस बल के साथ ग्राम भर्रा में ठाकुर कम्मोद सिंह की चैपाल के सामने से निकल रहे थे तो कम्मोद सिंह सिकरवार ने अपने पालतू कुत्ते को लहका दिया जिसने पुलिस अधीक्षक बी0एल0अटल की पैंट पकड ली, कैसे भी कुत्ता को हटाया।

बस क्या था अटल जी नाराज होकर बोले कि रूहल तेरे थाना क्षेत्र में बदमाश लोग उसके ऊपर कुत्ते छोड रहे हैं। हमने कम्मोद सिंह के विरूद्‌ध एक मामला कुत्ता छोडने का तथा एक मामला डकैत रधुराज को शरण देने का कायम कर कम्मोद सिंह को गिरफतार कर लिया और संबंधित मजिस्ट्रेट के सम्मुख पेश करने के लिए भेज दिया।

चिन्नौनी क्षेत्र के दो नेता सूबेदार सिंह व बनवारी लाल शर्मा-

कुछ दिन तक ठीक से चलता रहा। थाना चिन्नौनी के ग्राम रजौधा के सूबेदार सिंह सिंह सिकरवार तथा ग्राम जापथाप के बनवारी लाल शर्मा दोनों ही सरपंच होकर नेता बनने के मार्ग पर चल रहे थे। हम जब थाना में बैठते थे तो एक तरफ पहला खेत की मेड पर तथा दूसरी तरफ दूसरा बैठ जाते थे और छोटी 2 पर्ची मिलने के लिए हमारे पास भेजते थे। हम दोनों को सुनते थे कि ये भविष्य के नेता हैं।

जिसको पहले बुला लो तो दूसरा इस बात पर नाराज होता कि हम उसे कम और दूसरे को ज्यादा सम्मान देते हैं जब कि हम दोनों का बराबर सम्मान देते थे। सूबेदार सिंह बीजेपी से बने तो बनबारी लाल शर्मा कांग्रेस से ही जौरा सीट से विधायक बने। बाद में बनवारी के परलोकवासी होने पर बाय इलेक्सन में सूबेदार पुनः विधायक चुने गए।

जब महल की चिट्‌ठी रंग लाई-

धीरे 2 महल से नरेन्द्र सिंह की सिफारिसी पत्र की चर्चा तेजी से फैल गई और पु0अ0 मुरैना के कानों तक पहुंच गईं। पु0अ0 ने हमको तलब कर उक्त पत्र के बारे में पूछा तो हमने अपनी

बात पत्र के बारे में व बुलट मोटर सायकिल के बारे में विस्तार से बताया। तब तो पु0अ0 ने यह कर कि ठीक है हमको थाने पर रवाना कर दिया।

कुछ दिन बाद हमको चिन्नौनी से यह कहकर हटा दिया कि ये थाना तुम्हारे लायक नहीं है आप मुख्यालय पर आ जाइए और हमें डीआरपी में पदस्थ कर दिया। कुछ दिन बाद हमें कोतवाली का कनिष्ठ उन-निरीक्षक पदस्थ कर दिया और वहीं से हमें थाना प्रभारी मेला मुरैना पदस्थ कर दिया और हमने मेला का कार्य भार संभाल लिया।

थाना प्रभारी मेला मुरैना जिला मरैना-

मुरैना में पशुपति नाथ के नाम से वार्षिक मेला आयोजित किया जाता है। बाहर से व्यापारी लोग अपनी 2 दुकान लगाते है। पु0अ0 सुरेन्द्र सिंह थे। आदेशानुसार हमने थाना मेला मुरैना का प्रभार संभाल लिया। चोरी लूट इस मेले में होती रहीं हैं। बताते वर्षो पहले जब डकैतों की भरमार थी तो एक गैंग पूरे मेला को लूटने के स्थान पर चंदा करके ले गया था। मेला के मुख्य आकर्षण कवि सम्मेलन तथा दंगल रहे हैं। छोटी मोटी घटनाएं होती रही हैं। हमारे समय में कोई बडी घटना नहीं हुई।

मेला में खेल कूद, दंगल, कवि सम्मेलन सभी आइटम हुए और हर साल से अच्छा प्रबंन्ध रहा। बडा सर्कस भी आया था। उस समय हमारे बैच मेट कमल सिंह ग्रेवाल जो उस समय ढोढर रहे थे। भाई ने दारू पीकर रिवाल्वर की नोंक पर सर्कस में जैसे लडकियां जिमनास्टिक करती है उसी तरह करने को कहा। दारू भरी हुई रिवाल्वर और बैच मेट मित्र, समझायस का कोई असर नहीं पड रहा था।

हमने उसे बताया कि हम एल एन सी पी ई ग्वालियर के स्टूडैंट रहे हैं हम ये एक्सरसाइज कर सकते हैं लेकिन तुम नहीं कर सकते। ग्रेवाल बोला तुम कर लोगे तो मैं भी कर लुंगा। हमने उससे कहा कि तुम तो तुम्हारे पिताजी अमरसिंह ग्रेवाल भी नहीं कर सकते लेकिन वो कहॉ मानने वाले थे। हमने सर्कस के सबसे ऊंचे झूले पर पहुॅच कर रिंग पर कर्तव्य कर नीचे उतर आए।

अब ग्रेवाल की बारी थी। भाई सीढी से सर्कस की टॉप पाइंट पर पहुॅच कर जैसे ही रिंग पर लटक कर झोटा देना चाहा तो सीधे गिरे और पैर जाल में फंस गया और भाई साहब उल्टे लटके दिखे जो मरते दम तक ठीक नहीं हुआ। कई साल पहले अन्य कारणों से परलोक वासी हो गए। मेला समाप्त नहीं हुआ था पु0अ0 सुरेन्द्र सिंह ने हमारी पोस्टिंग थाना प्रभारी पहाडगढ कर दी। मेला समाप्त होते ही हमने अपनी रवानगी थाना पहाडगढ के लिए डाल दी।

थाना प्रभारी पहाडगढ जिला मुरैना-

दिनॉक 25 दिसम्बर 1986 को हम थाना पहाडगढ पहुॅच गए और अपने बैच मेट आर0के0पाठक से थाना प्रभारी पहाडगढ का चार्ज संभाल लिया। थाना स्टाफ ने पाठक की विदाई पार्टी दी और हम को भी स्वागत के लिए शामिल रखा। पहाडगढ थाने में साल का अन्तिम सप्ताह था। कई मामलें लंबित थे उनके संभव इन्हीं दिनों में निकाल किये जाने थे

और किए।

दिनॉक 30 दिसम्बर 1986 को गॉव पहाडगढ मे दिन में एक नकबजनी का अपराध घटित हो गया, उस पर कार्यवाही करने, कायमी अपराध के बारे में ऊपर व कनिष्ठ अधिकारियों के सुझाव मिले कि कायमी नई साल में की जा सकती है पर नहीं दिल ने यह गंवारा नहीं किया और विधिक प्र0सू0ले0 लेख कर मौके की कार्यवाही कर गहन विवेचना प्रारंभ कर दी।

साल के लंबित मामले निल-

31 दिसम्बर का दिन लंबित मामलों के निकाल के लिए बहुत महत्वपूर्ण होता है। इसी दिन साल हाल के सभी मामलों का निकाल कर दिया। संबंधित चालान आदि का निकाल कर दिया लेकिन 30 दिसम्बर की खात्मा रिपोर्ट पर एसडीओपी जौरा ने अजूबा मानकर एक दिन में नकबजनी की तफतीश कैसे पूर्ण हो सकती है? बाद चर्चा उस मामले को मजिस्ट्रेट को अग्रेषित न कर पुनः विवेचना के आदेश कर दिए। दिनॉक 01 जनवरी 1987 को डीएसआर जिला मुख्यालय पहुँची को पुलिस अधीक्षक श्री सुरेन्द्र सिंह ने वायर लैस से ही प्रशंसा का इनाम जारी कर दिया।

झुण्डपुरा में एक ही घटना में चार मर्डरः-

हमारी पहाडगढ की तैनाती में एक घटना क्रम सामने आया। थाना चिन्नौनी में गांव झुण्डपुरा में एक ही घटना में चार मर्डर हो गए सभी थाने जात को वायरलैस से सूचना दी गई। सूचना मिलते ही हमने चिन्नौनी थाना प्रभारी की मदद करने की ठान ली। तुरंत एक आर0 लेकर बुलट से कैलारस की ओर कूच कर दिया और केलारस के तत्कालीन थाना प्रभारी को भी सूचना दे दी। वह भी तैयार हो गए। तब तक वह तैयार तब तक हम केलारस पहुंच गए और थाना केलारस की सरकारी जीप से हम दोनों भाई पुलिस बल लेकर चिन्नौनी थाने के गांव झुण्डपुरा की ओर रवाना हो गया।

लेकिन रास्ते में गाडी का टायर पंचर हो गया। हमने ड्रायवर को मुनासिव समझायस देकर हम दोनों भाई लिफ्ट लेकर झुण्डपुरा पहुंच गए। तत्समय थाना चिन्नौनी के थाना प्रभारी सुधीर सिंह कुशवाह थे उनकी अनुसंधान व मुलजिमान की गिरफतारी में मदद की। थोडी देर में ही तत्कालीन पुलिस अधीक्षक श्री सुरेन्द्र सिंग झुण्डपुरा पहुंच गए थे।

गंभीर अपराध के मौके पर तुरंत पहुंचने के निर्देश जारी-

हमारे व भगत सिंह के मदद में आने पर उनहोनें इा कार्यवाही को सराहा और शाबादी के साथ साथ ही अधिकारियों को एक आदेश भी जारी कर दिया कि जब भी कोई गंभीर अपराध धटित होता है तो निकटवर्ती थाना प्रभारी गण तथा सुपरवीजन अधिकारी तुरंत घटना स्थल पर पहुंच कर अनुसंधान कार्य व कानून व्यवस्था में संबंधित थाना प्रभारी की मदद करेगें।

डकैत गैंग रघुराज सिंह सिकरवार से मुटभेड व सफाया-

इसके बाद में सन् 1987 में गैंग रघुराज सिंह सिकरवार और बटुरी काछी ने जब आतंक मचा दिया तब वरिष्ठ अधिकारियों ने प्रार्थी को उपयुक्त समझकर थाना प्रभारी पहाडगढ नियुक्त किया फलतः गैंग बटुरी काछी के सफाए में फरवरी 1987 को सक्रिय योगदान दिया तथा

लेखक को थाना क्षेत्रान्तर्गत 06.03.87 को 10000 रूपए का इनामी गेंग मुखिया रघुराज सिंह सिकरवार को मय दो साथियों के मार गिराने में अहम भूमिका निभायी है।

मुठभेड के फलस्वरूप तत्कालीन एस.डी.ओ.पी. जौरा डॉ. हरि सिंह यादव तथा तत्कालीन थाना प्रभारी जौरा श्री रमाकांत वाजपेयी को "वीरता के लिये पुलिस पदक" प्रदान किया गया। वाजपेयी परलोकवासी हो गया है। इस मुटभेड के संबंध में जो मुखविर का कार्य था सराहनीय रहा। तत्कालीन उप-निरीक्षक भगत सिंह का इस मुटभेड में विशेष रोल रहा। शायद टीम में भगत सिंह न होते तो उस दिन रघुराज सिकरवार न मरता। आनंद तब आया जब मुटभेड में गैंग लीडर के साथ दो साथी मारे गए और पुलिस बल में रघुराज सिंकरवार को पहचानने वाला हमारे अलावा कोई नहीं।

डकैत रघुराज की शिनाख्तगी का प्रश्न-

मजा तब आया जब डॉ0 हरि सिंह ने हमको रघुराज का चेहरा दिखा कर पहचान कराना चाही तो हमने मजाक में मना कर दिया कि यह रघुराज नहीं है। बस फिर क्या था डॉ0 के चेहरे पर हवाइयां उडने लगी और उन्होंने हमको स्टेमिना स्टिक पेश की और पोटने के क्रम में हमसे हॉ कराई।

तत्कालीन डीएसपी आई जी कार्यालय ने घटना स्थल पर अपने ऐंगल से मुटभेड को फेक करार देने की असफल कोशिश की। विभाग में ऐसे भी लोग होते हैं। हमने उन डीएसपी को महाभारत का श्रीकृष्ण और भीष्म पितामह का अन्तिम संवाद भी याद दिलाया पर उनकी भौंहें अन्तिम क्षण तक तनी रही।

प्र0सू0ले0 होते हुए भी अनुसंधान कर्ता नहीं-

उल्लेखनीय है कि इस मुटभेड से संबंधित अपराध का अनुसंधान कर्ता हम स्वयं थे। हमने निष्पक्ष अनुसंधान करने हेतु अनुसंधान कर्ता बदलने की कही बात की पर वरिष्ठ अधिकारियों ने मना कर दिया कि तुमसे निष्पक्ष और अच्छा अनुसंधानकर्ता कहाँ मिलेगा। आपको क्या कष्ट है? तो हमने कहा कि कोई कष्ट नहीं और हमने समय रहते अनुसंधान पूर्ण कर क्लोजर रिपोर्ट संबंधित न्यायालय में प्रस्तुत कर दिया और स्वीकार भी कर लिया।

जब आईजी ने पु0अ0 के मैडल की अनुशसा नहीं की-

इसमें सफल निर्देशन के लिये जिम्मेदार अधिकारी श्री सुरेन्द्र सिंग तत्कालीन पुलिस अधीक्षक मुरैना का "वीरता के लिये पुलिस पदक" की अनुशंसा पुलिस उप-महानिरीक्षक चंबल रेंज दिनेश चन्द जुगरान की ओर से की गयी थी लेकिन विशेष कारणों से पुलिस महानिरीक्षक ग्वालियर द्वारा अनुसंशा नहीं की गयी और और पात्र व्यक्ति को 'वीरता के लिये पुलिस पदक' से बंचित कर दिया। आपके ज्ञान में यह बात भी आना चाहिए कि वरिष्ठ अधिकारी किस प्रकार नाराज होकर कनिष्ठ अधिकारी का नुक्शान कर देतें हैं।

यह उल्लेखनीय है कि तत्कालीन पुलिस महानिरीक्षक इस बात पर नाराज थे कि बामौर थाना क्षेत्रान्तर्गत एक मारूति बैन जो दिल्ली से बम्बई के लिये रवाना हुयी थी उसमें 1988 में 8 लाख 63 हजार 100 रूपये बैन की बॉडी में बरामद हुये थे जो लेखक द्वारा जप्त कर

लिये थे। जिस पर से लेखक के साथ-साथ तत्कालीन पुलिस अधीक्षक श्री सुरेन्द्र सिंग भी वरिष्ठ अधिकारियों के कोप भाजन के शिकार हुये और मेडल की अनुसंशा नही की गयी।

थाना प्रभारी सबलगढ जिला मरैना-

पहाडगढ की अच्छी थानेदारी का परिणाम स्वरूप तत्कालीन पु0अ0 सुरेन्द्रसिंह ने हमारी पोस्टिंग तहसील स्तर के थाना सबलगढ कर दी। तहसील सबलगढ का मुख्यालय का थाना होकर हर किस्मी अपराध यहॉ होता था। पु0अ0 के कुशल मार्ग दर्शन में क्षेत्र की जनरल पुलिसिंग करके अपराधों पर नियंत्रण पा लिया और क्षेत्र गैंग बदमाशान की पतारसी करके उनके रूट जाम कर दिए।

एक बार फिर साल के मामले निल-

डकैतों का क्षेत्र से निकलना शख्त कार्यवाही से प्रतिबंधित कर दिया। सबलगढ थाना बडा थाना है और उसके वावजूद भी 01 जनवरी 1988 को अपराध निकाल में फिर एक बार उल्लेखनीय सफलता पाते हुए सभी हैड निल कर पु0अ0 मुरैना सुरेन्द्र से प्रशंसा का इनाम वायर लैस से प्राप्त किया।

डकैत रमेश सिकरवार जेल सबलगढ में और हम थाना प्रभारी सबलगढ-

उल्लेखनीय है कि हमारे टेंटरा की तैनाती में आखिरी मुटभेड जो रमेश सिकरवार से होने के बाद गैंग ने दिनॉक 27.10.1984 को एसएएफ ग्राउण्ड मुरैना पर आत्म समर्पण कर दिया था और जेल सबलगढ में खुले तौर से रहने को रखा गया उसके परिवार व रिस्तेदार आराम से मिल सकते थे।

थाना सबलगढ में पोस्टिंग होने के तुरंत बाद ही रमेश सिकरवार गैंग के दिमांग में यह बात किसी ने बैठा दी कि जैसे ही आपको स्पेशल कोर्ट जो थाना प्रांगण में ही बनाया था केवल उस गैंग के अपराधों के विचारण के लिए बनाया था जेल से निकालेगा और भागने के नाम पर रूहल गोली मार देगा।

जब रमेश ने कर से जेल में हडताल की-

सूचना संकलन कर हमने पु0अ0 मुरैना सुरेन्द्र सिंग को बताया कि रमेश सिकरवार गैंग ने हडताल कर दी है और जेल से पेशी के लिए निकलने के लिए मना कर दिया, ऐसी स्थिति में शायद हमको यहां से हटाकर अन्यत्र पोस्टिंग किया जाना उचित होगा। इस संबंध में पु0अ0 ने हमारी बात नहीं मानी और हमें विशेष टिप देकर हिदायत दी कि अभी बहुत नौकरी है, जो बता रहे हो यह एक आपके थाने की समस्या है आप थाना प्रभारी हो उसका समाधान करो।

एसपी ने तबादला न कर समाधान खोजने का कहा-

टिप्स के आधार पर हमने पुनः सूचना संकलित कर समस्या के जड में जाकर समझा तो पाया कि हमारी शख्त कार्यवाही की शौहरत से अपराधी तत्वों एक भगदड सी मच गई और येन केन प्रकारेण हम यहां न रह पाएंगा ऐसा माहौल बनाया जाय। इस मुहीम में कुछ अपराधी, उसके संबंधित छुटभैया नेता और इसी मुख्यालय पर पदस्थ अधिकारी भी शामिल थे। समस्या व उसके कारण समझने के बाद उसका समाधान खोजा। हम पु0अ0 द्वारा दिए

टिप्स व अपने विवेक का इस्तेमाल करते हुए चल रहे थे।

जेलर से मिलकर समाधान खोजा-

अगले दिन ही हमने जेलर सबलगढ से संपर्क किया और उनसे मिलने उनके जेल स्थित निवास पर चले गए। जेलर खुले दिमाग के थे वो हमारी बात को समझ गए और हमारी समाधान योजना में शामिल हो गए। बडी चर्चा के बाद अगली बात डकैत रमेश सिकरवार को बुलाकर ही संभव थी।

जेलर ने अपने एक प्रहरी को रमेश को बुलाने को भेजा लेकिन वह नहीं आया प्रहरी से कहलवा दिया कि रूहल खूंखार थानेदार है देखते ही गोली मार देगा और हमतो जेलर साहब की भी शिकायत करेंगे कि जेलर से मिलकर रूहल थानेदार मारना चाहता है। प्रहरी ने सब बातें जेलर को बता दी।

जेलर साहब शिकायत के नाम से झिझके पर बाद में हमारी बातों से सहमत होते हुए व डकैत रमेश सिकरवार के पास और बडी देर तक उससे चर्चा कर उसको साथ लेकर हमारे पर ले आए। आते ही उसने संस्कारी व्यक्ति की भॉति हमारे पैर पकड और नीचे जमीन पर बैठ गया।

रमेश को भी हम पर विश्वास-

जेलर साहब अपनी जिम्मेदारी पर हमारे पास लाए थे उन्होंने बताया, उन्होंने यह बात भी कही कि रूहल साहब अपने मुंह से कह दें कि वह जान से नहीं मारेंगे तभी और आगे बात होगी, क्योंकि रूहल ने मुंह से एक बार कह दिया कि नहीं मारेंगे तो नहीं मारेंगे यह बात हम जानते हैं और मुरैना का जन जन बच्चा जानता है।

जब न मारने की बात पर खुश हुआ रमेश और हुआ समाधान-

हमने पहले उसकी बात सुनी और फिर अपनी कही। सबसे पहले रमेश को आश्वस्त किया कि हम उसे नहीं मारेंगे। इतनी बात सुनकर वह खिल खिला कर हंसा फिर चुप हो गया। फिर हमने उससे भावावेश में यह भी कह दिया कि उसकी पेशी में 20-22 पुलिस कर्मचारी लगाए जाते हैं आज से मात्र एक आरक्षक आप लोगों की पेशी कराएगा तुम भागना चाहो तो भाग जाना, पुलिस तुम्हारा पीछा नहीं करेगी। समस्या का समाधान हो गया इसकी सूचना पु0अ0 को दी तो वह खुश हुए और गुड कहकर दूरभाष विच्छेद कर दिया।

डकैत रमेश सिंह सिकरवार गैंग को, मुटभेड में हुए शहीद प्र0आ0 कप्तानसिंह की हत्या में आजीवन कारावास की सजा-

छोटे मामलों में गैंग द्वारा स्वीकारोक्ति के आधार पर छोटी-मोटी सजायें दी गयी बडे मामलों में जैसे डकैती, अपहरण व कत्ल में शायद ही किसी के द्वारा उसके विरोध में कथन दिया हो लेकिन लेखक के साथ हुयी मुठभेड जिसमें प्र.आर. कप्तान सिहं तोमर घटना स्थल पर ही शहीद हुआ था उस संदर्भ में कायम अपराध जिसमें कत्ल एवं इकदाम कत्ल की धारा शामिल थी उसमें लेखक के द्वारा गैंग के खिलाफ साक्ष्य प्रस्तुत किये और उस अभियोजन का प्रमुख अंग बनकर अभियोजन पूर्ण कराया फलस्वरूप विशेष न्यायालय द्वारा गैंग को

आजीवन कारावास की सजा हुयी।

हमारी पदोन्नति का दूसरा द्वार जब खुला जब मध्य प्रदेश सरकार ने आउट ऑफ टर्न प्रमोशन के लिए म0प्र0 पुलिस रेग्यूलेशन के पैरा नम्बर 70 में संशोधन कर 70 'क' का नियम जोड दिया।

पदोन्नति का द्वितीय प्रयास-आधार-आउट ऑफ टर्न पदोन्नति का नियम-

उपरोक्त नामांकन के बाद पदोन्नति नहीं हुयी इसी बीच में पुलिस

रेग्यूलेशन 70 ''क'' नया नियम पदोन्नति के सबधं में अस्तित्व में आया जिसकी प्रति निम्नानुसार हैः-

गृह विभाग

भोपाल, दिनांक 10 जून 1987

क्रमांक 2 (अ) 516-85-ब (4)- दो-पुलिस अधिनियम, 1961 (1961 का संख्या 5) की धारा 2 के साथ पठित धारा 46 की उप धारा (2) तथा (3) द्वारा प्रदत्त शक्तियों को प्रयोग में लाते हुये राज्य सरकार एतद् द्वारा म.प्र. पुलिस रेग्यूलेशन में निम्नलिखित और संशोधन करती है अर्थातः-

संशोधन उक्त रेग्यूलेशन में भाग 2 अध्याय दो के अनुभाग 1 में रेग्यूलेशन 70 के पश्चात निम्नलिखित रेग्यूलेशन अन्तः स्थापित किया जाये अर्थातः-

70 ''क''- पारी से बाहर पदोन्नतिः-विनियम 70 में अन्तविष्ट किसी बात के होते हुये भी पुलिस अधीक्षक द्वारा पुलिस महानिदेशक के पूर्व अनुमोदन से ऐसे आरक्षक (कास्टेबिल) को मुख्य आरक्षक के पद पर पुलिस उप-महानिरीक्षक द्वारा पुलिस महानिदेशक के पूर्व अनुमोदन से ऐसे मुख्य आरक्षक को सहायक उप-निरीक्षक के पद पर जिसने कि डकैती विरोधी अभियान में कानून और व्यवस्था की स्थिति में या निशानेबाजी की प्रतियोगिता में या कर्तव्य के किसी अन्य क्षेत्र में स्वयं कोई विशिष्टता अर्जित की है या जिसे शौर्य या सराहनीय विशिष्ट सेवाओं के लिये राष्ट्रपति का पुलिस पदक प्रदान किया गया है यदि वह उसे पदोन्नति के लिये उपयुक्त समझे, पदोन्नत किया जा सकेगा, इसी प्रकार पुलिस महानिरीक्षक किसी सहायक उप-निरीक्षक को उप-निरीक्षक के पद पर तथा किसी उप-निरीक्षक की निरीक्षक के पद पर उपरोक्त के समान आधारों पर यदि पदोन्नति के लिये उपयुक्त पाया जाये तथा पुलिस महानिदेशक के पूर्व अनुमोदन के अध्यधीन रहते हुये पदोन्नति कर सकेगा, इस विनियम के अधीन पदोन्नत किये गये अधिकारियों की संख्या 10 प्रतिशत से अधिक नहीं होगी।

उपरोक्त विवरण से स्पष्ट है कि पुलिस मुख्यालय द्वारा लेखक के सभी अभ्यावेदन जिसमें वरिष्ठता की मॉग की थी निरस्त कर दिये है जिसमें आधार पुलिस रेग्यूलेशन पैरा क्रमांक 70 ''क'' को बनाया है जबकि लेखक की मॉग 70 ''क'' से पहले बने 1960 के नियम जिसके आधार पर पुलिस रेग्यूलेशन पैरा न. 973 आज भी अस्तिव में है तथा 1985 में पुलिस अधीक्षक मुरैना द्वारा उक्त पैरा के आधार पर पदोन्नति हेतु नामाकंन प्रेषित किया गया

था। लेकिन उस ओर पुलिस मुख्यालय द्वारा ध्यान नहीं दिया गया।

उपरोक्त पुलिस रेग्यूलेशन के पैरा क्रमांक 70 में वर्णित पदोन्नति के नियमों में संशोधन करते हुये उपरोक्त नियम बनाया जिसमें पारी से बाहर पदोन्नति की जा सकती है और उसको नम्बर दिया गया 70 "क"। इसी क्रम में क्योंकि पूर्व में ही लेखक पुलिस रेग्यूलेशन पैरा क्रमांक 973 के प्रावधानों के अनुसार पदोन्नति के नामांकन हेतु अग्रसर हुआ था।

और तत्कालीन पुलिस अधीक्षक मुरैना श्री बी. एल. अटल द्वारा अनुसंशा करते हुये पदोन्नति हेतु आवेदन वरिष्ठ अधिकारियों को प्रेषित किया गया क्योंकि अभी तक पदोन्नति के आदेश जारी नहीं हुये अतः नये नियम के तहत जो लेखक की पदोन्नति का अतिरिक्त आधार है आवेदन क्रमांक/2340/87 दिनांक 04.12.87 थाना प्रभारी सबलगढ की ओर से दिया गया जो निम्नानुसार है। -

कार्यालय थाना प्रभारी सबलगढ जिला मुरैना म.प्र.

क्रमांक/2340/87 दिनांक 04.12.87

प्रति,

श्रीमान पुलिस महानिदेशक एवं महानिरीक्षक महोदय

म.प्र. भोपाल।

द्वारा- उचित माध्यम ।

विषय- पदोन्नति बावत्।

संदर्भ- पुलिस रेग्यूलेशन पैरा न. 70 "क"

महोदय,

नम्र निवेदन है कि प्रार्थी रणधीर सिहं रूहल पुलिस उप-निरीक्षक वर्तमान में थाना प्रभारी सबलगढ़ के पद पर नियुक्त है पुलिस विभाग में दिनांक 01.07.79 से पुलिस उप-निरीक्षक के पद पर नियुक्त होकर कार्यरत है।

प्रार्थी में परिवीक्षाधीन समय है बाद से कठिन परिश्रम से कार्य किया जिसके कारण वरिष्ठ अधिकारियों द्वारा बराबर थाना प्रभारी के पद पर प्रार्थी का सेवाकाल में प्रार्थी को 100 से ज्यादा परितोषिक प्राप्त करने के साथ-साथ डाकूओं से मुठभेड में जान तक आहूत करने में पीछे नहीं रहा जिससे दिनांक 20.07.84 से दस्यु रमेश सिहं सिकरवार से मुकाबला हुआ जिसमें सिर मे प्राणघातक चोट लगने से 40 दिन तक अस्पताल ग्वालियर में पडा रहा इसमें भारत सरकार द्वारा वीरता के लिये पुलिस पदक प्रदान किया गया।

अतः निवेदन है कि पुलिस रेग्यूलेशन पैरा क्रमांक 70 "क" के अनुसार "पारी से बाहर" प्रार्थी के पदोन्नति दी जाये तो प्रार्थी पर आपकी महान कृपा होगी जिससे प्रार्थी सदैव आभारी रहेगा।

संलग्न-

1- म.प्र. शासन गृह पुलिस विभाग क्रमांक/20-1/ब-2/11 भोपाल दिनांक 20.02.1986।

2- राष्ट्रपति सचिवालय राष्ट्रपति भवन नई दिल्ली 110004 गोपनीय तुरन्त पत्र क्रमांक/

स.प.प. 2/2 एच.ए./86/सी.ए.11,7 फरवरी 1986।

3- शनिवार दिनांक 22 फरवरी 1986 के भारत के राजपत्र के भाग खण्ड में प्रकाशन।

4- म.प्र. राज्य पत्र के दिनांक10.06.87 भाग 4 (ग) गृह पुलिस विभाग भोपाल दिनांक 10 जून 1987 के तहत पुलिस रेग्यूलेशन 70 ''क'' में संशोधन।

5- गणतंत्र दिवस के अवसर पर आयोजित अलंकरण समारोह 1987 के अंकित वीरता कार्य का विवरण।

प्रार्थी

रणधीर सिहं रूहल

उप-निरीक्षक

थाना प्रभारी सबलगढ़ जिला मुरैना

दिनांक 04.12.87

प्रतिलिपि-

श्रीमान पुलिस महानिदेशक एवं महानिरीक्षक महोदय की ओर अग्रिम सूचना एवं सहानुभूति पूर्वक कार्यवाही करने हेतु प्रेषित ।

प्रार्थी

रणधीर सिहं रूहल

थाना प्रभारी सबलगढ

जिला मुरैना म.प्र

आउट ऑफ टर्न पदोन्नति हेतु अनुशंसा-श्री सुरेन्द्र सिंह पु0अ0 द्वारा-

कार्यालय थाना प्रभारी सबलगढ़ जिला मुरैना के पत्र क्रमांक/2340/87 दिनांक 04.12.1987 को उचित माध्यम से पुलिस महानिदेशक एवं पुलिस महानिरीक्षक को आवेदन पत्र प्रेषित किया गया था जिसकी एडवांस प्रतिलिपि संबधित अधिकारी को डाक से भिजवायी थी इसी क्रम में तत्कालीन पुलिस अधीक्षक मुरैना श्री सुरेन्द्र सिहं द्वारा उपरोक्त पारी से बाहर नियम 70 ''क'' के आधार पर पदोन्नति हेतु अनुशंसा कर पुलिस उप-महानिरीक्षक चंबल रेंज को लेख किया था पुलिस उप-महानिरीक्षक कार्यालय से पुलिस महानिरीक्षक कार्यालय होता हुआ पुलिस महानिदेशक मुख्यालय भोपाल गया था।

सक्षमता से थाना चलाया और जनता की वाह वाही लूटी। ज्यादातर लोग जानते हैं कि हमारे गुरूजी पं0 रामदत्त मिश्र थरा वाल थे जो केला देवी के भक्त थे, केला मैया उनके मुंह बोलती थी। हमने स्थानीय राम मन्दिर में श्रीमद भागवत की कथा का आयोजन पंडित जी के कहने से कराया था। भागवत में शहर के लोग शामिल होना चाहे थे पर पंडित जी ने मना कर दिया था। पूछने पर पंडित जी ने बताया था वहां तीन ग्रुप थे कांगेस के तत्कालीन व पूर्व एमएलए तथा बीजेपी कम्युनिष्टों ज्यादा नहीं था ये लोग चन्दा करके शामिल होना चाहते थे इसलिए मना किया था आपको बदनाम करते इसलिए मनाकर दिया था। जो सामग्री हमने बुलाई दी थी वही पूर्णता की ओर भंडारे को ले गई।

सबलगढ थाना पूर्ण कन्ट्रौल में था सब ठीक थाक से चल रहा था। मनोयोग से एसडीओपी पद पर तत्समय यू0सी0 पाण्डेय पदस्थ थे। रूटीन में एसडीओपी साहब को डीएसआर प्र0आर0मौ0 सुबह सात बजे रजिस्टर में अंकित कर प्रस्तुत कर देता था। एक दिन एसडीओपी को क्या चिड छूटी कि डीएसआर सात बजे थाना प्रभारी ही प्रस्तुत करेगा। हमने समझाने की असफल कोशिश की कि प्रत्येक दिन थाना प्रभारी उप0 नहीं हो सकता। इस बात पर बात बढ गई हमने खुद होकर अपने तबादले के लिए अद्र्ध शासकीय पत्र पु0अ0 मुरैना सुरेन्द्र सिंह को आर0 के हाथ से भेज दिया।

हमने स्पष्ट लिखा था कि खूब सेवा से भी वह संतुष्ट नहीं हैं, मात्र उनके नबाबी शौक पूरा करने में असफल हैं। पत्र पढने के बाद पु0अ0 ने पूछा नबाबी शौक के बारे में तो हमने बताया कि हम रूबरू में ही बता पाएंगे। फिर पूछा कि हम क्या चाहते हैं? तो हमने बता दिया कि तबादला। फिर पूछा कहां चाहते तो हमने कह दिया जहां उचित लगे। तब विद्वान पु0अ0 ने हमारा तबादला थाना प्रभारी बामौर कर दिया।

थाना प्रभारी बामौर जिला मरैना-

सबलगढ से रवाना होकर थाना प्रभारी बामौर का चर्चा संभाल लिया। यह थाना हाई वे क्रमांक 03 पर स्थित होकर ग्वालियर के बॉर्डर पर है मुरैना से करीब 19 किमी तथा ग्वालियर से करीब 17 किमी दूरी पर है। यहां लूट, अपहरण व अन्य हर किस्मी अपराध होते थे। कुछ दि में ही अपराधों पर अंकुश दिया। एक दिन मुरैना बॉडर पार कर पुरानी छावनी थाना क्षेत्र में ट्रक डकैती घटित हो गई जिसमें पांच ट्रकों को रॉपी लगाकर लूटा था।

घटना स्थल पर रायरू पैट्रौल पम्प का मालिक ज्ञानी सरदार सबसे पहुॅचने वाला व्यक्ति था उसने एक टैंम्पो वाले को मिको सूचना देने को कहा था जिस सूचना पर हम मौके पर गए थे। थोडी देर बाद थाना प्रभारी पुरानी छावनी ग्वालियर आ गए थे। हर संभव हमने उनकी मदद की। उस जमाने में अपनी टायपिंग मशीन से केस डायरी व अन्य प्रपत्र तैयार करने वाला प्रथम थाना प्रभारी देखा था। उनका नाम नाम रामविलास शर्मा।

कश्मीरा व टीएमसी-

पूर्व में आपने थाना प्रभारी के कार्य काल में पंडित चिरोंजी लाल तथा सोबरन सिंह तथा कश्मीरा का पढा होगा। कश्मीरा का संपर्क डकैत सोबरन सिंह थे। कहानी अभी तक समाप्त नहीं हुई। कश्मीरा ने सोबरनसिंह को मार कर उसकी टी एम सी ले थी या उसे रूपोश करने में मदद की स्पष्ट नहीं हो पाया। कश्मीरा के पिता निरंजन सिंह पंजाब से माइग्रेट होकर इस क्षेत्र में बस गए थे।

कश्मीरा का पिता निरंजन निकला हिस्ट्रीशीटर छोटे बलबीर ने किया कत्ल हुई सजा-

हमने उनकी खैर ख्वाई लेने पंजाब तक खोज बीन की। कश्मीरा का पिता पंजाब पुलिस का हिस्ट्रीशीटर था उसने भी अपराध घटित किए थे उसकी शोहरत भी बडे आम्र्स सप्लायर की थी। कश्मीरा के एक छोटा भाई था जिसकी पत्नी पर ज्ञानी रायरू वाले की नजर थी। बलवीर छोटा भाई कश्मीरा का था उसने ज्ञानी का कत्ल कर दिया जिसमे उसको आजन्म कारावास

की सजा हो गई।

बामौर से पुनः पत्र प्रेषित-

हमने थाना प्रभारी सबलगढ जिला मुरैना होते हुये आवेदन पत्र नया नियम 70 ‘‘क‘‘ पुलिस रेग्यूलेशन म.प्र. पत्र क्रमांक 2340/88 दिनांक 04.12.1987 पुलिस महानिदेशक म.प्र. को प्रेषित किया था एक लम्बे अंतराल के बावजूद भी पदोन्नति के आदेश नहीं हुये है अतः पुनः थाना प्रभारी बामौर के कार्यालय के पत्र क्रमांक/875/88 दिनांक 21.06.1988 आवेदन पत्र प्रेषित किया गया जो निम्नानुसार है।-

कार्यालय थाना प्रभारी बामौर जिला मुरैना म.प्र.

पत्र क्रमांक/875/88 दिनांक 21.06.88

प्रति,

श्रीमान् पुलिस महानिरीक्षक महोदय

[प्रशासन]

पुलिस मुख्यालय, भोपाल

मध्यप्रदेश।

द्वाराः श्रीमान् पुलिस उप-महानिरीक्षक महोदय, चम्बल क्षेत्र ग्वालियर।

विषयः पदोन्नति बाबत्।

महोदय,

निवेदन है कि प्रार्थी रणधीर सिंह रूहल सन् 1979 से सीधी भर्ती का उप-निरीक्षक नियुक्त होकर जिला मुरैना में पदस्थ है। उक्त अवधि में प्रार्थी ने दस्यु उन्मूलन व अन्य क्षेत्रों में सक्रिय योगदान के लिये वरिष्ठ अधिकारियों द्वारा करीब 125 पारितोषिक दिये गये हैं। प्रारम्भ से ही वरिष्ठ अधिकारियों ने हमेशा थाना प्रभारी पद पर पदस्थ किया तािा आज पर्यन्त तक थाना प्रभारी बामौर पदस्थ होकर दिये हुए कर्तत्व का पालन निष्ठा और वफादारी से करता आ रहा है।

इसी तारतम्य में वर्ष 1983-84 में दुर्दान्त डकैत रमेश सिंह सिकरवार के आतंक का साया जिला मुरैना में छाया रहा। उक्त डकैत पर 50,000 रूपये का इनाम उसके उन्मूलन के लिये घोषित किया गया था। इसके उन्मूलन के लिये जिला पुलिस बल के साथ-साथ बी.एस.एफ. एवं सी0आर0पी0एफ0 भी नियुक्त की गयी थी। इन्ही क्षेत्रों में उक्त डकैत के आवागमन क्षेत्र में प्रार्थी की कार्यक्षमता को देखते हुये प्रार्थी को थाना प्रभारी टेंटरा नियुक्त किया गया था।

सघन मेहनत और सूचना संकलन की बदौलत दिनांक 19-20 जुलाई 1984 को बरेलिया आमखो में दुर्दान्त डकैत रमेश सिंह सिकरवार गैंग को एक खूनी मुठभेड में उलझाने में सफल हुआ। जिसमें एस.ए.एफ. का प्रधान आरक्षक कप्तान सिंह मौके पर मारा गया तथा प्रार्थी के सिर में गोली लगकर गंभीर रूप से घायल हो गया। और होश खोने तक गोली चलाता रहा। दो सप्ताह बेहोशी के साथ 40 दिन जे.ए. हॉस्पीटल ग्वालियर में डकैत की गोली से

प्रार्थी की सिर की पेराईटल बोन कट गयी।
इस वीरता के लिये वरिष्ठ अधिकारियों ने शौर्य के लिये पुलिस पदक की अनुशंसा की फलतः दिनांक 22.02.1986 को भारत के महामहिम राष्ट्रपति महोदय द्वारा शौर्य के लिये "पुलिस पदक" की घोषणा की गयी। तथा दिनांक 26.01.1987 को राजभवन भोपाल में अलंकरण समारोह में मध्यप्रदेश के महामहिम राज्यपाल महोदय ने प्रार्थी का शौर्य के लिये पुलिस पदक से विभूषित किया।
इसके अलावा प्रार्थी की थाना प्रभारी पहाडगढ की तैनाती में 06.03.1987 को 10,000 रूपये का इनाम का खूंखार डकैत रघुराज सिंह सिकरवार मय दो साथियों के मारा गया जिसमें सक्रिय योगदान के लिये श्रीमान् पुलिस महानिरीक्षक भोपाल ने नगद इनाम 1000 रूपये तथा प्रशस्ति प्रमाण पत्र दिया है। इसके अलावा प्रार्थी स्वाभाविक तौर पर भी 8 वर्ष की अवधि भी पूर्ण कर लेने के कारण भी पदोन्नति की पात्रता रखता है। इन वस्तुगत परिस्थितियों को देखते हुये पुलिस अधीक्षक महोदय ताकि श्रीमान पुलिस उप-महानिरीक्षक ने पदोन्नति के लिये अनुशंसा की है।
अतः निवेदन है कि प्रार्थी के प्रकरण पर सहानुभूति पूर्वक विचार करते हुये एवं राज्य शासन के पुलिस रेग्युलेशन के पैरा नम्बर 70 "क" के नियमों को दृष्टिगत् रखते हुये पदोन्नति प्रदान कर उचित न्याय करने की कृपा करें।
पूर्व में प्रार्थी द्वारा प्रस्तुत आवेदन पत्र एवं राज्य शासन के 70 "क" से सम्बंधित आदेश की प्रतिलिपि सुलभ संदर्भ के लिये अवलोकनार्थ संलग्न प्रेषित है।
दिनांक 21.06.88
प्रार्थी
[रणधीर सिंह रूहल]
उप-निरीक्षक
थाना प्रभारी बामौर जिला मुरैना म.प्र.
जब एक अनहोनी घटना हुई-

अपराधों पर नियंत्रण, कानून व्यवस्था चाक चौबन्द, गैंग बदमाशान पर कडी निगरानी, जनमानस सुख की नींद सो रहा था तभी एक अनहोनी घटना हुई, जिसे घटना न मान कर पुलिस कर्मचारियों की लापरवाही मानें। हुआ यूं कि एक गुण्डा किस्म का व्यक्ति जिसका नाम केशव गुर्जर था वह साप्ताहिक बाजार में भीड में लडकियों व महिलाओं को छेडखानी करता था। पहले तो उसकी सूचना नहीं मिली फिर सूचना संकलन के माध्यम से पता चला कि ऐसा करता है लेकिन किसी ने उसके विरूद्ध रिपोर्ट नहीं की। रिपोर्ट न करने के कई कारण हो सकते हैं।
क्योंकि हमारे ज्ञान में आ चुका था तो हमने अपनी विश्वसनीय टीम को इस सूचना की तस्दीक में लगाया। टीम उसे पकड तो नहीं सकी पर हमें विश्वास दिलाया कि केशव गुर्जर निवासी ग्राम पहाडी यह घटना करता है। हमने आने वाले साप्ताहिक बाजार में स्वय इस

सूचना की तस्दीक की योजना बनाली। वो साप्ताहिक बाजार का दिन आया और मुताविक योजना हम व एक दो का पुलिस बल सिविल यूनिफॉर्म में बाजार में छिपते छिपाते पहुॅच गए और केशव पर निगरानी प्रारंभ कर दी।

जब गुण्डे को बीच बाजार से गिरफतार किया-

सूचना के मुताविक केशव ने अपने अपराध करने का ढंग व रेल्वे स्टेशन पर एक सैक्टर बना रखा था जिसकी शुरूवात ए बी रोड से बीच बाजार तक रहती थी। उसी क्रम में जाता व आता हुआ यह अपराध छेडखानी करता। हमने अपनी आखों से एक, दो, तीन तक वह नही रूका तो चौथी पर गिरफतार करने के लिए उसके पीछे शैडो बनकर चल दिए पर वो कहां मानने वाला था और उसने एक नौजवान महिला की छाती पर हाथ डाल दिया, बस गुस्से से काफूर दोनों हाथ उसकी गर्दन को नापने को उतावले हो गए, और हमने उसको पकड कर उसका अच्छा भूत उतारा और साथी पुलिस बल को हिरासत में देकर थाने पर ले जाने को दे दिया।

जब गुण्डे ने हिरासत से भागने का प्रयास किया-

थाने को ले जाते समय उसने तीन पुलिस कर्मी होने के बावजूद भी पुलिस बल पर छुटकर आक्रमण कर दिया और भागने का असफल किया। पुलिस बल ने फिर उसको टाइट करके पकड लिया और गुस्से में उसकी अच्छी मूंज बनादी। पुलिस से भागने के प्रयास व लोक सेवा को कर्तत्व में अवरोध करने की रिपोर्ट पर जाप्ता कार्यवाही कर उसे गिरफतार कर एक अच्छे एक सहायक उप निरीक्षक रामौतार तिवारी की हिरासत मे देकर मेडीकल परीक्षण व उपचार कराने को नूराबाद सीएचसी को रवाना कर दिया। हमारी डियूटी अन्यत्र लगने हम देर को लौटे और फौरी थाना चैककर रात्रि विश्राम में चले गए।

गुण्डे की पिटाई की जांच-

प्रातः गणना में हम उपस्थित हुए गणना लेकर डियूटी सुना दी। मुल0 पेशी वाली टीम को विशेष हिदायत देकर गणना विसर्जित कर कार्यालय में बैठ कर केशव की फाइल तलब की फायल देखी तो मांथा ठनका फायल में केशव की मेडीकल परीक्षण रिपोर्ट नहीं थी। कारण पूछा तो एचसीएम ने बताया कि तिवारी जी रिपोर्ट लेने गए हैं।

उन्होने बताया था कि डॉक्टर उपस्थित नहीं था, कम्पाउण्डर ने चोट नोट कर ली थी और आवश्यक उपचार कर दिया था। तिवारी का इन्तजार किया पर उसके आने से पहले डीएसपी मुख्यालय मुरैना आर आर चौधरी जॉच के लिए थाने पर पधार गए और केशव का मेडीकल फॉर्म जो परीक्षण व उपचार के लिए भेजा कोरा नूराबाद से लेकर ही आए थे।

हम अपना भविष्य भॉप गए थे फिर रोने गाने से भी कुछ नहीं होता। तभी तिवारी भी मुंह सुखाए प्रकट हो गए। हम समझ गए कि गुर्जर नेता सक्रिय हो गए और शिकायत कर दी तो जांच तो होना ही चाहिए थीं। क्योंकि इस शिकायती मामले को जनता भांति जानती थी और पुलिस कार्यवाही से पूरी तरह से संतुष्ट थी फिर भी जांच का निर्णय तो भी तो पु0अ0 मुरैना को ही लेना था।

जांच के दौरान डीएसपी साहब ने हमसे फॉर्मल पूछा कि दरोगा जी बताओ क्या किया जा

सकता है? हमने स्पष्ट तौर से बता दिया कि जो भी हुआ है उसके लिए हम सिर्फ हम ही केवल जिम्मेदार है। स्टाफ के किसी कर्मचारी को इसमें न रगडा जाए यह अनुरोध है। हमारे पूरे नौकरी के जीवन में हमने किसी कनिष्ठ को कभी आंच नहीं आने दी। इस का हमें यह फायदा रहा कि पूरा स्टाफ हमारा वफादार रहा।

जांच प्रस्तुत हुआ तबादला पर तबादले के विरोध में जनता ने किया जाम-

डीएसपी मुख्यालय ने अपनी रिपोर्ट पु0 अ0 को प्रस्तुत की तो पु0अ0 ने तुरंत डीआरपी जाने के आदेश जारी कर दिए। दूसरी ओर जनता भले लोगों को जैसे ही पता चला तो उन लोगों ने हाई वे जाम कर दिया। हॉलाकि कि हमने आदेश के पालन में अपनी रवानगी दर्ज दी थी और चार्ज कनिष्ठ अधिकारी को सुपुर्द कर दिया था।

जाम भी हमने ही खुलवाया-

जाम खुलवाने के लिए भी हमारे ही भार आ गया। हमने जनता के लोगों को समझाया कि सरकार व प्रशासन यह कह रहा है कि हम यह जाम करा रहे हैं। यदि आप लोग हमारे हित में यह कर रहे हैं तो जाम को तुरंत खोल दो और यदि आपको कुछ कहना है तो मुरैना जाकर पु0अ0 से जाकर बताओ। जनता की समझ सबसे बडी होती है।

जब जनता ने अपने थानेदार को वापस करने के लिए एसपी का बंगला घेरा-

भीड में बीजेपी के कददावर नेता कालीचरन व उनके साथियों ने कसम खाली कि वह रूहल साहब को ही थाना प्रभारी रखेगें और जाम खोल कर टेंपोज मे भर कर पूरी भीड मुरैना में जाकर पु0अ0 के बंगले पर पहुॅच गई। पु0अ0 ने भीड को समझाने की असफल कोशिश की जनता से कहा कि रिपोर्ट आ गई है वह पढकर ही कोई निर्णय लूंगा।

पु0अ0 समझ रहे थे कि वैसी ही भी है कुछ में चली जाएगी। दूसरी तरफ भीड टस से मस नहीं हो रही थी बल्कि ज्यों ज्यों रात होती गई भीड बढती चली गई। रात में भीड के बारे में प्रशासन ने कोई गौर नहीं की। आन्दोलन कारी मुरैना एसपी के बंगले पर ही अडे रहे। अभी तक बामौर की जनता ही घेराव में थी फिर शहर को सूचना मिली तो जिसने सुना वो रात में ही बंगले पर पहुंच गया।

जनता रात भर अडी रही और अपने थानेदार को वापस ले गई-

भीड भूखी प्यासी रात भर बैठी रही। सुबह मुरैना के लोगों को पता चला तो बामौर की जनता के समर्थन में और भी जुट गयी और पु0अ0 के बंगले को चारों तरफ से घेर लिया। भीड को यह आशवासन भी दे दिया कि तुम्हारे थानेदार को वापस कर देंगे तो भी नहीं माने एक स्वर में बोले कि आदेश कर दो दरोगा जी को साथ ही लेकर जाएंगे। लाचार पु0अ0 ने वापसी के आदेश कर दिए फिर भी जनता नहीं हटी।

हमको पु0अ0 बंगले पर बुलाया पु0अ0 ने आदेश दिया कि अपनी जनता को ले जाओ और वापस थाना बामौर पुनः ज्वाइन करो। आदेश लेकर जनता के साथ ही बामौर जाकर चार्ज संभाल लिया। लेकिन पु0अ0 को यह अच्छा नहीं लगा। प्राकृतिक नियम है कि अधिकारी को यह प्रसंग अच्छा लगने वाला था ही नहीं पर हम किसी भी स्थिति में नहीं थे। हम उस

मूव्हमैंट में जुडे नेता से भी कहने की स्थिति में नहीं थे।

जनता के दम पर पुनः बामौर ज्वाइन कर लिया-

कुछ दिन बामौर में जमकर थानेदारी की। बामौर थाना क्षेत्रान्तर्गत एक मारूति बैन जो दिल्ली से बम्बई के लिये रवाना हुयी थी उसमें 1988 में 8 लाख 63 हजार 100 रूपये बैन की बॉडी में बरामद हुये थे जो लेखक द्वारा जप्त कर लिये थे। जिस पर से लेखक के साथ-साथ तत्कालीन पुलिस अधीक्षक श्री सुरेन्द्र सिंग भी वरिष्ठ अधिकारियों के कोप भाजन बने और मेडल की अनुसंशा नही की गयी।

पुनः तबादला मुरैना-

कुछ दिन बाद पु0अ0 ने पुनः कोतवाली मुरैना के कनिष्ठ उपनिरीक्षक के आदेश करके बामौर से तबादला कर दिया। यहॉ चाणक्य की नीति जिसे हम नहीं जानते थे उसके अनुसार इंसान का सबसे बडा दुश्मन उसका रहस्य या राज होता है उसे किसी को भी नहीं बताना चाहिए चाहे कोई भी प्रिय से प्रिय क्यों न हो। अपना रहस्य आपने बता दिया तो कब आपके खिलाफ होकर आपका नुक्शान कर देगा।

चाणक्य नीति अमर हो गई-

इसी प्रकार उक्त मामले से हमने यह सबक सीखा कि जिस मामले में पुलिस कार्यवाही में आपको यह लगता है कि उसमें आपकी उपस्थिति हो वह कार्यवाही स्वंय करना वांछनीय हो तो कभी भी किसी भी मातहत चाहे अति प्रिय व वफादार हो तो भी उसके ऊपर जिम्मेदारी न छोडें, स्वंय करे या करावें। इस मामले में तिवारी हमारा प्रिय वफादार और विश्वसनीय था फिर भी नुक्शान उठाना पडा।

कनिष्ठ उप-निरीक्षक कोतवाली मुरैनाः-

बामौर से कोतवाली आकर ज्वाइन कर लिया और कार्य सरकार में जुट गए। नौकरी धीरे धीरे बढती जा रही थी पर प्रावधान होने के बावजूद भी पदोन्नति होने का नाम नहीं ले रही थी।

पदोन्नति का तृतीय प्रयास-आधार-विनिमित आठ साल की अवधि

उप-निरीक्षक से निरीक्षक की पदोन्नति का प्रावधान पुलिस रैग्यूलेशन 70 में निहित हे और उससे संबंधित नियम 1960 के एपैडिकस "ए" में दिये हैं जिसमें आम तौर पर प्रावधान के मुताविक 8 साल की सेवा पूर्ण होंने पर जिले का पुलिस कप्तान नामांकन भेजता है और उस आधार पर फिट लिस्ट बनती थी और रिक्तियों के मुताविक पदोन्नति होती थी।

लेखक के समय में मुरैना के पुलिय अधीक्षक ने 1960 के नियमों के मुताविक अपवाद के कालम में 06 वर्ष की सेवा पूर्ण होने पर पदोन्नति हेतु नामांकन भेजा था पर पुलिस मुख्यालय ने लेखक का मुल्यांकन अलग से न कर 08 वर्ष या उससे ज्यादा अवधि के उप-निरीक्षकों के साथ टैग कर दिया था जो नियमानुसार नहीं था। तत्समय में एसीआर व रिकार्ड के आधार पर डीपीसी बैठती थी और फिट लिस्ट बनती थी और पदोन्नति की जा रहीं थीं। 08 वर्ष से ज्यादा सेवा अवधि होने पर भी लेखक ने प्रयास किया और उसी क्रम में निम्न पत्र प्रेषित किया था।

कार्यालय नगर निरीक्षक मुरैना म.प्र.
पत्र क्रं./2473/88 दिनांक 23.08.88
प्रति,
श्रीमान् पुलिस अधीक्षक महोदय
जिला मुरैना, म.प्र.।
द्वाराः उचित माध्यम।
विषयः श्रीमान् पुलिस महानिदेशक महोदय पुलिस मुख्यालय भोपाल के समक्ष में उपस्थित होकर गुजारिश करने की परमीशन बाबत्।

महोदय,

निवेदन है कि प्रार्थी रणधीर सिंह रूहल सीधी भर्ती का उप-निरीक्षक है नियुक्ति दिनांक 01.07.79 है। बीच में थोडे दिन ग्वालियर व रीवा रेंज को छोडकर प्रार्थी शुरू से ही वर्तमान जिला में जो दस्यु निरोधक क्षेत्र है। दस्यु उन्मूलन में सक्रिय भूमिका अदा कर अनेकानेक गिरोहों का सफाया कराने में सहायक रहा है। इस कार्य में प्रार्थी को "पुलिस पदक" से विभूषित किया गया है।

1985 में पुलिस रेग्युलेशन पारा नं. 973 के उपबंध के आधार पर तत्कालीन पुलिस अधीक्षक महोदय द्वारा प्रार्थी को पदोन्नति हेतु नामांकन भेजा गया। बाद में पुलिस रेग्युलेशन में दिनांक 10 जून 1987 में 70 "क" पारा में संशोधन के आधार पर पदोन्नति बाबत् आवेदन दिया गया जिस पर 1987 में तत्काल पुलिस अधीक्षक महोदय द्वारा सिफारिश कर भेजा गया। इसके बाद श्रीमान् पुलिस महानिरीक्षक महोदय प्रशासन भोपाल को आवेदन उचित माध्यम (द्वारा पुलिस उप-महानिरीक्षक महोदय चम्बल-क्षेत्र) दिया गया जिस पर अर्द्धशासकीय पत्र सिफारिश कर भेजा गया।

अभी तक प्रार्थी का 1. दस्यु क्षेत्र में छः साल की अवधि पर पुलिस रेग्युलेशन पारा नं. 973, 2. "पुलिस पदक" मिलने पर 70 "क" पुलिस रेग्युलेशन के आधार तथा 3. आठ साल की सर्विस की अवधि के आधार पर भी प्रार्थी को पदोन्नति नहीं दी गयी है।

इस सम्बंध में प्रार्थी श्रीमान् पुलिस महानिदेशक, भोपाल से समक्ष में गुजारिश करना चाहता हूं। प्रार्थी को परमीशन देने की कृपा करें। प्रार्थी आजीवन श्रीमान् जी का आभारी रहेगा।

प्रार्थी
(रणधीर सिंह रूहल)
उप-निरीक्षक
जिला मुरैना

उपरोक्त पत्र पुलिस अधीक्षक मुरैना को नगर निरीक्षक मुरैना के द्वारा अग्रेषित होकर समक्ष में प्रस्तुत किया लेकिन भोपाल जाने की अनुमति नहीं मिली अनुमति के स्थान पर तत्कालीन पुलिस अधीक्षक मुरैना द्वारा निर्देश दिये कि

"दिनांक30.08.1988 को जब डी.जी.पी. ग्वालियर में आयेगें तो मिलने की अनुमति है"

अपठित हस्ताक्षर तत्कालीन पुलिस अधीक्षक मुरैना।
कार्यालय नगर निरीक्षक मुरैना म.प्र.
पत्र क्रं./2591/88 दिनांक 30.08.1988
प्रति,
श्रीमान् महानिदेशक महोदय
मध्यप्रदेश पुलिस
पुलिस मुख्यालय भोपाल [म.प्र.]
द्वाराः- उचित माध्यम।
विषयः- पदोन्नति वाबत्।
संदर्भः-
? नगर निरीक्षक मुरैना का पत्र क्रं.50671/85 दिनांक 18.08.85 श्रीमान् पुलिस अधीक्षक महोदय मुरैना को प्रेषित।
? थाना प्रभारी सबलगढ मुरैना का पत्र क्रं. 2340/87 दिनांक 04.12.87 श्रीमान जी को प्रेषित।
? पत्र क्रं. 875/88 दिनांक 21.06.88 श्रीमान् पुलिस महानिरीक्षक महोदय प्रशासन को प्रेषित।
? म.प्र. शासन गृह पुलिस विभाग क्रं./20-1 व 21 11 भोपाल दिनांक 20 फरवरी 1986।
? राष्ट्रपति सचिवालय राष्ट्रपति भवन नई दिल्ली 110004 गोपनीय तुरंत पत्र क्रं. सं.एफ. 2 एच.ए./86/सी.ए.11, 07 फरवरी 1986।
? शनिवार दिनांक 22 फरवरी 1986 के भारत का राजपत्र का भाग खण्ड 1 में सेक्शन 1
? म.प्र. राजपत्र गृह पुलिस विभाग भोपाल दिनांक 10 जून 1987 के तहत् पुलिस रेग्युलेशन पारा नं. 70"क" संशोधन।
? गणतंत्र दिवस के अवसर पर आयोजित अलंकरण समारोह 1987 में अंकित वीरता कार्य का विवरण।
महोदय,
विनम्र निवेदन यह है कि प्रार्थी रणधीर सिंह रूहल जिला मुरैना में कार्यरत होकर सीधी भर्ती का उप निरीक्षक है जिसकी नियुक्ति दिनांक 01.07.1979 ;एक जुलाई उन्नीस सौ उन्यासीद्ध है प्रार्थी की सेवा रीवा क्षेत्र के 28 दिन को छोडकर 9 साल की सेवा दस्यु क्षेत्र मुरैना में रही है। प्रार्थी ने दृढ संकल्पित होकर वरिष्ठ अधिकारियों के आदेशों का वफादारी से पालन कर पुलिस की छवि को सर्वोत्तम बनाने के प्रयत्नों में सहायक रहा है। प्रार्थी की कार्य कुशलता और क्षमता को देखकर प्रार्थी को हमेशा थाना प्रभारी बनाये रखा इस अवधि में प्रार्थी 15 थानों का प्रभारी अधिकारी रह चुका है और जो भी कार्य जिम्मेदारियों सौंपी प्रार्थी ने उसको वफादारी से निभाया।
प्रार्थी ने डाकुओं के गिरोंहों से निपटानें में कत्र्तव्यों के प्रति असाधारण साहस और निष्ठा

का परिचय दिया है इस अवधि में केदार गूजर, पानसिंह तोमर, बलवन्त सिंह तोमर, भूरा गडरिया, सूबेदार सिंह, सरनाम सिंह, अमरसिंह, बैजनाथ गूजर, नन्हेसिंह, रमेश सिंह सिकरवार, कृपालसिंह, बटुरी व रघुराज सिंह सिकरवार आदि गिरोहों के उन्मूलन में सक्रिय योगदान दिया है।

इस कडी में 1984 में जब रमेशसिंह सिकरवार जिसके ऊपर शासन द्वारा 50,000 रूपए घोषित था उसके अत्याचार की गाथा सबकी जुबान पर थी उन्हीं विषम परिस्थितियों में प्रार्थी को सोच-समझकर थाना प्रभारी टैंटरा नियुक्त कर दिया गया फलतः दिनांक 19, 20 जुलाई 1984 को रमेश सिंह सिकरवार गैंग को एक खूनी मुठभेड में उलझाने में सफल हुआ जिसमें प्रार्थी के सिर में गोली लगकर गंभीर चोट आयी जिससे सिर की हड्डी कट गयी। गैंग भागने में सफल हुआ लेकिन अक्टूबर में आत्म समर्पण होने को मजबूर हो गया। गंभीर चोट की वजह से 40 दिन अस्पताल में जीवन और मौत के बीच जूझता रहा इस उत्कृष्ट वीरता, साहस और कत्र्तव्य परायणता का परिचय देने के लिए प्रार्थी को वीरता के लिए पुलिस पदक प्रदान किया गया।

इसके बाद में सन्1987 में गैंग रघुराज सिंह सिकरवार और बटुरी काछी ने जब आतंक मचा दिया तब वरिष्ठ अधिकारियों ने प्रार्थी को उपयुक्त समझकर थाना प्रभारी पहाडगढ नियुक्त किया फलतः गैंग बटुरी काछी के सफाए में फरवरी 1987 को सक्रिय योगदान दिया तथा प्रार्थी को थाना क्षेत्रान्तर्गत 06.03.87 को 10,000 रूपए का इनामी गैंग मुखिया रघुराज सिंह सिकरवार को मय दो साथियों के मार गिराने में अहम भूमिका निभायी है।

इस तारतम्य में प्रार्थी ने डाकुओं के गिरोहों से निपटने में कत्र्तव्यों के प्रति असाधारण साहस और निष्ठा का परिचय दिया इसके लिए प्रार्थी ने पदोन्नति के हेतु पुलिस रेग्युलेशन के पारा नं. 973 जिसमें सीधी भर्ती के उप-निरीक्षक की 6 साल की अवधि पूर्ण होने पर पदोन्नति का प्रावधान है के तहत् आवेदन-पत्र क्रं. 5067/88 दिनांक 18.08.87 को श्रीमान् पुलिस अधीक्षक महोदय मुरैना को पेश किया था जिस पर श्रीमान् पुलिस अधीक्षक महोदय ने सिफारिश कर नामांकन भिजवाया तथा श्रीमान् उप-महानिरीक्षक महोदय चम्बल क्षेत्र ग्वालियर ने सिफारिश कर श्रीमान् जी की ओर भिजवाया लेकिन दुर्भाग्य से आज पर्यन्त तक प्रार्थी को पदोन्नति नहीं दी गयी।

इसके उपरांत पुलिस रेग्युलेशन के पारा नं. 70 "क" जिसमें "पारी से बाहर" पदोन्नति का प्रावधान म.प्र. शासन ने बनाया है के आधार पर आवेदन-पत्र क्रं. 2340/88 दिनांक 04.12.88 श्रीमान् जी को प्रेषित किया जिसमें पुलिस अधीक्षक महोदय ने सिफारिश कर श्रीमान् जी की ओर भिजवाया लेकिन पदोन्नति न मिलने के कारण आवेदन पत्र क्रं. 875/88 दिनांक 21.06.88 को श्रीमान् पुलिस महानिरीक्षक महोदय प्रशासन पुलिस मुख्यालय भोपाल को प्रेषित किया जिस पर श्रीमान् पुलिस उप-महानिरीक्षक महोदय चम्बल क्षेत्र ग्वालियर ने अद्र्धशासकीय पत्र में पदोन्नति की अनुशंसा कर भिजवाया साथ ही प्रार्थी 30.06.88 को श्रीमान् पुलिस महानिरीक्षक महोदय प्रशासन के सम्मुख पेश होकर गुजारिश

की सुनकर मुझे आश्वस्त किया। लेकिन आज पर्यन्त तक प्रार्थी को पदोन्नति नहीं मिल सकी है।

अतः श्रीमान जी के सम्मुख होकर प्रार्थी गुजारिश कर रहा है कि प्रार्थी को 973 या 70 "क" पुलिस रेग्युलेशन के उपबन्धों के आधारों पर प्रार्थी को पदोन्नति के आदेश प्रदान करने की कृपा करें। जिससे प्रार्थी का मनोबल बढता रहे और प्रार्थी को न्याय मिल सके। प्रार्थी श्रीमान् जी का हमेशा आभारी रहेगा।

संलग्नः -

1. पत्र क्रं.5067/85 दिनांक 18.08.85 तत्काल संदर्भ के लिये।
2. पत्र क्रं.2340/87 दिनांक 04.12.87 तत्काल संदर्भ के लिये।
3. पत्र क्रं.875/88 दिनांक 21.06.88 तत्काल संदर्भ के लिये।
4. पत्र क्रं.80-1/ब-2/11 भोपाल दिनांक 20.02.86 तत्काल संदर्भ के लिये।
5. पत्र क्रं.सं.एफ. 02 /2/ एच.ए./86/सी.ए.11 दिनांक 07 फरवरी 1986 तत्काल संदर्भ के लिये।
6. दिनांक 22 फरवरी 1986 का राजपत्र।
7. राजपत्र दिनांक 10 जून 1987।
8. गणतंत्र दिवस के अवसर पर आयोजित अलंकरण समारोह 1987 में अंकित वीरता कार्य का विवरण।

दिनांक 30.08.1988 ।

प्रार्थी

रणधीर सिंह रूहल

उप-निरीक्षक

जिला मुरैना

पदोन्नति का चैथा प्रयास-आधार-विनिमित आठ साल की अवधि-

एक लम्बे अंतराल के बाद पदोन्नति के आदेश नहीं हुये तो चिता हुयी तब पुलिस अधीक्षक मुरैना से अनुमति प्राप्त कर पुलिस मुख्यालय जाकर संबधित सहायक पुलिस महानिरीक्षक श्री देवेन्द्र सिहं सेंगर से मिला तब वस्तु स्थिति भिन्न थी उनके अनुसार न तो प्रकरण मिला और न ही सेवा अभिलेख मिला लेखक के विशेष अनुरोध पर उनके कार्यालय में रिकार्ड की छानबीन की गयी तो तीन दिन के अथक प्रयास के बाद एक बस्ते में सेवा अभिलेख सहित टांड पर मिला, ऐसा भी होता है।

जब बिना सजा गलत रिपोर्ट दी-

तब अगले दिन प्रकरण देखा गया तो पदोन्नति के सपने दूर-दूर तक नहीं थे सहायक पुलिस महानिरीक्षक देवेन्द्र सिंह सेंगर ने बताया कि "तुम्हारे प्रकरण में चम्बल रेंज पुलिस उप-महानिरीक्षक ने मेजर पनिशमेन्ट का उल्लेख है एवं इस कार्य के लिये वीरता पदक मिल चुका है पदोन्नति योग्यता क्रम में दिया जाना उचित होगा"।

यह उल्लेखनीय है कि तत्कालीन पुलिस उप-महानिरीक्षक केवल 10 दिवस के लिये थे उन्होने रिपोर्ट लगाकर कर अग्रेषित कर पुलिस मुख्यालय भेज दिया, हकीकत में मेजर पनिशमेंट था ही नहीं। तब भी नहीं था और कभी भी नहीं मिला। फायल को देखा और सहायक पुलिस महानिरीक्षक द्वारा हाथ खडे कर दिये क्योंकि पुलिस उप-महानिरीक्षक चंबल एवं पुलिस महानिरीक्षक बी. पी. साहनी द्वारा अनुसंशा नहीं की गयी।

चाहर की नाराजगी-

यहां उल्लेखनीय है कि आई जी पी के निज सहायक सोबरन सिंह चाहर जो इस बात पर नाराज थे कि हमने उनकी लडकी इन्द्रा से शादी क्यों नहीं की, और हमारे प्रमोशन में भांची मार दी। रिकार्ड देखकर भी गलत जानकारी भेजी थी। हालांकि उसके वावजूद भी हमारी पदोन्नति हुयी पर पापड तो बेलने पडे।

आईजी की नाराजगी-

उल्लेखनीय है कि तत्कालीन पुलिस महानिरीक्षक तत्कालीन पुलिस अधीक्षक मुरैना श्री सुरेन्द्र सिंग से इस बात पर नाराज थे कि थाना बामौर क्षेत्र में हमारी तैनाती में मारूती वैन में 08 लाख 63 हजार सौ नोट जप्त किये थे और इमानदारी के भूत में सूचना देने पर उनके द्वारा भेजे गए डी0एस0पी हैड क्वाटर के समक्ष बैंक कर्मचारियों से गिनवाये।

उनकी आपत्ति ये थी कि बैंक कर्मचारियों से क्यों गिनवाये और उन्हें सूचना क्यों नहीं दी, जबकि पुलिस अधीक्षक मुरैना द्वारा आर.एम. के माध्यम से पुलिस महानिरीक्षक एवं पुलिस उप-महानिरीक्षक को सूचना दी थी उसके बावजूद उसकी गाज हमारी पदोन्नति पर गिरी।

9

चम्बल रेंज डी.आई.जी. द्वारा पदोन्नति की अनुशंसा-

पुनः पदोन्नति का सिलसिला दिनांक 21.06.86 के आवेदन के साथ प्रारम्भ हुआ जो पुलिस महानिरीक्षक प्रशासन म.प्र. भोपाल, पुलिस उप-महानिरीक्षक चम्बल रेंज के माध्यम से से दिया गया उस पर से तत्कालीन पुलिस उप-महानिरीक्षक आर.के.ई यदलवार ने प्रकरण को गंभीरता से लेते हुये प्रकरण में पुलिस अधीक्षक मुरैना की अनुसंशा के आधार पर लेखक की बात को तरजीह देते हुए एक अद्र्धशासकीय पत्र लिखवाकर अग्रेषित करते हुये पुलिस महानिरीक्षक प्रशासन म.प्र. भोपाल को प्रेषित किया गया। पत्र की प्रति निम्न है-

आर0के0ई0यदलवार, चं0रे0

उमनि सीआर/307/88 दिनांक 22.6.88

पुलिस रेग्यूंलशन के पैरा 70-क के अंतर्गत क्रम से पूर्व निरीक्षक के पद पर पदोन्नति हेतु उप निरीक्षक रणधीर सिंह रुहल जिला मरैना द्वारा प्रेषित आवेदन पत्र मूलतः संलग्न है। इस उप निरीक्षक ने दुर्दान्त डकैत रमेश सिंह सिकरवार के साथ वर्ष 1984 में शौर्यपूर्ण मुठभेड लेकर अहम वीरता एवं साहस का परिचय दिया था जिसके लिये इसे राष्ट्रपति का शौर्य के लिये पुलिस पदक प्रदान किया गया है।

इसके अलावा मुरैना जिले में ही वर्ष 1987 में डकैत रघुराज सिंह सिकरवार के साथ हुई मुठभेड में भी इसका उल्लेखनीय योगदान रहा था जिसके लिये इसे 1000) रु0 नगद एवं प्रशंसा पत्र पुलिस महानिदेशक महोदय के द्वारा इनाम स्वरुप प्रदान किया गया है।

वैसे भी यह उप निरीक्षक वर्ष 1-7-79 का सीधी भर्ती का उप निरीक्षक है एवं पदोन्नति के लिये निर्धारित सेवाकाल भी पूर्ण कर चुका है। इनका सेवा अभिलेख अलग से इस कार्यालय के पत्र क्रमांक सीआर/211/88 दिनांक 5-5-88 के द्वारा श्रीमान् पुलिस महानिरीक्षक, ग्वालियर के मार्फत पुलिस मुख्यालय को भेजा जा चुका है।

2- उपरोक्त परिस्थितियों को देखते हुए इस उप निरीक्षक का नाम योग्यता सूची पर लाये जाने एव क्रम से पूर्व पदोन्नति दिये जाने की पुरजोर अनुशंसा की जाती है।

सहपत्र.- एक

हस्ताक्षर अपठित

दिनांक 22.6.88

(आर0के0ई0यदलवार)
श्री व्ही0पी0सिंह
पुलिस महानिरीक्षक,
(प्रशासन) पुलिस मुख्यालय,
भोपाल

सेंगर साहब ने कहा आई जी की अनुशंसा जरूरी-
उक्त बंद लिफाफा को लेकर भोपाल पहुँचकर पुलिस महानिरीक्षक श्री बी. पी. सिहं को प्रस्तुत किया उन्होने प्रकरण को मार्क कर सहायक पुलिस महानिरीक्षक श्री देवेन्द्र सिंह सेंगर को प्रेषित किया और बताया कि पारी से बाहर पदोन्नति की प्रक्रिया पुलिस महानिरीक्षक जोन की अनुशंसा आवश्यक होना चाहिए।

जब आई जी का जबाब मांगा-
तब उनके स्तर पर लिखा पढी करते हुये पुलिस महानिदेशक की ओर से पुलिस महानिरीक्षक ग्वालियर की ओर से स्पष्ट तौर से लिखते हुये कि जब पुलिस अधीक्षक मुरैना तथा पुलिस उप-महानिरीक्षक चंबल रेंज प्रकरण में पारी से बाहर पदोन्नति में अनुशंसा कर रहे है तो ऐसे कौन से कारण है कि आपके स्तर पर प्रकरण में अनुशंसा नहीं की गयी। इसके बावजूद भी पुलिस महानिरीक्षक जोन द्वारा अनुशंसा नहीं की ?
उसके बाद प्रकरण पुलिस मुख्यालय में विचाराधीन रहा। जब पदोन्नति नहीं हुयी तो पुलिस महानिदेशक से मिलने हेतु पुलिस अधीक्षक मुरैना से अनुमति चाही गयी थी और आदेश जारी किया कि पुलिस महानिदेशक द्वारा मुरैना जिले का भ्रमण करने पर मिल सकते है।

पुलिस महानिदेशक के द्वारा पदोन्नति का आदेश-
उसके पश्चात वर्षा कालीन पुलिस स्पोर्टस में भाग लेने चम्बल रेंज की टीम भी जानी थी जिसका नेतृत्व लेखक ने किया उस समय पुलिस महानिदेशक म. प्र. से मिलने के प्रयास किये गये लेकिन नहीं मिल सका।

डीजीपी साहब को ग्राउण्ड पर ग्रीवांस बताई दफतर में मिलने को कहा-
तीन दिन बाद, फायनल रिहर्सल गेम्स के अगले दिन माननीय मुख्यमंत्री श्री अर्जुन सिहं परेड मैदान में पधारने वाले थे मेरे एक साथी ने जो आज इस दुनियां में नहीं है कैलाश बाथम ने उत्साहवर्धन करते हुये कहा कि क्यों न पुलिस महानिदेशक साहब से अपनी बात कहें। यही हुआ हमने डीजीपी साहब से ग्राउण्ड पर ही अपनी बात कही तब डी.जी.पी. साहब ने कहा कि कल प्रातः 0900 बजे मेरे कार्यालय पर पहुँचे।

डीजीपी साहब बात के पक्के निकले-
लेखक द्वारा कहा गया कि अगले तीन दिन कार्यालय बंद रहेगें जिस पर पुलिस महानिदेशक द्वारा कहा गया कि मैं कल 0900 बजे अपने कार्यालय पर मिलूंगा। निर्देशानुसार कार्यालय नगर पुलिस अधीक्षक मुरैना के पत्र क्रमांक/2591/88 दिनांक 03.08.1988 मय प्रपत्रों के दिनॉक 08 अक्टूबर 1988 को सही 0900 बजे डी.जी.पी. साहब

से मिलने पुलिस मुख्यालय पहुॅच गए।

डीजीपी साहब ने किए प्रमोशन के आदेश-

हमने साहब के चेम्बर में आवेदन पत्र पुनः प्रस्तुत किया, प्रपत्र पढते ही श्री बिराज कृष्ण मुखर्जी पुलिस महानिदेशक बोले कि "रूहल तुम वही हो जिसके सिर पर गोली लगी थी और मैं जे.एच. हास्पीटल ग्वालियर देखने गया था" हॉ सुनकर आवेदन पत्र पढने के बाद आवेदन-पत्र पर ही निर्देश जारी किये गये "CASE IS FIT FOR PROMOTION PUT FOR ORDER" और इतना लिखने के बाद कहा कि पुलिस मुख्यालय में कोई अधिकारी है? हमने कहा कि सहायक पुलिस महानिरीक्षक श्री देवेन्द्र सिहं सेंगर साहब बैठे है तो उन्हें देने के पश्चात में चम्बल रेंज टीम का कप्तान और पट्टिका पकडने वाले साथ दौडकर परेड में शामिल हुये। इसी क्रम में यह भी ज्ञान आया कि कैसे भोपाल जाने का योग बना और डी0जी0पी0 साहब से मिल सका।

एन पी शर्मा ने लिखा पत्र न. नि. कोतवाली को-

उस समय लेखक की नौकरी उत्तरी जोन ग्वालियर में थी और पदस्थापना कोतवाली मुरैना में थी। वरिष्ठ अधिकारियों के आदेश के पालन में रक्षित निरीक्षक मुरैना द्वारा प्रेषित पत्र जो नगर निरीक्षक कोतवाली मुरैना को संबोधित था के क्रम में भोपाल जाने के लिए कार्यमुक्त किया गया था, की प्रति निम्न है-

कार्यालय रक्षित निरीक्षक, पुलिस लाइन मुरैना, म0प्र0

प्रति,

नगर निरीक्षक,

कोतवाली मुरैना

विषयः अन्तर्जोन क्रीडा प्रतियोगिता।

उप निरीक्षक श्री आर0 एस0 रुहल को दिनांक 4-10-88 से भोपाल में सम्पादित होने वाली जोनल क्रीडा प्रतियोगिता में उत्तरी जोन, ग्वालियर का नेतृत्व करने हेतु कप्तान की हैसियत से भेजा जाना निश्चित किया गया है। अतः आप उपनिरीक्षक श्री रुहल को कार्य मुक्त कर, रक्षित केन्द्र मुरैना भेजने का कष्ट करें।

अपठित हस्ताक्षर

रक्षित निरीक्षक

पुलिस लाइन, मुरैना

क्रमांकः- 7000/88 दिनांकः-29.9.88 प्रतिलिपि, श्री आर0 एस0 रुहल, उपनिरीक्षक, कोतवाली मुरैना को सूचनार्थ

अग्रेषित है।

अपठित हस्ताक्षर

रक्षित निरीक्षक

पुलिस लाइन, मुरैना

चक्का जाम जनता युवा मोर्चा ने किया आन्दोलन-

भोपाल से खेलों से वापस होकर फिर अपनी डियूटी में मशगूल हो गए। कुछ दिन बाद प्रदेश व्यापी चक्का जाम आन्दोलन आयोजित था उसमें कानून व्यवस्था में डियूटी लगी थी। डियूटी के दौरान किसी विवाद पर किसी पुलिस के जवान का डंडा किसी लडके के सिर में लग गया तो जनता युवा मोर्चा के पदाधिकारियों जितेन्द्र चतुर्वेदी, महेश्वरी आदि ने अपना एक गुट बनाकर कलैक्टर मुरैना का घेराव कर दिया।

जनता युवा नेताओं ने कलेक्टर को शिकायत की कि थानेदार आर0एस0रूहल ने उनके साथी को सिर में डंडा मारा, थानेदार रूहल को तत्काल सस्पैंड कराना है। कलेक्टर ने पु0अ0 मुरैना से बात करना चाही पर बात दूरभाष से नहीं हो पाई। कलेक्टर जनता युवा मोर्चा के कार्य कत्त्ताओं के दबाब में आ गए थे।

जब कलेक्टर पैदल कोतवाली पहुंचा-

कलेक्टर उनके साथ ही पु0अ0 की लोकेशन लेकर कलेक्टर बंगले से कार्यकर्ताओं के साथ पैदल कोतवाली मुरैना पहुॅच गए। इससे पहले वह डंडा की शिकायत पुलिस अधीक्षक के पास आ चुकी थी और उसकी जॉच करा चुके थे और संबंधित जवान के प्रति समुचित कार्यवाही के आदेश पु0अ0 पूर्व में ही दे चुके थे। पु0अ0 कोतवाली के टी आई के चैम्बर में बैठे थे, भीड वह नारे बाजी की आवाज सुनकर चैम्बर के गेट पर खडे हो गए।

कलेक्टर को चैम्बर में प्रवेश नहीं दिया-

कलेक्टर आगे व पीछे जनता युवा मोर्चा के लोग नारे बाजी कर रहे थे। कलेक्टर ने आते ही पु0अ0 से कहा थानेदार रूहल कौन है? उसे तुरंत सस्पैंड करो। कलेक्टर अन्दर चैम्बर में प्रवेश करना चाहता था पर पु0अ0 ने चैखट में अपनी टांग अडा दी और कलेक्टर को चैम्बर में प्रवेश नहीं करने दिया। इतने में तो कलेक्टर के चेहरे की हवाइंयॉ उड गईं और खिसियाई आवाज में बोला कि अन्दर बैठते है और रूहल को सस्पैंड करो।

कलेक्टर व एसपी में नोंक झोंक-

पु0अ0 ने अपनी टॉग नहीं हटाई तो कलेक्टर गुस्से में बोला ये क्या बदतमीजी है? पु0अ0 ने तुरंत जबाब दिया कि बदतमीजी यह नहीं है बल्कि वो है कि आप आन्दोलनकारियों के लीडर बनकर नेताओ से पुलिस मुर्दाबाद के नारे लगवा रहे हो। कलैक्टर ने पु0अ0 ने अपनी कलेक्टरी दिखाने की असफल कोशिश की कि वो जिले का कलेक्टर होकर कानून व्यवस्था उसके अधिकार क्षेत्र में है आपको रूहल को सस्पैंड करना होगा। पु0अ0 ने कलेक्टर से कहा कि रूहल को सस्पैंड नहीं अभी तुरंत थाना प्रभारी बना देता हूॅ।

कलेक्टर के कहने से सस्पैंड न कर बनाया थाना प्रभारी चिन्नौनी-

पु0 अ0 ने तुरंत ही साथ में ही चल रहे स्टेनो को आदेश दे दिया कि उप-निरीक्षक आर0 एस0 रूहल को थाना प्रभारी थाना चिन्नौनी के आदेश बना कर पेश करो। स्टेनो ने बिना समय गंवाए आदेश हस्ताक्षर हेतु प्रस्तुत कर दिया और पु0 अ0 ने हस्ताक्षर कर दिए और हमको आदेश दिया कि यहॉ की डियूटी छोडिए। पु0अ0ने उसी क्षण दूसरा आदेश दे दिया

कि आदेश की प्रति लो और तुरंत चिन्नौनी ज्वाइन कर वायरलैस से सूचित करिए। वहां विजली के संबंध में कोई आन्दोलन चल रहा है पूर्व थाना प्रभारी को लाइन कर दिया है आप आन्दोलन को संभालो वहां थाने को घेर रखा है उस आन्दोलन को निबटाओ।

चिन्नौनी पहुॅच कर थाना प्रभारी का चार्ज संभाल लिया-

हमने ऐसा ही किया और चिन्नौनी पहुॅच कर थाना प्रभारी का चार्ज संभाल लिया। हमने पूर्व थाना प्रभारी शिव सिंह यादव से चर्चा की और उसको अपनी ओर से मुक्त कर दिया। थाने को घेरे भीड को एकत्रित कर उनकी बात सुनी और समस्यायों का निदान के लिए आश्वासन दिया और पूर्व थाना प्रभारी को हटाने की मांग पूर्ण हो चुकी थीं 10 मिनट में ही भीड थाना छोडकर चली गई। पु0 अ0 को हमने तुरंत ही अवगत करा दिया।

पूर्व मंत्री द्वारा पत्र-

इसके बावजूद भी तीन माह तक पदोन्नति आदेश नहीं हुये। इसकी चर्चा तत्कालीन पुलिस उप-महानिरीक्षक विसबल स्व0 श्री के. सी. वर्मा, डॉ. हरि सिहं यादव पूर्व मंत्री श्री भगवान सिहं यादव के साथ किसी आयोजन में बैठे थे, उनसे इस विषय पर चर्चा हुयी तो पूर्व मंत्री श्री भगवान सिहं यादव द्वारा दिनांक 12.12.1988 को अर्द्धशासकीय पत्र लेख कर श्री बी.पी. सिहं पुलिस महानिरीक्षक भोपाल को प्रेषित किया और लेखक को दे दिया।

लेखक ने भोपाल पहुॅचकर उक्त पत्र को पुलिस महानिरीक्षक प्रशासन को लेखक द्वारा प्रस्तुत किया हालात देखने लायक थे पुलिस महानिरीक्षक पत्र पढते ही कुर्सी से खडे हुये और कहा कि आप भाई साहब को कैसे जानते है अभी आप बैठ जायें आदेश लेकर जाना, पश्चात आदेश जारी किये गये तब लेखक निरीक्षक बना। तत्कालीन पुलिस महानिरीक्षक, डी.जी.पी. होकर सेवा निवृत हो गये थे और बाद में परलोक वासी हो गयें। पत्र की प्रति निम्न है-

भगवान सिहं यादव (एम.एस.सी)

अध्यक्ष- म.प्र. राज्य सहकारी बैंक्स एसोसियेशन भोपाल।

अध्यक्ष- जिला सहकारी केन्द्रीय बैंक मर्यादित ग्वालियर।

उपाध्यक्ष- शहर जिला कॉग्रेस कमेटी (आई) ग्वालियर।

संचालक- म.प्र. राज्य सहकारी बैंक मर्यादित ग्वालियर।

सदस्य- म.प्र. दूर संचार सलाहकार समिति।

:: व्यक्तिगत::

बन्धुवर श्री वी.पी.सिहं जी,

विषय - कुख्यात डकैत रमेश सिकरवार से मुठभेड में अपनी जान जोखिम में डालने वाले उप-निरीक्षक श्री रणधीर सिहं रूहल जिला मुरैना का "आउट ऑफ टर्न प्रमोशन" कर निरीक्षक बनाये जाने बावत्।

संदर्भ - उक्त संबध में पुलिस महानिदेशक श्री बी.के. मुखर्जी द्वारा आपको प्रमोशन करने सबधंाी दिये गये लिखित निर्देशन दिनांक 08.10.88।

उपरोक्त संबध में पत्र वाहक संबधित उप-निरीक्षक को उचित सहयोग हेतु आपसे अनुरोध

करने हेतु भेज रहा हूँ।

यद्यपि उक्त उप-निरीक्षक इस बारे में आपसे 3-4 बार व्यक्तिगत रूप से निवेदन कर चुका है। आपने उचित सहयोग करने हेतु उससे वादा भी किया है लेकिन आपकी अत्याधिक व्यस्तता के कारण अभी तक उसे व्यवहारिक रूप में सहयोग नहीं मिल सका है। इसी उददेश्य से मैं भी आपका ध्यान इस सबधं में उचित सहयोग हेतु निम्न प्रकार आकर्षित करना चाह रहा हूँ।

1- ऐसे पुलिस कर्मचारी जो अपनी जान जोखिम में डालकर जनहित में डाकुओं से मुठभेड़ लेते है और जिसमें अपनी जिंदगी भी खतरे में डालते है, उन्हें सभी स्तरों पर सहयोग एवं प्रोत्साहन दिया जाना उचित एवं आवश्यक है।

2- पत्र वाहक उप-निरीक्षक श्री रणधीर सिहं रूहल जब मुरैना जिले के टेंटरा थाने में तैनात थे तब दिनांक 20.07.1984 को विजयपुर के पास कुख्यात दस्यु रमेश सिकरवार से मुठभेड हुयी थी जिसमें इनके सिर में गोली लगी थी और यह 41 दिनों तक जे.एच. गुरप ऑफ हास्पिटल्स ग्वालियर में अपनी मौत से संघर्ष करते रहे थे।

3- इसके अतिरिक्त सबंधित उप-निरीक्षक ने डाकू रघुराज सिहं सिकरवार जो कि 10,000 का इनामी डकैत था को मार्च 87 में मारा था।

4- इसके अलावा अच्छा कार्य करने के लिये संबधित उप-निरीक्षक को करीब 130 अवार्डस दिये गये तथा एक भी बडा दण्ड नहीं है।

5- उक्त उप-निरीक्षक के उपरोक्त सभी अच्छे कार्यो से प्रभावित होकर ही पुलिस महानिदेशक श्री बी.के. मुखर्जी ने उक्त उप-निरीक्षक को पदोन्नत करने हेतु दिनांक 08.10.1988 को "आउट ऑफ टर्न" प्रमोशन करने हेतु आपको लिखित में निर्देश दिये गये थे।

6- जैसा कि आपको विदित है कि सामान्य प्रशासन विभाग म. प्र. शासन द्वारा जारी गजट नोटिफिकेशन दिनांक 10 जून 1987 के तहत बहादुरी एवं अच्छा काम करने वाले कर्मचारियों को "आउट ऑफ टर्न" प्रमोशन देने का प्रावधान किया गया है संभवतः इसी परिपत्र के तहत ही पुलिस महानिदेशक महोदय ने आपको इस बावत् प्रमोशन करने हेतु लिखित निर्देश प्रसारित किये है।

मै आपका व्यक्तिगत रूप से आभारी रहूँगा, यदि आप इस सबधं में अपने स्तर पर जो फायल लंबित है उसका क्रियान्वयन करा, इनका प्रमोशन करने की कृपा करेगें।

सधन्यवाद

आपका ही

(भगवान सिंह यादव)

स्व0 बी0पी0सिंह ने बताया कि रूहल फायल पर आपके पदोन्नति के आदेश कर दिए हैं। आप निश्चित होकर जाइये और भाई साहब भगवान सिंह को जाकर बता देना वैसे मैं स्वयं बात कर लूंगा। फायल का मूव्हमैंन्ट करवा देता हूँ जल्दी ही पदोन्नति आदेश जारी हो

जाएंगे। दिनॉक दिनॉक 27 दिसम्बर 1988 को वह शुभ दिन आया और हमारे उप-निरीक्षक से निरीक्षक पद के पदोन्नति आदेश जारी हो गए जो निम्न रूप में है-

उप-निरीक्षक से निरीक्षक पद के पदोन्नति आदेश की प्रति

पुलिस मुख्यालय मध्यप्रदेश, भोपाल

-::आदेश::-

उप-निरीक्षक रणधीर सिंह रूहल जिला मुरैना द्वारा दिनांक 20.07.84 को अपनी जान की परवाह किये बिना जोखिम में डालकर इनामी डकैत रमेश सिंह सिकरवार के गैंग से मुठभेड ली गई जिसके लिये इन्हें वर्ष 1987 में वीरता के लिये राष्ट्रपति के पुलिस पदक से सम्मानित किया गया है। इसके पश्चात् दिनांक 06.03.87 को उनके द्वारा इनामी डकैत रघुराज सिंह सिकरवार एवं उसके दो साथियों को मुठभेड में धराशायी करने में उल्लेखनीय योगदान व अदम्य साहस का परिचय दिया गया।

अतः मध्यप्रदेश पुलिस अधिनियम भाग-2 अध्याय दो के अनुभाग एक के नियम 70 “क“ में वर्णित प्रावधान के अनुसार में बिराज कृष्ण मुखर्जी पुलिस महानिदेशक मध्यप्रदेश भोपाल उप-निरीक्षक रणधीर सिंह रूहल जिला मुरैना को अस्थाई रूप से आगामी आदेश तक कार्यभार ग्रहण करने के दिनाँक से निरीक्षक के पद पर वेतनमान रूपए 1540-50-2340-60-2760 में पारी से बाहर पदोन्नति दिये जाने की अनुमति प्रदान करता हूँ।

हस्ताक्षर

(बी.के.मुखर्जी)

पुलिस महानिदेशक

मध्यप्रदेश भोपाल

क्रं./पुमु/2/नामां./स-2/1990/88 दिनांक 27.12.88

प्रतिलिपिः सूचनार्थ।

1. पुलिस महानिरीक्षक ग्वालियर रेंज ग्वालियर।
2. पुलिस उप-महानिरीक्षक चम्बल रेंज ग्वालियर।
3. पुलिस अधीक्षक मुरैना की उप निरीक्षक रणधीर सिंह रूहल की सेवा पुस्तिका के साथ कृपया प्राप्ति की अभिस्वीकृति भेजने का कष्ट करें।
4. स.म.नि. [स्थापना] पुलिस मुख्यालय भोपाल को पदस्थापना आदेश जारी करने हेतु
5. उ.पु.अ. [स्थापना] पुलिस मुख्यालय भोपाल।
6. निज सचिव पुलिस महानिदेशक मध्यप्रदेश।
7. निज सहायक, पुलिस महानिरीक्षक प्रशासन मध्यप्रदेश।
8. अधीक्षक खण्ड-3 स्थापना पुलिस मुख्यालय भोपाल।
9. रिकॉर्ड कीपर दो प्रतियां

10. आदेश पुस्तिका सहायक-दो
हेतु-पुलिस महानिदेशक
मध्यप्रदेश
उप-निरीक्षक से निरीक्षक पद पदोन्नति के आदेश उपरोक्त जारी हो चुके हैं। प्रक्रिया के साधारण क्रम में आदेश प्राप्त होने के बाद जहॉ भी निरीक्षक के रूप में जहॉ भी पदस्थापना होगी वहॉ वहॉ जाकर कार्य सरकार करेंगे।

दिनॉक 31 दिसम्बर 1988 तक पदोन्नति को आदेश अप्राप्त हैं फरदा मिलने पर कार्यवाही होगी। अपनी "आत्मकथा पार्ट-1" यहीं समाप्त करते हैं। पार्ट-1 में आन रिकार्ड जन्म दिनॉक 10 जून 1957 से 31 दिसम्बर 1988 तक की जीवन गाथा समाहित है। सुधी पाठकों के समक्ष जल्द ही प्रस्तुत होगी। " आत्मकथा पार्ट-2" लेख कर प्रथक रूप में शीघ्र प्रस्तुत करेंगे।

----0000----

www.ingramcontent.com/pod-product-compliance
Lightning Source LLC
LaVergne TN
LVHW010943051026
849532LV00003B/1118
* 9 7 9 8 8 8 7 8 3 7 5 8 1 *